사랑하는 이에게

사랑하는 이에게

초판 1쇄 발행 2017년 12월 08일

지은이 이혜정
펴낸이 장길수
펴낸곳 지식과감성#
출판등록 제2012-000081호

디자인 이다래
편집 최예슬, 평소라
교정 나은비
마케팅 고은빛, 윤석영

주소 서울시 금천구 가산동 60-5 갑을그레이트밸리 B동 507호
전화 070-4651-3730~4
팩스 070-4325-7006
이메일 ksbookup@naver.com
홈페이지 www.knsbookup.com

ISBN 979-11-5961-930-4(03230)
값 12,000원

ⓒ 이혜정 2017 Printed in Korea

잘못된 책은 구입하신 곳에서 바꾸어 드립니다.
이 책의 전부 또는 일부 내용 을 재사용하려면 사전에 저작권자와 펴낸곳의 동의를 받아야 합니다.

이 도서의 국립중앙도서관 출판예정도서목록(CIP)은 서지정보유통지원시스템
홈페이지(http://seoji.nl.go.kr)와 국가자료공동목록시스템(http://www.nl.go.kr/kolisnet)에서
이용하실 수 있습니다. (CIP제어번호 : CIP2017032082)

홈페이지 바로가기

신앙은 지식만으로 얻을 수 있는 것이 아니다.
어려운 질문들이 어느 날 단번에 이해되고 경험된다.
이것을 은혜라고 표현한다

이혜정 지음

하 나 님 이 　 나 를 　 만 드 셨 다 고 　 믿 는 　 순 간

사랑하는 이에게

우리는 누구이며, 어디서 와서 어디로 가는가?

자기 존재에 대한 질문뿐 아니라 우주 만물의 생성과 실체에 관한 질문들은,
철학자, 종교인들의 탐구과제이자 예술작품의 주제가 되고
과학자들에게 중요한 연구 동기를 제공한다.

지성과감성

들어가는 말

 이 책은 정찬은 아니다. 바쁘고 귀찮다고 아침을 안 먹으려는 자녀들에게 간단한 주먹밥을 싸주듯이 아침마다 블로그에 올린 글을 휴대폰에 보내준다. 어느 날은 무심히 주머니에 그냥 두었다가 상해서 버릴 수도 있다. 어느 날은 허기를 달래며 기분 좋게 먹을 수도 있다. 먼 훗날 아침마다 묵상했던 나의 습관을 우리자녀들도 닮으면 좋겠다는 생각을 해 본다.

 요즘 주변에 교회에 다니지 않는 친구들을 만나는 일이 많아졌다. 교회와 성경의 언어들이 생소한 이들에게 어떻게 하나님의 말씀을 재미있고 쉽게 전할 수 있을까 기도하고 고민하다가 그동안 가족들에게 보냈던 묵상편지들을 들춰 보았다.
 믿는다는 것이 전제되어 있었다. 아이들이 커 가면서 신앙적인 질문과 회의를 가지고 질문할 때 너무나 당연한 어조로 말했던 나의 모습이 느껴졌다.

 교회 밖의 사람들, 신앙의 여정에 들어선 사람들, 혹은 경계선상에 있는 사람들이 생활 속에서 자연스럽게 하나님의 말씀을 이해할 수 있도록 일상의 언어로 써야겠다고 마음먹었지만 막상 글을 쓰면 다시 습관화된 종교적 언어와 인식과 가치관의 장벽에 갇힌다. 쉽지 않았다.

　신앙이 없는 사람에게 이 책의 서두는 부담이 될 수도 있을 것 같다.
　그러면 그냥 건너뛰어도 좋다. 제목에 끌리는 대로 읽어도 좋을 것 같다.
　창세기를 열면 하나님의 창조와 인간의 타락 속에서 생명을 주시려는 하나님의 사랑을 느낀다.
　아브라함의 강인함 속에서 인간의 선택과 책임을, 이삭의 조용한 생활 속에서 포기와 순종을, 야곱의 험난한 인생을 통해 기다림과 인내를, 고통을 받아들이고 견뎌내는 요셉의 여정을 통해 용서와 화해를 배운다. 이러한 것들은 네 명의 인물들뿐 아니라 다른 사람들에게서도 언뜻 언뜻 보여지지만 나름대로 굳이 구분해 보았다.

　신앙은 지식만으로 얻을 수 있는 것이 아니다. 어려운 질문들이 어느 날 단번에 이해되고 경험된다. 이것을 은혜라고 표현한다.

　이 책을 읽는 사람들에게 우리 주 예수그리스도의 은혜와 하나님 아버지의 크신 사랑과 성령의 위로와 돌보심이 임하기를 기도하며……

20170211

목차

들어가는 말_004

1부
생명

(시) 생명 · 013

창조
1. 창조이야기 · 014
2. 쉼의 비밀 · 017
3. 생기발랄하려면 · 020
4. 우리를 죽게 만드는 것 · 022
5. 그 이름이 되었더라 · 025
6. 남자와 여자 · 028
7. 말 · 031
8. 자기 내려놓기 · 034
9. 민낯 · 037
10. 네가 어디 있느냐? · 039

생명과 사랑
11. 책임전가 · 043
12. 슬그머니 다가오는 유혹 · 045
13. 희망을 보다 · 048
14. 그래봤자 나뭇잎 · 051
15. 그래도 사랑이다 · 054
16. 손해 보는 기쁨 · 057
17. 엘리베이터 테러 · 061
18. 단점이라고요? 천만에… · 064
19. 비로소 부르는 이름 · 067
20. 붕어빵 · 070
21. 시배하려는 열망 · 073
22. 무례한 사람들 · 077
23. 정보의 홍수 · 082
24. 기다림의 시간 · 086
25. 부모 되어가기 · 089
26. 절제되지 않는 · 094

2부

선택

(시) 외로움 · 099

선택과 책임

27. 머무름과 떠남 · 100
28. 믿음이 신념으로
    변질될 때 · 104
29. 마음의 눈으로 · 107
30. 줄다리기 · 111
31. 포기하지 않으시는
    하나님처럼 · 114
32. 헌금은 꼭 해야 하나? · 116
33. 친근하게 다가오시는
    하나님 · 122
34. 그럼에도 불구하고 · 127
35. 애인처럼 · 131
36. 단점과 한계는 하나님의
    선물이고 시작이다 · 135
37. 세상 속으로 · 139
38. 시대의 자화상 · 143
39. 뻔뻔하고 나약한 신앙인? · 147

포기와 순종

40. 자식이 뭐기에… · 153
41. 무슨 일을 하든지 · 158
42. 이것은 예배다 · 160
43. 비싼 값을 치르고서라도 · 165
44. 충실한 관리자 · 169
45. 마음에서 우러나오는 친절 · 173
46. 다음 세대 · 177
47. 언약의 우물 · 180
48. 아무리 눈이
    어두워도 그렇지… · 184

3부
화해

(시) 담담한 하루 · 191

기다림과 인내

49. 꿈 · 192
50. 홀로서기 · 196
51. 소외된 자를 돌보시는 하나님 · 199
52. 기다림 · 203
53. 나쁜 남자 · 207
54. 두려움 · 216
55. 용서와 화해 · 221
56. 침묵 · 226
57. 잃어버린 "처녀성" · 232
58. 신앙은 자기 책임 · 235
59. 잘나가는 사람들 · 240
60. 고자질 · 243
61. 시기심 · 246
62. 구속사를 이루어 가시는 하나님 · 249

용서와 화해

63. 함께하심으로 형통함 · 255
64. 적극적으로 · 261
65. 선하시고 완전하신 하나님 · 266
66. 인정받지 못한 리더쉽 · 270
67. 잃게 되면 잃으리로다 · 275
68. 회복을 꿈꾸며 (2017년 새해에) · 278
69. 책임 · 282
70. 하나님이 하셨습니다 · 287
71. 두려워하지 말라 · 290
72. 삶의 고백 · 293
73. 인간의 통념을 깨다 · 296
74. 가족의 한계에서 벗어나야 · 300
75. 가고 오는 세대 속에서 · 306

나가는 말_311

1부

생명

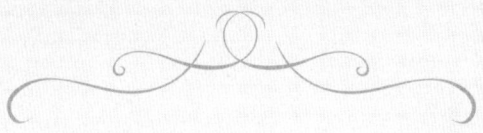

창조

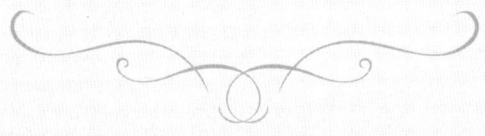

　사물의 이름이 어떻게 생겼는지 생각해 보면 참 신기하고 놀랍다. 나는 언제부터인가 내가 이사 가는 동네의 이름과 의미와 역사를 알아보는 습관이 생겼다. 그러면 내가 사는 지역에 더욱 애정과 관심을 갖게 된다. 나는 어디에 있는지 무엇을 어떻게 해야 하는지 생각하며 살아가기 위한 나름대로의 삶의 방식이다.
　　　　　　　　　　　　　　　　　　　　　- 그 이름이 되었더라 중에서

생명

이혜정

한 겨울 침묵을 깨고
언 땅에서
묻어 두었던 튤립뿌리가 싹을 틔운다.
무심히 던져두었건만
제 속에 아직 생명 있다고
몸부림쳐 올라오는
그 모습이 나 같아서 눈물겹다.

제 꽃 무게에 줄기가 휘더니만
금세 사그라든 화려함이
내… 안쓰러워…
싹둑 잘라버린 채
깊이 묻어둔 뿌리
제 속에 아직 생명 있다고
몸부림치며 올라오는
그 모습이 대견해 웃음이 절로 나온다.

(20160316)

1
창조 이야기

우리는 누구이며, 어디서 와서 어디로 가는가?

자기 존재에 대한 질문뿐 아니라 우주 만물의 생성과 실체에 관한 질문들은, 철학자, 종교인들의 탐구과제이자 예술작품의 주제가 되고 과학자들에게 중요한 연구 동기를 제공한다.

사람들은 왜 그런 의문을 가질까?

어린아이조차도 조금 자라면 "엄마, 애기는 어떻게 생기는 거야?"라고 질문한다.

부모는 의미의 질문이 아니라 방법의 질문이라고 생각하고 아이의 눈높이에 맞추어 대답한다.

이 질문이 조금 더 성장하면 달라진다.

나는 누구인가? 왜 사는가? 인간의 죽음은 무엇인가?

생각하다 보면 너무 복잡해져서 포기하고 그냥 아무 생각 없이 살기로 마음먹기도 한다. 창조에 관한 과학적인 설명들이 합리적인 것 같지만, 완전하지 않다. 단지 현상을 설명할 뿐이다. 철학적인 대답들은 왠지 끝이 없는 듯하다.

창세기는 이 질문에 대한 응답이다.

하나님이 만드셨다.

어떻게 만드셨는가? **말씀으로 보기 좋고 아름답게 만드셨다.**

특별히 인간은 자신의 형상대로 만드셨다. (창세기1장 21절)

성경은 말씀으로 우주만물을 창조하시고 인간을 만드셨다고 선언한다.
어떻게 말씀으로 우주만물을 창조하시고 인간을 만드셨다는 거야?
말로 설명하기 어렵다. 이해가 가지 않는다.

하나님의 형상을 닮은 우리가 새 생명을 잉태하는 놀라운 신비를 어린아이들에게 쉬운 말로 설명하면 엄마 아빠는 "요술쟁이" 같다. 아직 잘 이해되지 않지만 그냥 믿는다. 부모가 자신을 사랑한다고 느끼고 자신도 부모를 사랑하기 때문에 넘어가 준다. 이해되지 않아도 부모의 사랑을 믿으며 든든하게 성장해 간다. 부모의 사랑을 받지 못하고 세상에 팽개쳐졌다고 생각하면 자라면서 자신의 존재에 대해 끊임없이 의심한다. 채워지지 않는 목마름으로 사랑받고 사랑할 대상을 끊임없이 찾는다.

이렇듯 이해되지 않아도 하나님이 나를 만드셨다고 믿는 순간 우리는 하나님과 사랑의 관계가 된다. 자기 존재에 대한 의심이 사라지고 세상의 많은 어려움 속에서도 하나님의 사랑 가운데서 흔들림 없이 살아갈 수 있다.

자식이 잘되고 번성하고 아름답게 살아가기 원하는 부모처럼. 하나님은 당신이 만드신 세상과 인간이 복을 받아 행복하고 번성하고 아름답게 되기를 원하신다.

눈을 감고 상상해 보라. 모든 것을 준비하시고 우리를 만드셔서 그것을 관리하고 다스리도록 하셨다. 우리는 엄청난 위임과 권리를 받았다.

교회에 가면 예배시간에 사도신경을 외우는 순서가 있다.

가장 처음에 나오는 것이 "전능하사 천지를 만드신 하나님 아버지를 내가 믿사오며"이다. 창조주 하나님이 나의 아버지라는 것에 대한 신앙인의 고백이다.

믿음은 너의 선택이 아니라 나의 선택이다. "내가 믿나이다." 고백하는 순간부터 나는 창조주 하나님의 위대한 자녀가 된다. 하나님의 형상이 회복되는 순간이다.

창세기 1장 1절

1. 태초에 하나님이 천지를 창조하시니라

20160923

2
쉼의 비밀

　11월이면 남편은 부지런히 다음 해의 달력을 챙긴다. 달력들을 거실 바닥에 펼쳐 놓고 온 가족이 구부리고 앉아서 연말 의례행사를 가진다. 내가 중요한 날들을 불러 주면 각자 자기가 맡은 달력에 가족과 친지들의 생일이나 기념일을 표시하는 작업이다.
　끝나고 나면 달력을 거실과 각자의 방에 가져다 놓는다.
　표시하는 중간에 공휴일이 며칠인지 헤아려 본다. 남편은 달력의 빨간색 (공휴일)이 주일과 겹치면 아쉬워한다. 특별한 취미나 여행을 즐기는 것도 아닌데 연속되는 공휴일이나 징검다리 휴일이라도 발견하면 황금연휴라며 흥분한다.

　바쁜 일상 중간에 쉴 수 있다는 것은 감사한 일이다.
　휴일이면 실컷 모자랐던 잠을 자고, 자연 속에서 쉬고, 여행의 신선한 경험 속에서 새로운 힘을 얻는다. 그런데 많은 사람들은 왜 그런 한가함과 즐거움을 포기하고 교회에 다닐까?

　사실, 교회에 가려면 늦잠을 잘 수 없고, 가족들과 오붓한 시간을 갖기도 힘들다. 가족이 여행이라도 가려면 일요일(주일)을 넣어야 좀 여유 있게 다녀올 수 있다. 교회에 다니려면 휴일의 여유로운 쉼과 즐거움을 포기해야 한다.

1부 생명 **017**

나같이 어린 시절부터 교회에 다니던 사람은 오히려 교회 가지 못하는 상황이 생기면 불편하다. 어떻게든 예배를 드리기 위해 애쓴다.

교회에 가면 예배드리는 것뿐 아니라 사람들과의 교제도 있고, 자신이 맡은 책임도 있다. 누가 돈 주는 것도 아니고, 애써서 번 돈을 내며(헌금을 드리며) 다닌다. 교회에서 노래(찬양)도 하고, 주일학교 교사도 하고, 식사준비와 설거지도 하고 열심히 봉사한다.

항상 기쁘고 행복하게 교회에 다니는 것도 아니다.

기쁨으로 기대하며 가는 사람도 있지만 가지 않으면 뭔가 하나님한테 죄 짓는 것 같아 찜찜해서 가기도 하고 그저 습관이 되어 가기도 한다. 혹은 사람을 만나러 가기도 한다.

자신이 다니는 교회의 목사나 성도들에게 실망하고 상처도 받는다.

교회는 선한 사람들로만 가득 차 있는 곳이 아니다. 교회에 다니지 않아도 착하고 성실하고 사랑을 베풀면서 사는 사람들은 세상에 얼마든지 많이 있다.

교회는 실수하고 잘못을 저지르면서도 그리스도를 닮기 위해 애쓰는 사람들의 공동체다. 서로 다른 환경과 조건과 성격을 맞추어 가며 하나님 나라를 향해 함께 나아가는 사람들의 모임이다. 그렇기 때문에 교회 안에는 다툼도 있고 분쟁과 시기도 있다.

그런데 왜 쉼을 포기하고 교회에 갈까? 영혼의 쉼이 필요하기 때문이다.

몸과 마음의 휴식은 잠시뿐 우리는 곧 다시 쉬고 싶다는 생각을 한다. 채울 수 없는 영혼의 갈증이 늘 우리를 공허하게 하기 때문이다. 참된 예배는 우리의 몸과 마음과 영혼을 새롭게 회복시킨다.

예배를 통해서 온전하신 하나님 앞에 설 때 자신이 부족한 인간이라는 것을 발견한다. 그러나 거기서 끝이 아니다. 예배드리고 하나님과의 만남을 경험하면 부족한 자신을 끝없이 사랑하시는 하나님의 사랑을 느끼고 진정한 평화를 맛보게 된다. 우리를 사랑하시는 하나님의 눈으로, 예수님의 마음으로 나와 너, 우리가 사는 세상을 따뜻하게 바라보고 이해할 때 하나님의 형상이 회복되고 우리 마음에 성령께서 부어 주시는 평화가 찾아온다. 말할 수 없는 기쁨이 우리의 몸과 마음과 영혼을 회복시키고 새롭게 한다. 또한 성도들과의 교제 가운데 부족한 부분이 다듬어지고 사랑의 수고와 섬김 속에서 성숙해진다. 이것이 바로 그렇게 기다리며 좋아하는 '쉼'을 포기하고 교회에 가는 이유다.

세상 속에서 발견할 수 없는 영혼의 쉼, 쉼의 비밀이다.

창세기2장1-3절

1. 천지와 만물이 다 이루어지니라
2. 하나님이 그가 하시던 일을 일곱째 날에 마치시니 그가 하시던 모든 일을 그치고 일곱째 날에 안식하시니라
3. 하나님이 그 일곱째 날을 복되게 하사 거룩하게 하셨으니 이는 하나님이 그 창조하시며 만드시던 모든 일을 마치시고 그 날에 안식하셨음이니라

20160924

3
생기발랄하려면

사회가 정신없이 바빠지고 복잡해지자 사람들은 '명상'이나 '단전호흡'에 관심을 갖기 시작했다. 호흡의 중요성을 알기 때문이다. 누군가 죽으면 '숨이 끊어졌다'고 표현한다. 사람들은 본능적으로 숨이 생명과 관련이 있다는 것을 안다.

피곤하고 지칠 때 인간을 창조하시던 하나님의 숨결을 생각해 보자.
우리의 영혼이 힘을 얻고 생기발랄한 삶이 되지 않을까?
봄철이면 황사와 미세먼지로 마스크를 쓰고 다니는 우리의 모습이 현대 사회의 숨 막히는 삶을 보여 주는 듯하다.

하나님이 흙으로 사람을 지으시고 코에 숨을 불어넣으셨다는 창세기의 기록은 여러 가지 번역으로 되어 있지만 약간의 차이가 있다. 생령 / 생명체 / 산 존재 / living being / living soul

창세기 2장 7절
7. 여호와 하나님이 땅의 흙으로 사람을 지으시고 생기를 그 코에 불어넣으시니 사람이 생령이 되니라 – 개역 개정

7. 주 하나님이 땅의 흙으로 사람을 지으시고, 그의 코에 생명의 기운을 불어넣으시니, 사람이 생명체가 되었다. - 새 번역

7. 그때 여호와 하나님이 땅의 티끌로 사람을 만들어 그 코에 생기를 불어넣으시자 산 존재가 되었다. - 현대인의 성경

7. 야훼 하느님께서 진흙으로 사람을 빚어 만드시고 코에 입김을 불어넣으시니, 사람이 되어 숨을 쉬었다. - 공동번역

20160926

4
우리를 죽게 만드는 것

"먹는 날에는 반드시 죽으리라"

선과 악을 알게 하는 나무의 열매를 먹으면 죽는다는 선언이다.

왜 하나님은 선악과를 만들어 놓고 유혹 받게 하셨을까? 차라리 만들지 않으셨으면 유혹받을 일도 먹을 일도 없었을 텐데……

"인간의 선택과 책임을 강조하기 위해서, 온전한 순종을 원하시기 때문에"라고 하는데 흔쾌히 동조하고 싶지 않다. 맞는 말임에도 뭔가 억울한 기분이다.

어쩌랴 창조주 하나님 마음이다.

선하신 하나님께서 선하게 창조하셨을 거라고 고백할 뿐이다.

선악을 분별하면 지혜로운 삶을 살 것 같은데, 오히려 죽는다니 이건 또 무슨 말인가 싶다. 왜 그럴까? 선악을 분별하면 어떤 일들이 일어날까?

동·서양의 학자들은 인간의 기본심성에 대해 연구해 왔다.

인간 본성을 양심에 근거해 선으로 보기도 하고, 본능에 근거해 악으로 보기도 한다. 인간의 본성이 자연에 있다고도 말한다.

복잡한 이야기는 접어 두고, 성경은 이렇게 말한다.

하나님이 보시기에 좋은 사람을 만드셨다. 하나님의 형상을 따라 선하게 지어진 인간이 불순종으로 선과 악을 알게 되었을 때 타락했고 죽음에 이르게 되었으며, 하나님은 다시 회복시키기 위해 구원자로 예수그리스도를 보내셨다.

선악을 알면 왜 죽는다고 말씀하셨을까?
내 눈이 밝아져서 선악을 안다고 생각할 때 선하신 하나님께서 보기 좋게 창조하신 나와 너, 세상을 비교하고 비판하며 불만 가득한 채 살아가기 때문 아닐까?

나의 생각과 기준이 옳다고 생각할수록 다른 사람의 생각과 기준을 틀렸다고 생각한다. 다르다는 생각으로 허용하고 이해하기보다는 분노하고 비판한다. 옳고 그름의 문제가 아니라 다름의 문제임을 인정하고 있는 그대로 수용하기가 어렵다.
하다못해 다른 사람의 외모 가지고도 '저 사람은 왜 저래?'라고 생각하고, 속으로 그 사람에 대해 판단을 한다. 이것이 우리의 삶을 죽인다.

오랜 시간 종교 생활에 익숙해지고 사랑 없이 율법만 기준이 되면 선악의 기준이 강화되어 오히려 자신과 남을 죽인다.

성경말씀에 비추어보면 하나님의 선함과 인간의 악함이 분명해진다. 죽을 수밖에 없다. 그러나 인간의 죄를 위해 대신 죽으시고 다시 사신 그리스도의 사랑으로 새 생명을 얻었으니, 우리도 살리는 삶을 살아야 하지 않을까? 오늘 하루, 판단보다는 사랑으로 살자.

창세기2장15-17절

창2:15. 여호와 하나님이 그 사람을 이끌어 에덴 동산에 두어 그것을 경작하며 지키게 하시고

창2:16. 여호와 하나님이 그 사람에게 명하여 이르시되 동산 각종 나무의 열매는 네가 임의로 먹되

창2:17. 선악을 알게 하는 나무의 열매는 먹지 말라 네가 먹는 날에는 반드시 죽으리라 하시니라

20160927

5
그 이름이 되었더라

결혼 후 한참이 지났는데도 누군가 길을 갈 때 '아가씨' 하고 부르면 집에 와서 기분이 좋아 자랑을 하곤 했다. 어느 순간부터 '아줌마'라는 소리를 듣게 되었고 '사모님'이라고 부르는 소리를 들으며 내가 나이가 들고 있음을 느꼈다.

나를 아는 사람들은 '목사' 혹은 '교수'라고 부른다. 할 수 없이 행동을 조심할 수밖에 없다. 스스로를 생각하면 너무 부끄러워서 목사라는 호칭이 한동안 어색했다. 그렇게 불리다 보니 '어떻게 목사답게 살아야 하나'가 가장 큰 관심거리다. 시간강사지만 학생들이 교수라고 불러 주니 최선을 다해 강의를 준비하게 된다. 이름에 부끄럽지 않으려고 애쓰며 살아간다. 집에서는 '엄마', '여보'라고 불러 준다. 남편은 뭔가 나를 자제시키고 싶을 때면 '목사님'이라고 부른다. 나도 모르게 멈칫한다. 부르는 호칭대로 행동하며 살아가게 되는 것이 사람이다.

내 이름이 어떻게 지어졌는지 궁금해 아직 생존해 계시는 어머니께 여쭈어 보았지만 잘 모르신다. 내 이름을 소중히 여기고 싶어 서른이 넘어서면서 내 이름 석 자에 여러 가지 의미를 부여하며 살아왔다.

내 두 아들의 이름은 시어머니께서 돈을 주고 지어 오셨다. 처음에는 촌

스러운 것 같았는데 하루에도 수십 번씩 부르니 금세 정이 가고 익숙해졌다. 거기에 내 소망을 담아 의미를 심어 주기 시작했다.

이름뿐이랴 어떤 사람에 대해 별명을 붙이고 좋아하면서 놀리는 경우가 있다.

다른 사람의 약점이나 부족한 부분을 꺼내 부르는 것은 상대방에게 큰 상처가 될 수 있다. 그리스도인이라면 창조적 소망과 의미를 가지고 별명을 붙여 보자.

자신의 이름을 단순히 문자만 바꾸는 것이 아니라 있는 그대로 하나님 안에서 다시 의미를 부여해 보는 것도 좋다.

우리가 자신의 이름 석 자 말고도 또 다른 이름과 직함을 얻기 위해 애를 쓰는 이유는 이름과 직함에 따라 자신의 삶이 달라진다고 생각하기 때문이다. 삶속에서 붙여진 이름과 직함은 세월이 지나면 변하거나 사라진다. 자신의 존재 자체를 힘껏 안아주어야 흔들리지 않고 살아갈 수 있다.

사물의 이름이 어떻게 생겼는지 생각해 보면 참 신기하고 놀랍다. 나는 언제부터인가 내가 이사 가는 동네의 이름과 의미와 역사를 알아보는 습관이 생겼다. 그러면 내가 사는 지역에 더욱 애정과 관심을 갖게 된다. 나는 어디에 있는지 무엇을 어떻게 해야 하는지 생각하며 살아가기 위한 나름대로의 삶의 방식이다.

아담이 생물을 부르는 것이 곧 그 이름이 된 것처럼, 하나님의 형상을 닮은 우리가 불러 주는 이름이 그대로 그 사람과 사물이 된다. 이름뿐 아니라 인간이 말을 뱉으면, 그 순간 창조의 힘을 발휘한다.

내 입에서 어떤 말들이 많이 나오는지 점검해 보자. 긍정적이고 적극적인 말인가. 부정적이고 소극적인 말인가에 따라 내 삶의 방향이 달라질 것이다. 주변의 작은 것들조차 소중히 불러 주고 소망을 가지고 불러 주면 그것들이 나에게 희망으로 대답한다.

창세기2장19절

19. 여호와 하나님이 흙으로 각종 들짐승과 공중의 각종 새를 지으시고 아담이 무엇이라고 부르나 보시려고 그것들을 그에게로 이끌어 가시니 아담이 각 생물을 부르는 것이 곧 그 이름이 되었더라

20160928

6
남자와 여자

하나님께서 아담의 몇 번째 갈비뼈를 취하여 하와를 만드셨을까? 갈빗대를 취한 것은 무슨 이유일까?

이스라엘 사람들은 가슴을 애정이 깃드는 곳으로 생각하고 있다. 아라비아에서는 오늘날에도 '내 마음의 친구'를 '내 갈비뼈'라고 말한다. 히브리 원뜻은 '옆구리', '측면'이라는 뜻이다.

갈비뼈는 내장의 중요한 장기와 가까이 있어서 그것들을 보호하는 역할을 한다. 폐, 심장 등 내부 가슴 장기들을 보호하고 특히 갈비뼈의 오르내리는(들숨, 날숨) 운동으로 근육이 없는 폐가 숨을 쉴 수 있다.

남녀 모두 12쌍의 갈비뼈를 가지고 있다. 첫 7쌍의 갈비뼈는 참 갈비뼈(true ribs)라고 하며, 나머지 5쌍은 거짓 갈비뼈(false ribs)라 한다. 거짓 갈비뼈 중 셋은 하나의 갈비연골을 통해 복장 뼈에 연결되어있고, 둘(11번째와 12번째 갈비뼈)은 뜬 갈비뼈(floating ribs), 또는 척추 갈비뼈라 하여 복장 뼈와 연결되어 있지 않다. 일부 사람 중에서는 뜬 갈비뼈 두 개 중 하나가 없는 경우도 있고, 세 개인 경우도 있다.

갑자기 엉뚱한 생각이 들었다. 혹시 하나님께서 여자를 뜬 갈비뼈로 만드신 것은 아닐까?

아침부터 생각놀이에 빠지다 보니 상상력이 여기까지 와 버렸다.

갈비뼈의 숫자와 어느 갈비뼈인지에 초점을 맞추지는 말자.

하나님께서 여자를 만드신 동기는 "사람이 혼자 사는 것이 좋지 아니해서"(창2장 18절)다. 내용은 아담의 신체에서 떼어내 하나님의 형상대로 지었다는 것이고 결과는 아담이 "내 뼈 중의 뼈요 살 중의 살"이라고 고백한 것이다. (창세기1장 27절 – "하나님의 형상대로 사람을 창조하시되 남자와 여자를 창조하시고" 창세기2장 23절 – 아담이 이르되 이는 내 뼈 중의 뼈요 살 중의 살이라)

교회의 오랜 전통 속에서 창세기 2장 18절 말씀 "돕는 배필"을 근거로 남성우위론을 주장하기도 한다. 그러나 여자 역시 하나님의 형상대로 지어졌다는 것(창세기1장 27절 – 하나님의 형상대로 사람을 창조하시되 남자와 여자를 창조하시고)과 신체적, 기능적 차이가 있을 뿐 하나님께 복 받고 세상을 관리할 소명을 받은 동등한 인격체임을 알 수 있다.(창1장 28절 – 하나님이 그들에게 복을 주시며 하나님이 그들에게 이르시되 생육하고 번성하여 땅에 충만하라, 땅을 정복하라, 바다의 물고기와 하늘의 새와 땅에 움직이는 모든 생물을 다스리라 하시니라)

남자만으로 살아가는 세상 혹은 여자만으로 살아가는 세상을 상상해 보면 재미없다. (고린도전서11장 11절 – 그러나 주 안에는 남자 없이 여자만 있지 않고 여자 없이 남자만 있지 아니하니라)

서로가 서로를 인정하고 서로가 서로에게 소중한 존재임을 인정할 때 아름다운 가정과 사회가 만들어질 것이다.

창세기2장18-25절

18. 여호와 하나님이 이르시되 사람이 혼자 사는 것이 좋지 아니하니 내가 그를 위하여 돕는 배필을 지으리라 하시니라
19. 여호와 하나님이 흙으로 각종 들짐승과 공중의 각종 새를 지으시고 아담이 무엇이라고 부르나 보시려고 그것들을 그에게로 이끌어 가시니 아담이 각 생물을 부르는 것이 곧 그 이름이 되었더라
20. 아담이 모든 가축과 공중의 새와 들의 모든 짐승에게 이름을 주니라 아담이 돕는 배필이 없으므로
21. 여호와 하나님이 아담을 깊이 잠들게 하시니 잠들매 그가 그 갈빗대 하나를 취하고 살로 대신 채우시고
22. 여호와 하나님이 아담에게서 취하신 그 갈빗대로 여자를 만드시고 그를 아담에게로 이끌어 오시니
23. 아담이 이르되 이는 내 뼈 중의 뼈요 살 중의 살이라 이것을 남자에게서 취하였은즉 여자라 부르리라 하니라
24. 이러므로 남자가 부모를 떠나 그의 아내와 합하여 둘이 한 몸을 이룰지로다
25. 아담과 그의 아내 두 사람이 벌거벗었으나 부끄러워하지 아니하니라

20160929

7
말

　시공간을 초월한 대화가 풍부한 시대다.
　표정과 비언어적인 모습을 보지 못하면 말의 의미를 왜곡하여 해석하고, 오해하기도 한다. 때로는 의도적으로 단체 채팅 방에서 사람들을 응원하기 위해 한마디 슬쩍하고 나온다. 그러면 그 후에 엄청난 대화들이 오간다. 농담으로 웃자고 올린 메시지를 다큐로 받아들이기도 한다.

　더욱 조심해야 하는 시대다. 그래서 심각한 말보다는 사진이나 이모티콘, 혹은 감탄사를 SNS에 게시함으로 자신의 감정을 표현한다. 자신의 성과를 올리는 사람, 음식사진을 올리는 사람, 공유하고 싶은 것을 올리는 사람, 단체의 모임현장을 올리는 사람 등의 모습들 속에서 그 사람의 성향, 현재의 모습과 마음과 욕구를 보기도 한다. 그 모든 것들이 싫어서 아예 피하는 경우도 있다.

　세상이 갈수록 복잡해지는 것 같지만 이것이 인간이다. 형태만 바뀌었을 뿐 예나 지금이나 인간은 복잡하고 다양하다. 자신이 보고 싶은 것만 보고, 듣고 싶은 대로 듣는다. 그걸 인식하고 인정해야 삶이 여유롭다. 그러면 다 이해되지 않더라도 그냥 그대로 인정하게 된다.

어떤 이들은 의도적으로 사람들 간의 사이를 갈라놓기 위해 작정하고 말을 덧붙이거나 삭감해 전달한다. 오랫동안 알고 지내던 사람들은 그 사람의 평소의 모습을 보고 무시하거나 묻어 버린다. 문제는 타인의 치명적 약점을 들었을 때 사람들의 이성은 흔들린다. 의심하면서도 어느 정도는 받아들인다.

똑같은 말도 말하는 사람이나 듣는 사람에 따라 다른 의미로 전달된다. 말하지 않아도 느낌으로 통하는 친구가 있다면 행복한 일이다.

창세기 3장 서두에 뱀과 여자의 대화가 나온다. 성경에 나오는 뱀은(히브리어4개, 헬라어2개) 조금씩 차이가 있기는 하지만 일반적으로 강렬한 뜻을 가진 것으로 독사를 말하는 듯하다. 사랑과 평화와 안식의 동산에서 뱀의 강렬한 독은 살짝 바뀐 질문에서 시작된다.

모든 것 중의 하나를 모든 것으로 바꾸어 버렸다. '모든 나무의 열매는 먹어도 좋지만 선악을 알게 하는 나무의 열매를 먹지 말라'는 것이 하나님의 말씀이다. 뱀은 '동산 모든 나무의 열매를 먹지 말라고 했니?'라고 질문한다. 여자는 '먹지 말라'를 '먹지도 말고 만지지도 말라'고 대답한다. 먹고 싶은 호기심이 발동해서일까? 만지지도 말라는 것을 덧붙인 과장된 표현 속에서 여자의 불만이 드러난다.

말에는 독이 있다. 우리의 아름다움, 평화, 안식을 깨뜨리기도 한다. '먹지 말라'(히브리어: 토칼)는 결코 먹어서는 안 된다는 강한 의지가 내포

되어 있다.

이것은 사람을 죽음에 이르게 하는 것이 '열매 자체'가 아니라 그것을 먹고자 하는 '의지'와 '행위'에 있다는 것을 의미한다.

말에 따르는 의지와 행위가 진정성이 있는지 점검해 보자.

때로는 달콤한 칭찬이 독이 될 수 있다. 오히려 비난이 약이 될 수도 있다. 어떤 말에도 잘 견딜 수 있는 든든한 마음을 갖자.

오늘 하루 내 말에 독이 들어가지 않도록 조심하는 하루가 되기를 기도한다.

창세기 3장 1-3절

1. 그런데 뱀은 여호와 하나님이 지으신 들짐승 중에 가장 간교하니라 뱀이 여자에게 물어 이르되 하나님이 참으로 너희에게 동산 모든 나무의 열매를 먹지 말라 하시더냐
2. 여자가 뱀에게 말하되 동산 나무의 열매를 우리가 먹을 수 있으나
3. 동산 중앙에 있는 나무의 열매는 하나님의 말씀에 너희는 먹지도 말고 만지지도 말라 너희가 죽을까 하노라 하셨느니라

20160930

8
자기 내려놓기

　자신이 불행하다는 감정을 억압하는 사람은 그 반대로 자신이 행복하다는 강박적인 생각을 가지려 하기도 한다. 이것이 발전되어 자신이 다른 사람을 돕는 일로 행복하다 믿으려 한다. 행복한 사람이 불행한 사람을 돕는 것이 당연하다는 생각으로 남을 도우며 행복하다는 이론을 구축한다. 그러다 어느 순간 내가 왜 이러고 있지? 하고 의문이 생긴다. 내면의 문제가 해결되지 않으면 그것은 어떤 식으로든 부정적으로 분출된다. 끊임없이 무엇인가 하려한다. 인정받아야 하고, 행복해야 하니까….

　제왕처럼 군림하거나 과대망상에 빠지기도 하고 자기연민, 극단적 우울감으로 타인의 시선을 받으려 한다.

　무엇을 하려고 할수록 내면과의 거리가 더욱 멀어지는 것을 느낀다. 진정한 자기를 찾기 위해서는 자기를 내려놓아야 하는데 쉽지 않다.

　여자의 동기는 교만이다. 자신의 눈이 밝아져 선악을 알면 하나님같이 될 것이라고 생각했을까? 먹음직스럽고 보기에도 좋고 탐스러운 그 열매를 먹고 바로 남편에게도 권면한다.

　갑자기 뜨끔 한다. 오늘 아침 열심히 자신의 삶을 잘살고 있는 남편에게 비즈니스 코칭을 권유했다. 나는 라이프 코칭, 남편은 비지니스코칭을 하면 내가 추구하던 후대를 위한 삶을 살 수 있을 것 같다는 생각이 들어서였다.(2, 30대는 자신을 위해서, 4, 50대는 사회를 위해서, 60대 이후는 후대를 위해서 살면 인생 좋을 것 같다고 생각해 왔다.) 이제 은퇴하고 좀 맘 놓고 쉬고 싶어 하고 충분히 행복해하는 남편에게 무엇인가 권유하는 나의 모습은 맞는 것인가? 충분히 건강하고 당당한 남편을 있는 그대로 바라보고 나도 함께 행복해하면 될 일이다. 손주들 재롱을 보며 필요할 때 돌보아 주는 일도 후대를 위한 삶이다.

물론 내가 코칭을 공부했던 이유는 무엇을 하려던 것은 아니었다. 그저 삶을 풍성히 즐기려는 것이다. 목회하면서 내가 만나는 사람들이 자기 안의 하나님 형상을 회복하고 자기 본래의 모습에서 자신의 가능성을 발견할 수 있도록 돕고 싶은 마음이었다. 이것이 메시야 콤플렉스가 되지 않으려면 먼저 내가 행복하고 건강해야 한다. 나를 내려놓아야 가능한 일이다. 재미있는 것은 무엇을 하면 할수록 자신이 지혜로워졌다고 생각하는 잘못을 저지른다는 것이다.

여자가 남편에게 권유하는 것은, 선악과를 먹은 여자가 자신이 지혜롭다고 여겼기 때문 아닐까? 다시 한 번 나 자신에게 말한다. "너나 잘하세요…."

있는 그대로의 삶을 행복해하자, 내게 주신 동산의 실과로 만족하며 하나님 안에서 누리자. 주변의 누구든 내가 권유할 일은 아니다. 그저 따뜻하게 바라봐 주면 된다. 가장 그 사람답게 살아가도록, 무엇을 하든 하나님 안에서 하나님의 자녀답게 살아가면 될 일이다.

하나님 같이 되려 하지 말자.

창세기 3장 5-6절

5. 너희가 그것을 먹는 날에는 너희 눈이 밝아져 하나님과 같이 되어 선악을 알 줄 하나님이 아심이니라

6. 여자가 그 나무를 본즉 먹음직도 하고 보암직도 하고 지혜롭게 할 만큼 탐스럽기도 한 나무인지라 여자가 그 열매를 따먹고 자기와 함께 있는 남편에게도 주매 그도 먹은지라

20161003

9
민낯

누구보다 본인이 가장 자신을 잘 안다고 생각한다. 어느 정도는 맞지만 꼭 그렇지도 않다. 거울로 자신을 볼 때와 사진 속 자신의 모습을 볼 때의 느낌이 왜 다를까? 자신을 볼 때, 보고 싶은 면을 확대해서 보기 때문이다.

나는 예전에 사진 찍기를 싫어했다. 실제보다 사진이 잘 안 나온다고 생각했다. 때문에 사진 찍을 때마다 긴장해서 표정을 만들고, 웃으면 약간 앞으로 튀어나온 치아도 드러날 것 같고 광대가 튀어나와 얼굴이 커 보일 것 같아 자연스럽게 웃지 못했다. 그런데 사진을 찍다보면 자연스러움, 활짝 웃을 때의 표정이 가장 아름답다는 것을 발견한다.

여러 명이 사진을 찍을 때 되도록이면 뒷줄에 서기 위해 애쓰기도 한다. 단체 사진이지만 누구나 자신의 모습이 확대되어 보이나 보다. 전체를 보고 당시의 상황을 기억하는데, 자신의 모습이 어떠하다고 푸념을 하는 바람에 사람들이 집중해서 보게 만든다. 자신의 모습이 잘못 나왔을 때 사람들은 싫어한다. 그 모습이 전부가 아님에도 늘 자신이 아름답게 기억되기를 바라기 때문일까? 사진만으로 기억되지는 않는다. 일상의 모습과 언어가 함께 어우러져 기억된다. 사진작가들은 사진 속에서 그 사람의 삶이 느껴진다고도 한다.

사진을 찍을 때 결점이 드러나면 삭제하고 편집해 버리듯 인간에게는 자신의 부끄러움을 감추고 싶어 하는 마음이 있다. 열심히 게임하다 부모가 들어오면 컴퓨터 화면 창을 바꾸어 놓는 아이들처럼 자신의 민낯을 그대로 드러내지 못하는 것이 인간이다.

화장을 하는 것도 자신의 결점을 감추고, 남 앞에서 더 당당해지고 싶기 때문이다.

아프리카의 여인의 활짝 웃는 꾸미지 않은 모습 속에서 아름다움을 느끼기 시작한 순간부터 미의 기준이 바뀌었음에도 난 나의 기준대로 살아가고 있다. 인간의 타락으로 인한 죄성(罪性)인가 보다.

부부 사이에도, 부모와 자식 사이에도 때로는 모른 척해 주는 것이 좋다. 무화과 나뭇잎이 말라서 자신의 수치가 드러나도 편안해질 때까지 기다려 주는 것도 좋다.

창세기 3장 7-8절

7. 이에 그들의 눈이 밝아져 자기들이 벗은 줄을 알고 무화과나무 잎을 엮어 치마로 삼았더라
8. 그들이 그 날 바람이 불 때 동산에 거니시는 여호와 하나님의 소리를 듣고 아담과 그의 아내가 여호와 하나님의 낯을 피하여 동산 나무 사이에 숨은지라

20161004

10
네가 어디 있느냐?

현대 사회 젊은이들이 전공을 바꾸고 계속 공부하고, 직장을 옮기는 현상을 어떻게 해석해야 할까?

성장이 멈춘 시대에 살아남기 위해, 자신의 자리를 찾기 위해 방황하고 있는 것인가? 더 좋은 보수와 환경이 자기 존중의 기준이라고 생각하는 것인가?

자아실현을 위해서인가?

자기가 하고 싶은 것을 찾기보다 주어진 삶에서 열심히 하다보면 잘하고, 잘하면 하고 싶은 일이 된다고 말들 하지만 그들에게는 지금 삶의 자리가 상대적으로 평가되고 비교되기 때문이다.

먹고살기 위해 참고 달리던 이전 세대와는 분명히 다르다.

경제적으로 분명히 성장했는데, 상대적 박탈감이 심하다. 신이든 인간이든 누군가를 인식할 때, 윤리와 도덕적 가치가 높아질수록 간극은 크다.(3장 7절-이에 그들의 눈이 밝아져…) 인간의 지식과 정보가 많아질수록 상대적 박탈감은 커질 수밖에 없다. 상대적 박탈감은 수치심과도 연결된다.(3장 7절 -…자기들이 벗은 줄을 알고 무화과나무 잎을 엮어 치마로 삼았더라)

미국의 심리학자 아브라함 매슬로우(Abraham Masslow, 1908. 04. 01.-

1970. 06. 08.)는 인간의 욕구를 5단계로 정리했다. 생리적 욕구 → 안전의 욕구 → 소속과 애정의 욕구 → 자기 존중의 욕구 → 자아실현의 욕구로 하위단계의 욕구가 실현되면 상위단계의 욕구를 희망한다고 말했다.

　정말 그럴까?
　어쩌면 이러한 인간의 5단계는 하위에서 상위로 계속 올라가는 것만은 아니라는 생각이 든다. 중간 단계에서 다시 하위단계로 돌아가려 하는 인간의 속성이 있다. 자아실현이라는 허울을 쓰고 있을 뿐 그 내면을 깊이 들여다보면 결국 잘 먹고 잘살기 위한 기본적 욕구가 숨어있다.

　진정한 자기 존중과 자아실현은 어떻게 이루어질 수 있을까? 교육을 많이 받았다고 해서 되는 것은 아니다. 자신이 있는 자리가 부끄럽고 두렵지 않아야 한다. 그러기에 많은 학자들이 인생의 궁극적 목적을 행복이라고 말한 것 같다.

　"네가 어디 있느냐?"

　나는 곧잘 땅에서 발을 떼고 붕붕 떠다니려는 습성이 있다. 다행인 것은 땅 위에 굳게 발을 붙인 남편이 가끔 나를 끄집어내려 준다. 고맙고 감사한 일이다. 때로는 지나치게 붙들어 매지만…. 땅 위에 굳게 서는 일은 중요한 일이다. 삶을 살아내는 것만큼 대단한 일이 어디 있을까?
　그러나 무엇보다 중요한 것은 하나님 앞에서 살아가는 일이다.

아담과 하와는 선악과를 먹은 후 자신들의 수치를 발견하고 하나님을 피해 숨어 버린다. 하나님은 숨어 있는 아담과 하와를 부르신다. "네가 어디 있느냐?"

욕심으로 뒤덮인 무성한 가지들을 잘라 내고 내 모습 그대로 받아 주시는 하나님 앞에 우리의 수치를 드러내자. 하나님 앞에 나아갈 때 원래의 내 모습이 회복되고 내 삶의 자리가 에덴동산으로 변화되는 기적을 맛볼 수 있다.

창세기 3장 9-10절

9. 여호와 하나님이 아담을 부르시며 그에게 이르시되 네가 어디 있느냐
10. 이르되 내가 동산에서 하나님의 소리를 듣고 내가 벗었으므로 두려워하여 숨었나이다

20161005

생명과 사랑

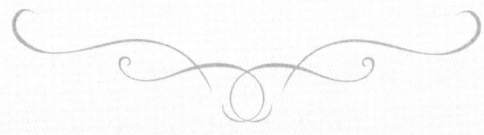

　후손에 관한 사람들의 인식에는 어떤 면에서 보면 자본주의 논리가 스며들어 있다. 힘이 필요한 시대에는 일꾼으로 아들을 선호하는 생각이 지배적이었고 이것은 아주 오랫동안 지속되었다. 자녀가 많은 것을 축복으로 여기던 시대가 있었는가 하면 경제의 논리로 국가가 인구증가를 억제하던 시기가 있었다. 현대 한국사회는 양육과 교육으로 인한 경제적 부담이나 직업을 포기할 수도 있다는 부담으로 결혼과 출산을 머뭇거리는 젊은이들이 많아졌다. 자녀가 잘 먹고 잘사는 직업 갖기를 소망하는 부모의 심정도 자본주의 논리와 맞닿아 있다.

　　　　　　　　　　　　　　　　　　　　　　- 부모 되어가기 중에서

11
책임전가

똑같은 상황 속에서도 사람들의 대처반응은 각자 다르다.

책임을 자신에게 돌리는 것과 타인에게 돌리는 것에는 차이가 있다. 지나치게 자신에게만 돌리면 자신이 없고 우울함에 사로잡힌다. 외부로만 돌리면 억울하고 분하다. 하나님께로 돌리면 무책임하고, 엉뚱한 자신감이 생긴다.

상담을 처음 접하다 보면 과거를 탐색하면서 억울함과 분노가 올라온다. 거기서 끝나지 않고, 개인의 행동패턴을 분석하고 책임 있는 개인으로 살아갈 수 있도록 돕는 것, 더 나아가 이상적인 개인으로 살아갈 수 있도록 돕는 것이 상담이다.

사회가 불안하고 우울해지면서 어느 순간 트라우마(정신적 외상)라는 말이 사람들 사이에서 유행처럼 번졌다. 그렇게 단정 지으면 마음이 좀 편할 것 같지만 결과는 분노다. 서로가 서로에게 책임을 전가하면서 사회적 분노가 일어나고 그로 인한 다툼이 끊이지 않는다. 물론, 인간의 욕심, 제도적 허점, 정의의 부재로 인한 것이다. 이것은 인간의 역사 속에서 늘 진행되고 있다. 이것을 조장한 사람, 여기에 대항한 사람, 회피한 사람이 있을 뿐이다. 모두 나름대로의 이유가 있다. 결국 자신들이 살아가고 싶은 대로 살아간다. 사회의 불의가 개개인의 이기심과 무책임에서 비롯된 것은 아닐까 생각해 본다. 그럼에도 불구하고 좀 더 나의 공동체를 위해 애써야 하는 것도 나와 너, 우리의 책임이다.

인류의 조상인 아담이 자신의 잘못에 대해 하나님과 여자(창3:12)에게 책임을 전가하는 모습이다. 하나님 앞에 "잘못했습니다. 용서해 주세요."라고 말했으면 얼마나 좋았을까. 오히려 여자의 잘못을 덮어 주고 제 잘못이라고 말했으면 여자가 얼마나 고마워했을까. 자기 딴에는 머리를 굴린 것이 더 하나님의 마음을 아프고 화나게 했을 것이다. 여자 또한 마찬가지다. 아담에게 권유했으니 할 말이 없자, 뱀의 탓으로 돌린다.

하나님과 타인, 환경에 탓을 돌리지 말자 하나님 앞에서 책임 있는 존재로 살아가자.

창세기3장11-13절

11. 이르시되 누가 너의 벗었음을 네게 알렸느냐 내가 네게 먹지 말라 명한 그 나무 열매를 네가 먹었느냐
12. 아담이 이르되 하나님이 주셔서 나와 함께 있게 하신 여자 그가 그 나무 열매를 내게 주므로 내가 먹었나이다
13. 여호와 하나님이 여자에게 이르시되 네가 어찌하여 이렇게 하였느냐 여자가 이르되 뱀이 나를 꾀므로 내가 먹었나이다

20161006

12
슬그머니 다가오는 유혹

왜 성경에서는 뱀이 사단의 상징으로 되어 있을까?

소리 없이 다가와 단숨에 사람의 몸에 독을 퍼뜨려 생명을 위태롭게 하기 때문일까?

사람들은 뱀의 혀 놀림을 인간의 교활함에 비교하기도 한다. 두 갈래로 갈라진 혀는 사물의 위치를 파악하고 공기 중에 흩어져 있는 냄새를 후각기관(야콥슨 기관:Jacobson organ)인 두 개의 액체 주머니에 보낸다. 뱀의 귀는 퇴화되었기 때문에 끊임없이 혀를 날름거리며 음향을 파악한다.

뱀은 고대 때부터 멸종되지 않고 살아남은 파충류의 화석이라고 한다. 서양에서 뱀은 에덴동산에서 아담과 여자를 타락시킨 사단을 상징한다. 반면에 동양에서는 다산과 풍요를 상징한다. 알을 많이 낳는 특성은 다산의 상징이 되었고, 땅과 밀착되어 살기 때문에 농경문화권에서 '지신(地神)'으로 간주되었다. 고대 이집트에서는 투탕카멘의 황금마스크에서 뱀이 왕관의 정면을 장식했고 이집트 여왕 클레오파트라가 몸에 뱀을 칭칭 감은 모습을 조각한 작품이 바티칸 박물관에 전시되어 있다.

그런데 뱀은 들짐승 중에 가장 간교하다고 기록되어 있다.(창세기3장 1절)
왜 그럴까?

동양의 사상을 굳이 신앙적으로 해석해 본다. 다산과 풍요가 인간을 행복하게 해줄 것 같지만 그 속에 독이 있다. 땅만 추구하는 삶은 풍요로움을 가져다 줄 것 같지만, 인간들의 사람다움을 상실하게 한다.

뱀의 생물학적 특성을 굳이 신앙적으로 해석해 본다. 소리 없이 다가오는 뱀처럼 사단은 우리에게 소리 없이 다가온다. 듣지는 못하고 끊임없이 자신의 말만 하여, 하나님과 인간, 인간과 인간의 관계를 깨뜨린다. 보지 못해도 냄새(낌새)로 추측하고 잽싸게 공격하여 인간관계의 신뢰를 허물어뜨린다.

오늘은 아침부터 선악과를 먹고 스스로 지혜로워질 것이라고 여겼던 여자처럼 나는 쓸데없이 뱀의 특성과 이야기들을 살펴보고 끼워 맞추기를 한다. 끊임없이 지혜를 구하지만 타락한 심성은 수없이 많은 생각과 말을 만들어 낸다.

하나님 말씀의 중요한 주제를 접어 두고 생각놀이를 하고 있다.

하나님이 창조하신 아름다운 동산, 인간의 불순종으로 인한 타락, 그것을 간교하게 부추겼던 사단, 그로 인한 하나님의 저주, 그럼에도 불구하고 인간을 사랑하시는 하나님의 사랑이 중요한 흐름이다. 끊임없이 인간과 원수가 되는 사단은 인간의 발꿈치를 상하게 하지만 여자의 후손 예수그리스도가 사단의 권세(머리)를 상하게 할 것이라는 것이 주요 주제다. 저주와 동시에 구원자 되시는 예수그리스도를 힘입어 승리할 수 있는 언약의 메시지다.

오늘도 사단의 권세를 깨뜨리시는 예수그리스도를 힘입어 승리하는 하루가 되기를 기도한다.

창세기3장14-15절

14. 여호와 하나님이 뱀에게 이르시되 네가 이렇게 하였으니 네가 모든 가축과 들의 모든 짐승보다 더욱 저주를 받아 배로 다니고 살아 있는 동안 흙을 먹을지니라
15. 내가 너로 여자와 원수가 되게 하고 네 후손도 여자의 후손과 원수가 되게 하리니 여자의 후손은 네 머리를 상하게 할 것이요 너는 그의 발꿈치를 상하게 할 것이니라 하시고

20161007

13
희망을 보다

오늘이 내 삶의 마지막 날일지라도 나는 내일을 꿈꾸고 계획한다.
무엇을 하고 싶어서가 아니다. 무엇을 해야 한다는 욕심은 더욱 아니다.

많은 사람들이 그렇듯이 나도 언젠가는 흙(먼지, 티끌)으로 돌아갈 존재임을 분명히 안다. 후일에 호흡이 끊어지고 하나님 앞에 서는 그날, 나는 하나님께서 창조하신 세상 속에서 하나님과 사람을 사랑하며 행복했다고 대답하고 싶다. 선하신 하나님의 위대하신 계획에 순종하기 위해서, 성령의 인도하심을 좇아 책임 있게 나아가려고 노력할 뿐이다. 내 안에 계신 그리스도가 능력이기 때문이다.

항상 그랬던 것은 아니다. 나이 오십이 넘어가면서 나도 모르게 "이 나이에…"라는 생각이 나를 머뭇거리게 만들었다. 그러면서 얼마나 많은 소중한 시간들을 낭비했는지 모른다. 이제는 스스로를 제한하지 않기 위해 애를 쓴다. 찬란한 여름의 폭풍들을 견디고 가을의 풍성함을 지나 겨울의 긴 침묵이 있어야 봄이 오듯이 인생 역시 그렇다. 마치 끝난 것 같은 순간에 다시 시작되는 일들이 얼마나 많은가?

"하와" 하와는 '살다'라는 뜻의 '하야'에서 파생된 말로 '생명'을 의미한다.(Keil) 얼마나 위대한 이름인가?

   인생의 전반에 고통과 수고가 따를 것이고, 티끌과 같은 본래의 존재로 돌아갈 것이라는 엄숙한 선언 앞에서 아담은 그의 아내 이름을 "하와"라고 불러 준다.

   해산과 노동은 지루한 일상 중에 즐거움과 기쁨이었을 것이다. 어찌 보면, 고통과 수고는 하나님의 징벌이 아니라 타락한 인간이 느끼게 된 결과다. 똑같은 상황을 모든 사람이 고통과 수고로 받아들이지 않기 때문이다.

   "산 자의 어머니", 여인의 후손에서 그리스도의 탄생이 하나님의 약속으로 예고되듯이, 아담 역시 하나님의 사랑을 알았기 때문일까? 죽음을 선고 받은 그 순간에(창3:19)자신에게 선악과를 건네준 여자에게 "하와"라고 이름을 붙여준 아담, 책임을 전가하던 남자가 완전한 절망 앞에서 오히려 희망을 선언한다.

   오늘 하루도 희망이다.

창세기3장16-20절

16. 또 여자에게 이르시되 내가 네게 임신하는 고통을 크게 더하리니 네가 수고하고 자식을 낳을 것이며 너는 남편을 원하고 남편은 너를 다스릴 것이니라 하시고
17. 아담에게 이르시되 네가 네 아내의 말을 듣고 내가 네게 먹지 말라 한 나무의 열매를 먹었은즉 땅은 너로 말미암아 저주를 받고 너는 네 평생에 수고하여야 그 소산을 먹으리라

18. 땅이 네게 가시덤불과 엉겅퀴를 낼 것이라 네가 먹을 것은 밭의 채소 인즉
19. 네가 흙으로 돌아갈 때까지 얼굴에 땀을 흘려야 먹을 것을 먹으리니 네가 그것에서 취함을 입었음이라 너는 흙이니 흙으로 돌아갈 것이니라 하시니라
20. 아담이 그의 아내의 이름을 하와라 불렀으니 그는 모든 산 자의 어머니가 됨이더라

20161010

14
그래봤자 나뭇잎

사람들은 겸손한 사람을 좋아한다.

코칭(coaching)을 하며, 부족한 부분을 메우기 위해 강좌를 찾아 듣곤 한다. 좋은 강의를 들으면 시간과 돈이 아깝지 않다.

강사가 자신의 자랑을 늘어놓으면, 갑자기 배알이 꼬인다. 귀한 시간에 쓸데없는 이야기를 한다는 생각이 든다. 이건 뭘까? 스스로 질문해 본다.

자신이 있는 사람은 굳이 자신의 과거 성공 신화를 이야기하지 않는다. 오히려 그런 사람이 자신의 실패담을 이야기할 때 사람들은 안도감과 친밀감을 느낀다. 나 역시 마찬가지로 은근히 자랑을 할 때가 많았다. 나도 그러면서 다른 사람이 자랑하는 꼴은 못 본다.

내가 교만하다고 생각해 왔고 아직 인간이 덜 된 나를 탓해 왔다.

불현듯 다른 생각이 들었다. 내 안의 무한한 잠재능력을 발휘하지 못한 나 자신에게 화가 나는 것은 아닌가…. 거기서 생각을 멈추고 탐색하기 시작한다.

저 사람은 저렇게 사람들 앞에서 자신의 신화를 이야기하는데, 나는 어디에 머물러 있는가? 내가 저 사람보다 못한 것은 무엇인가? 비교하기 시작했다. 우스운 일이다.

나는 왜 기분이 나쁠까?
죄 때문이다.

인간이 타락한 후, 자신의 수치를 가리기 위해 만든 것은 무화과 나뭇잎을 엮은 치마였다.(창세기3장 7절) 참 우습다. 그래 봤자… 무화과 나뭇잎이다. 자신들이 보기에 그럴듯하고 튼튼해 보이는 나뭇잎을 골랐을 것이다. 그것을 엮으며, 자신들의 지혜에 감탄했을지도 모를 일이다. 그러면 만족스러울 것 같지만, 아니다.
시간이 지나면 말라 버리고 폭풍우라도 치면, 찢겨지고 날아가 버리는 무화과 나뭇잎이다. 그러면 계속해서 또 다른 무화과 나뭇잎으로 치마를 만들어 입고, 서로 비교하며 네 잎이 더 큰지 내 잎이 더 화려한지 자랑을 한다. 세상의 명예, 권력, 돈 모두가 자신들의 수치를 가려줄 것 같지만 언젠가 시들고 말라 버릴 무화과 나뭇잎이다.

아담과 하와를 에덴동산에서 쫓아내시기 전에 여호와 하나님은 가죽옷을 지어 입히셨다.(창세기3장 21절) 놀라운 은혜다. 하나님처럼 지혜로워질 것을 소망한 인간이 생각해낸 것은 고작 나뭇잎이다. 그런 인간을 위해 묵묵히 짐승의 피를 흘리시고 튼튼하고 질긴 가죽옷을 만들어 입히셨다.

그럼에도 불구하고 매일 무화과 나뭇잎 치마를 다시 만들어 입으려는 내 안의 죄의 속성을 발견한다.

우리의 죄를 가려 주신 하나님의 사랑….
가죽옷의 사랑을 진하게 느끼는 아침이다.

무화과 나뭇잎을 벗어던지고 나의 수치를 가려 주신 예수그리스도로 옷 입자.

창세기 3장 21절
21. 여호와 하나님이 아담과 그의 아내를 위하여 가죽옷을 지어 입히시니라

구약시대에는 인간이 하나님 앞에 예배드릴 때, 자신의 죄를 속죄하기 위해 희생 제물로 짐승을 바쳤다.(구약성경) 그럼에도 불구하고 계속되는 인간의 죄를 대신 감당하게 하시려고, 당신의 사랑하는 독자 예수그리스도를 십자가에 달려 죽게 하셨다. 예수그리스도 이후에 더 이상 짐승의 피를 흘리고 그것을 불사를 이유가 없어졌다.(신약성경) 세월이 흐르고 다시 인간들은 자신들의 무화과 잎을 엮어 수치를 가리려 한다. 여러 가지 자신들의 방법으로 하나님 앞에 의로워지려고 노력한다. 그로 인한 폐해를 깨닫고 종교개혁이 일어났지만 여전히 인간들은 자신들의 방법으로 수치를 가릴 수 있다고 생각한다. 자신의 옷을 벗어던지고 그리스도의 은혜로 옷 입을 수 있는 끊임없는 개혁이 필요하다.

20161011

15
그래도 사랑이다

　자녀가 도저히 용서할 수 없는 일을 저질렀을 때 어떤 부모들은 홧김에 "너 같은 자식 필요 없어, 당장 나가!!", "호적에서 파 버린다"고 말한다.
　막상 자식이 집을 나가면 마음을 졸이며 집 나간 아들이 돌아오기를 기다리는 것이 부모 심정이다. 한 번도 호적에서 파 버리는 부모를 본 적이 없다.
　인격적으로 자녀와 대화하고 소통하면 좋겠지만, 부모도 자식도 미숙하다.

　하나님은 당신의 마음을 알게 하시려고 부모를 주셨을까? 도저히 이해할 수 없고 용서할 수 없는 자식이라도, 마음 깊은 곳에서부터 자식이 잘되기를 바라는 것이 부모다. 미성숙하고 이기적인 부모 때문에 자식의 입장에서는 억울하고 분하고 이해되지 않더라도 그것 역시 사랑이다. 부모와 자식 간의 관계는 떼고 싶어도 뗄 수 없는 질긴 인연이다. 자신이 선택한 것이 아니라 주어진 것이다. 받아들여야 한다.

　하나님은 에덴동산에서 아담과 하와를 쫓아내신다.
　타락한 인간이 영생할 것을 염려하시고 에덴 동쪽에 불로 된 칼을 두어 생명나무의 길을 지키게 하신다. 영원한 생명의 상실이다.

생명나무를 찾지 못해서일까?

인간은 평온한 일상 속에서도 막연한 두려움과 불안을 느낀다.

자신의 의지와 상관없이 발생하는 예기치 못한 사건과 사고와 질병은 설명할 수도, 선택할 수도 없다. 어떻게 견뎌낼 것인지만 자신의 선택이다. 선택을 통해서 천국을 누릴 수 있고 지옥을 경험할 수 있다. 어떻게 천국을 느끼며 살아갈 수 있을까?

원통하고 분한 일을 당하면 오랜 시간 그 감정에서 벗어나기 어렵다. 쉽지 않은 일이다. 사소한 일로 조금만 감정이 상해도 하루가 지옥이다. 쉽지 않은 일이다. 더구나 아무 잘못 없이 당해야 하는 테러와 사고로 인한 죽음은 어이없다.

그러나 하나님의 사랑을 알고 나면 할 말이 없다. 그 사랑은 이처럼(아들을 내어주신) 사랑이다. "하나님이 세상을 이처럼 사랑하사 독생자를 주셨으니 이는 그를 믿는 자마다 멸망하지 않고 영생을 얻게 하려 하심이라 – 요한복음 3장16절"

하나님 마음만큼 억울한 일이 어디 있을까?

하지 말라는 짓을 하고 하나님을 탓한다. 사랑을 알지 못하고 오히려 대들고 반항한다. 매일 기다려도 더 멀리 도망간다. 잘못했다고 말해 놓고 곧 다시 잘못을 저지른다.

면목 없어 못 돌아올까 봐 그런 우리를 위해 영원한 생명을 주시려고 자신의 아들을 대신 내어주신 사랑. 그 사랑을 알면 이해되지 않는 삶일지라도 "선하신 하나님"께서 가장 선한 길을 내게 허락하신다고 고백할 수 있다.

천국을 선택할 수 있다.

  생명나무를 금하신 하나님이 죄로 인해 죽을 수밖에 없는 우리에게 살길을 제시하시고 영생을 얻을 수 있도록 아들을 내어주셨다. 그리고 우리를 자녀삼아 주셨다.

  나를 위해 죽으시고 다시 사신 예수그리스도를 힘입어 천국을 살아갈 뿐 아니라 영원한 우리의 고향인 천국으로 들어가자.

  오늘 아침 하나님의 사랑이 눈물겹다.

창세기 3장 22-24절

22. 여호와 하나님이 이르시되 보라 이 사람이 선악을 아는 일에 우리 중 하나 같이 되었으니 그가 그의 손을 들어 생명나무 열매도 따먹고 영생할까 하노라 하시고
23. 여호와 하나님이 에덴동산에서 그를 내보내어 그의 근원이 된 땅을 갈게 하시니라
24. 이같이 하나님이 그 사람을 쫓아내시고 에덴동산 동쪽에 그룹들과 두루 도는 불 칼을 두어 생명나무의 길을 지키게 하시니라

20161012

16
손해 보는 기쁨

하나님의 결정이 이해가 되는가?

'땅의 소산'으로 드린 가인의 제물은 받지 않으시고 양의 '첫 새끼와 기름'을 드린 아벨의 제물만 받으신 하나님이다.

사람들은 '처음 것'과 '피 흘림', '기름'의 중요성을 신학적으로 해석한다. 아벨의 정성에 초점을 맞춘다. '가인과 그의 제물', '아벨과 그의 제물'이란 표현을 놓고, 제물뿐 아니라 제물을 드리는 사람의 마음을 받으신 것이라고 이해하기도 한다.

과연 그럴까?

하나님은 가인을 외면하신 것이 아니라 가인을 시험하신 것이니, 이해할 수 없는 차별대우를 잘 받아들여야 한다(독일 성서공회 해설)고 해설하기도 한다. 이해할 수 없는 차별대우를 이해할 정도면 성자 수준이다. 이해하고 받아들이다가도 어느 순간, 어느 지점에서 불쑥 감정이 올라오는 것이 사람이다.

하나님께서 가인의 제물을 받지 않으셨다는 것을 어떻게 알 수 있었을까? 당시 히브리인들은 복을 받으면 하나님께서 제물을 받으셨다고 생각했다.(신명기28장 3절-6절) 가인의 삶이 아벨보다 풍요롭지 못했던 것일까?

자신도 일 년 내내 땀 흘리며 일했고, 하나님 앞에 감사예물을 드렸음에도 자신은 늘 아벨보다 삶이 곤고하다면 화날 만도 하다.

학교 다닐 때 잘 놀던 여자가 시집 잘 가는 것을 보면 화가 나고, 신앙생활도 제대로 안 하는 것 같고, 주일에 놀러 다니는 것 같은데, 멀쩡하게 잘 사는 것을 보면 화가 나고, 자기 할 일 열심히 하는데 자식들이 알아서 잘 커 주면 화가 나고, 어쩌다 예쁘게 생겨가지고 공부까지 잘하면 화가 나고, 부모 잘 만나 거침없이 나가는 것 보면 화가 나고, 나보다 못한 것 같은데 더 잘나가는 것 보면 화가 난다. 왜 화가 나는가? 그 속에 숨어 있는 것은, 시기심과 질투이기도 한 부러움이다.

교회에서는 하나님이 주인이라고 생각하고 자족하라고 말한다.
왜 그래야 하는가?
화를 내는 것이 뭐 그리 큰 잘못인가? 인간 감정의 하나로 이해해 주시면 안 되나?
시기심과 분노가 나쁜 감정이라고 생각하지만 다시 생각해 보면 자신을 발전시키는 원동력이 되기도 한다. 화는 자신을 죽이기도 하고 남을 죽이기도 하는 무서운 에너지가 되기도 하지만, 사회적 불의에 대한 분노는 정의를 세우고 세상을 변화시키는 힘이 되기도 하지 않는가?

하나님께서는 잔뜩 화가 나 있는 가인에게 선을 행하라고 말씀하신다.
너무 하신다…….
화가 나 있는 가인에게 어떻게 설명해야 할까?

"화"의 반대는 "기쁨", "즐거움"이다.

독일어 'Schädenfreude', 또는 'Schadensfreude'는 가만히 들여다보면 참 재미있다. 남의 불행이나 고통을 보면서 느끼는 기쁨을 말한다. 이것은 상반되는 뜻을 담은 두 단어 'Schaden'(손실, 고통)과 'Freude'(환희, 기쁨)의 합성어다. 심리학에서는 타인의 불행이나 고통을 보면서 느끼는 기쁨을 "샤덴프로이데 증후군"이라고 한다.(양창순, 『나는 외롭다고 아무나 만나지 않는다』, 센추리원, 2014. p.45.) 불교에서는 샤덴프로이데와 반대되는 개념으로 "무디타"(팔리어, 산스크리트어: मुदिता, Muditā)라는 단어를 사용한다. 타인의 행복을 보고 느끼는 기쁨을 말한다.

그런데 타인이 아닌 나로 시선을 돌려보자. 손해를 보는 기쁨, 고통을 감수하는 기쁨, 이 기쁨은 맛보지 않으면 알 수 없는 기쁨이다. 사랑을 하면 적극적으로 손해를 보고 적극적으로 고통을 감수할 수 있듯이 우리 마음에 사랑이 가득하면 가능한 일이다.

하나님께서 가인에게 선을 행하라고 하신 이유다. 가인이라는 이름이 '얻다', '소유하다'란 뜻에서 파생된 것처럼 자신의 삶에서 끊임없이 얻고 소유하려고 할 때 우리의 마음 문에는 늘 죄가 엎드린다. 끊임없이 죄는 우리를 삼키려 한다. 그러나 우리는 죄를 다스려야 한다. 죄를 다스리는 방법이 적극적인 선을 행함이다.

이제야 조금 이해가 간다.

가인의 분노는 사랑의 결여다. 하나님과 아벨에 대한 사랑의 결여. 자신의 의로 드리는 제사보다 사랑의 제사를 드리자.

아벨의 정성스런 제사 역시 자신의 이름 뜻처럼 하나님이 받으시기는 했지만 인간관계가 부족했던 '허무'와 '공허'로 드려진 것은 아닐까? 그것이 형의 분노를 자아낸 것은 아닐까?

창세기4장3-7절

3. 세월이 지난 후에 가인은 땅의 소산으로 제물을 삼아 여호와께 드렸고
4. 아벨은 자기도 양의 첫 새끼와 그 기름으로 드렸더니 여호와께서 아벨과 그의 제물은 받으셨으나
5. 가인과 그의 제물은 받지 아니하신지라 가인이 몹시 분하여 안색이 변하니
6. 여호와께서 가인에게 이르시되 네가 분하여 함은 어찌 됨이며 안색이 변함은 어찌 됨이냐
7. 네가 선을 행하면 어찌 낯을 들지 못하겠느냐 선을 행하지 아니하면 죄가 문에 엎드려 있느니라 죄가 너를 원하나 너는 죄를 다스릴지니라

20161013

17
엘리베이터 테러

며칠 전 엘리베이터에 누군가 김칫국물을 잔뜩 흘려 놓고 내렸나 보다. 김치 통으로 추정되는 모양만큼 넘쳐흐르기도 했고 국물이 여기저기 잔뜩 묻어있다. 바닥이 끈적이고 냄새가 진동한다. 짜증이 올라온다. 집에 들어오자마자 휴지와 물수건을 가지고 가서 마구 투덜거리며 닦았다.

"사람들이 말이야, 공동으로 쓰는 것인데, 이렇게 해 놓고 내리면 어쩌라구…." 닦고 들어오면서도 계속 투덜대는 내게, 수업이 없어 집에 있던 아들이 웃으며 말한다. "엄마 수고했어… 애썼네…" 갑자기 부끄러워진다.

어떤 친정 엄마가 딸에게 김치를 가져다주며, 흘렸을 수도 있고, 어딘가에서 받아 오면서 낑낑대고 들어왔을 수도 있는 모습을 상상하면서 안쓰럽다는 생각을 하고 기쁘게 닦아 주면 안 될까? 아직 내 인격이 그 정도는 아니다.

몇 달 전 음식물쓰레기를 흘렸던 것 같은 엘리베이터를 닦고 나서 엘리베이터 입구와 안에 정중하게 부탁의 글을 올렸었다. 그리고는 한 동안 그런 일이 없었다. 그리고 얼마 전에 경비아저씨가 난감해하시면서 엘리베이터에 누군가 흘려 놓은 아이스크림을 닦으시며 속상해하시는 모습을 보았다.

어제는 학교에 모임이 있어 가다가 학생이 급하게 엘리베이터를 타다가 음료수를 입구에서 쏟았다. 저런 입구 바닥에서 누가 미끄러지기라도 하면 어쩌나. 끈적거릴 텐데… 또 나의 오지랖은 염려를 한다. 학생은 자신의 손에 묻은 음료를 짜증스럽게 바라본다. 그리고 자신의 옷에 안 묻었는지 살핀다. 그리고 짜증을 낸다. 속으로 한마디 하고 싶어지는 갈등을 느끼며 그냥 묵묵히 있었다. 다음에 타더라도 자신이 엎질러 놓은 음료를 가까운 데 있는 화장실에서 휴지라도 가져다 닦아 놓으면 좋으련만… 수업에 늦었을 수도 있겠지…. 급한가 보다. 청소하시는 분들이 있으니까…. 그리고 가만히 있었다.

불특정 다수가 사용하는 공공의 장소일수록 사람들은 무책임하다.
자신들의 방이나 거실이라면 바로 닦았을 일이다.
자신의 삶속에서 작은 실천이 자녀들에게 보여지고, 그것이 사회 속에서 묵묵히 지켜진다면 좀 더 책임 있는 사회가 되지 않을까?
정신없이 앞으로만 내달리고 자신의 가방이 터진 줄도 모르고 가방 속에 계속 무엇인가 채워 넣는 것 같은 현대인들의 모습이다. 그러니 '세월호' 같은 사건이 터져도 지진과 태풍으로 피해를 입어도 책임지려는 사람들은 없다. 그리고는 계속 힘들어하는 사람들에게 "그만 좀 하지…"라고 말한다. 자신에게 직접적인 영향이 없기 때문이다. 자신의 책임이 아니라고 생각한다.

하나님은 다 아시면서 "네 아우 아벨이 어디 있느냐?"고 물으신다. 용서를 구할 기회를 주시지만 가인은 "내가 아우를 지키는 자니이까?"라고 반문한다. 이것은 반문이 아니라 뻔뻔스러운 책임 회피고 대적이다. 나는 가인에게 동정심을 느꼈다. 그냥 화가 나서 동생을 쳤는데, 죽은 것일 거야.

그런데 아니다. 히브리 원어의 의미는 작정하고 쳐 죽인 것이다. 그리고 자신의 잘못을 교묘하게 감춘다.

우리는 가인의 끔찍한 행동에만 화가 나고 그럴 수 있느냐고 생각한다. 나는 절대로 그럴 것 같지 않다. 그런데 하루에도 수십 번씩 우리는 공동체의 누군가에게 테러를 행하고 있다. 자기 삶의 사소한 부분을 무책임하게 넘어가는 습관이 사회적 습관이 되어 버린 것은 아닐까? 소리 높여 사회의 불의에는 분노하면서, 자신의 작은 일상에는 무책임한 것 아닌지 주변을 살펴볼 일이다.

창세기 4장 9절

9. 여호와께서 가인에게 이르시되 네 아우 아벨이 어디 있느냐 그가 이르되 내가 알지 못하나이다 내가 내 아우를 지키는 자니이까

20161014

18
단점이라고요? 천만에…

사람들은 누가 이야기하지 않아도 자신의 단점을 가장 잘 알고 있다. 스스로 단점을 극복하려 애쓴다. 누가 자신의 단점을 건드리면 상처받고, 그것을 감추기 위해 표정, 언어, 다른 어떤 형태로든 공격을 하게 된다. 차라리 단점을 장점으로 생각하고 적극적으로 계발하는 것이 낫다. 굳이 그것을 숨기려 할 필요가 없다.

나는 삶의 무대 위에 있어야 신나는 사람이다.
박수를 받아야 힘이 난다. 그것도 힘껏…….

내가 주인공이 되어야 좋다. 어디에 가도 자연스럽게 리더의 일을 맡게 되었다. 이것이 나의 단점이고 장점이다. 지나치게 인정받으려는 욕구가 있다고 생각했고, 교만하다고 생각했고, 절제해야 한다고 생각했다. 밖으로 에너지를 쏟다 보니 내면이 공허해질 때가 많았다. 이것을 고치기 위해 오히려 더 많은 에너지를 썼다.

그러나 이러한 나의 성향이 그동안 나를 이끌어 온 삶의 원동력이 되었다. 충분히 발현되지 않았다면, 나는 어느 자리에서도 만족하지 못하는 사람이 되었을 것이다. 이제는 무대 아래에서도, 조연의 자리에서도 편안하다. 이렇게 좋을 수가 없다.

나는 정서적으로 예민한 사람이다. 이것이 나의 단점이고 장점이다.

다른 사람의 표정과 눈빛, 태도 속에서 그 사람의 감정이 감지된다. 그래도 내가 힘이 있고 편안할 때는 괜찮다. 다른 사람을 배려할 수 있고 이해할 수 있다. 지치고 힘들고 어려울 때는 그것이 나에게 커다란 상처가 된다. 누군가에게 혹은 무엇을 통해 위로를 받아야 한다. 타인의 시선에서 자유로워지기 위해 내면이 더욱 건강해져야 한다고 생각했다. 많은 시간과 에너지를 썼다. 만약 긍정적으로 계발되지 않았다면, 난 겉으론 웃으면서 속으로는 우는 삐에로의 삶을 살았을 것이다.

이러한 나의 예민함이 다른 사람을 상담하고 코칭할 때 얼마나 큰 장점으로 사용되는지 모른다.

알고 있는 자신의 단점 때문에 위축되어 상처받고 다른 사람이나 자신을 죽이기보다 하나님이 내게 주신 장점이라 생각한다면 그것은 다른 사람을 살리는 도구가 된다.

창세기 4장 17절부터 가인의 후손이 여러 갈래로 나누어진 계보를 묘사한다. 여기서 가인의 후손을 통해 문화와 문명이 발달되는 것을 볼 수 있다. 타락과 살인으로 소외된 인간에 의해 문화가 발달한다. 하나님 없는 인간의 문화는 발달할수록 자신의 자리를 지키고 자기를 나타내려 한다. 자신도 상처받고 다른 사람에게는 더 큰 상처를 입힌다.

오늘도 나와 우리가 하나님 안에서 회복과 생명의 삶으로 더욱 풍성히 발전하기를 기도한다.

창세기4장21절-24절

21. 그의 아우의 이름은 유발이니 그는 수금과 통소를 잡는 모든 자의 조상이 되었으며
22. 씰라는 두발가인을 낳았으니 그는 구리와 쇠로 여러 가지 기구를 만드는 자요 두발가인의 누이는 나아마였더라
23. 라멕이 아내들에게 이르되 아다와 씰라여 내 목소리를 들으라 라멕의 아내들이여 내 말을 들으라 나의 상처로 말미암아 내가 사람을 죽였고 나의 상함으로 말미암아 소년을 죽였도다
24. 가인을 위하여는 벌이 칠 배일진대 라멕을 위하여는 벌이 칠십칠 배이리로다 하였더라

20161027

19
비로소 부르는 이름

아침에 눈을 뜨면 나는 내 이름을 불러 주시는 하나님을 부른다. 세상의 어떤 겉치레(persona)도 없는 순수한 나의 본질을 불러 주시는 분, 그분이 있기에 난 흔들리다가도 힘을 얻는다. 나의 본질을 잃어버린 채 살아갈 때가 참 많이 있다. 세상에서 붙여진 다른 이름들답게 살려고 애쓰지만, 그것처럼 어리석은 일도 없는 것 같다.

몇 개월 전 사임한 교회에서 권사님이 창립 예배에 초청한다고 하면서 나에게 묻는다. "목사님, 목사님이라고 자리에 붙여드릴까요?" 그걸 뭘 물어보나 싶었다. "제가 목사 아닌가요?"라고 되묻고 나서 영 기분이 좋지 않았다. 잠시 쉬면서 목회 방향을 구성하고 있었고 아직 아무것도 잡히지 않은 상태에서 그렇게 물어보니 "목사 맞아요?"라고 물어보는 듯했다. 사실 그런 의미가 아니고 그냥 편하게 자리를 잡아 주고 싶은 마음이었을 게다. 내 자신이 현재 열심히 목회하고 있었다면 "편하신 대로 하세요."라든가, "뭘 그럴 필요 있겠어요?"라고 대답했을 것이다. 스스로 목회 안 하면 그냥 성도 아닌가 하는 생각도 한편으로는 했다. 스스로 열등감과 자신의 정체성에 혼란을 겪던 시기의 어리석은 대답이다. 아직도 그 생각을 하면 얼굴이 달아오른다. 그리고 한동안 목사는 무엇인가? 질문했다.

교회에서 사역을 할 때도 어떤 사람들은 간혹 "사모님"이라고 부르다가 곧 다시 "아니, 목사님"이라고 부르곤 했다. 여성에 대한 인식에 화가 나기도 했다. 겉으론 안 그런 척하면서 내 스스로 내 본질에 붙여진 껍데기에 연연해한 것이다.

학교에서 학생들이 "교수님"이라고 불러 주는 그 짜릿한 쾌감에 강사료 받으면서도 그것을 잘 유지하기 위해 무진 애를 쓴다. 겉으로는 사명과 소명이라는 포장을 하고….

하나님 보시기에 얼마나 안타까우실까?

뭐가 중요한지 잊어버리고 살아간다. 내 이름에 의미를 부여하기 위해 여러 가지 애도 써 본다. 李惠貞: 李(十십자가 木나무아래 子하나님의 자녀로) 惠(하나님의 은혜)가 아니면 한 순간도 貞(바로) 설 수 없는 사람, 그러다가 오십이 넘어서는 惠井(은혜의 샘)이라고 친구가 붙여준 시호를 가지고 좋아했다.

사회적 관계 속에서 붙여진 수많은 이름들, 그 허상 속에서 진정한 나와 대면하지 못한 채 살아가지 않으려고 난 매일 아침 하나님·예수님·성령님을 부른다. 가장 위대하신 이름 그분의 이름, 내가 아는 만큼 이해되어지는 이름. 하루에 수십 번 불러도 부족하지 않은 이름이다. 그러면 조금은 나를 잊어버리지 않고 살아갈 수 있다.

이른 아침 여유롭게 조용한 산길을 걸으며 그분이 내 속에 있기에 내 안에 우주가 있다는 생각이 들었다. 늘 젊은 시절 높은 하이힐을 신고 나를 드러내고 싶어 하던 허상들, 이제는 어쩔 수 없이 포기하고 낮은 신을 신고 걸으면서 힘 있게 지구를 돌린다고 생각했다. 하나님과 함께..

하나님께서 내게 원하시는 삶, 이 땅에서 그분의 이름을 높이기 위해 해야 할 일들이 무엇인지 끊임없이 되물으며 살아가자.
이혜정, 혜정아… 정신 차리자

가인의 후예는 자신들 스스로의 이름과 힘을 자랑하지만, 아벨이 죽은 후 태어난 셋의 자녀 에노스 때부터 비로소 사람들이 여호와의 이름을 불렀다.

창세기 4장 25-26절

25. 아담이 다시 자기 아내와 동침하매 그가 아들을 낳아 그의 이름을 셋이라 하였으니 이는 하나님이 내게 가인이 죽인 아벨 대신에 다른 씨를 주셨다 함이며
26. 셋도 아들을 낳고 그의 이름을 에노스라 하였으며 그 때에 사람들이 비로소 여호와의 이름을 불렀더라

20161018

20
붕어빵

아들이 군대에 있는 동안 두 번의 면회밖에 가지 못했지만, 월요일 아침마다 편지를 보냈다. 너무 바쁠 때는 요일이 달라지기는 했다. 휴가나 외박을 나온다고 할 때를 빼고는 매주 보냈던 것 같다. 편지만 보내기 미안해서 영양제나 책을 싸 보내기도 하고, 가족의 소소한 이야기들, 교인들의 이야기와 근황들을 보내 주었다. 아들은 어쩌다 휴가를 나와도 가족과 자연스럽게 대화가 이어질 수 있었다. 평소에 하지 못했던 많은 이야기를 했고, 어쩌다 오는 아들의 답장에 마음이 뜨거워지기도 했다.

바쁘고 힘들 때는 귀찮을 때도 있었다. 이미지도 찾아가며 붙이고, 쓸 말이 없어 설교했던 내용을 보내기도 했다. 우체국에서 소포박스를 쌀 때마다, 자식이 뭔가 하는 생각이 들었다.

어느 날 우체국을 가다가 갑자기 나의 어머니가 생각났다. 내가 엄마를 닮았구나… 붕어빵이다. 어머니는 늘 목회자와 선교사로 사시면서 편지를 자주 보내셨다. 어떤 때는 내용이 너무 지루해서 대충 보고 버리고, 말도 안 된다고 생각도 하고, 때로는 보관하기도 했다. 물리적으로 아무것도 해 줄 수 없었던 어머니가 할 수 있는 최선의 '사랑의 수고'였음이 느껴졌다. 나름의 사랑표현이었구나…. 그 후로는 열심히 읽어 보기 시작했다. 말이 안 된다고 생각하는 글도, 쓰신 이유를 생각해 보면서 읽다 보니 자식에 대한 염려가 느껴졌다.

　작년부터는 85세인 어머니가 힘이 달리시는지, '카톡'을 열심히 보내신다. 장문의 글을 보내시면 나는 아주 간단히 대답한다. 어머니가 사시는 시간과 내 시간의 밀도가 다르기 때문이기도 하지만, 나보다 어머니가 나를 더 사랑하시기 때문일 게다. 사랑의 방법이 서투르시기는 하다. 내가 서투른 엄마인 것처럼…. 지금은 어머니에게 가끔 전화를 해 작정하고 한 시간 정도 통화를 한다. 그리고 내가 엄마를 참 많이 닮았다고 얘기하면 좋아하신다.

　부모와 자녀는 신기하게 닮아있다. 싫어하면서도 닮고 좋아하면서도 닮는다. 부모의 모습이 더 고착되거나 확장된다. 자신이 닮았다는 것을 인식하면서도 벗어나기가 쉽지 않다. 유전자의 구성성분인 DNA의 영향인가?

　아담 안에 남아 있는 하나님의 형상과 타락하여 훼손된 형상이 자녀에게 이어졌다. 똑같은 아담과 하와의 후손임에도 가인과 아벨, 셋은 다른 삶을 살았다. 부모의 삶이 자녀에게 전수되어 아담의 아들 가인으로부터 여섯 번째가 라멕이고, 아담의 아들 셋으로부터 여섯 번째가 에녹이다. 라멕은 가인보다 벌이 열 배로 늘어나고(창세기4장 24절) 에녹은 하나님과 동행하는 삶을 살았다. 부모의 단점을 이어받아 더 심해질 수 있고 부모의 장점을 이어받아 확장시킬 수 있다는 증거다.

　계속되는 아담의 족보를 살펴보면 "살고 죽었더라"가 반복된다. 어떻게 살았는지 알 수 없다. 다만, 에녹은 '죽었더라'로 서술되지 않고 '하나님이 그를 데려가시므로'로 표현된다. 죽지 않고 들려졌다는 설이 지배적이다.

에녹은 '아담부터 노아까지의 계보'에서 가장 짧은 이 세상에서의 삶을 살았다. 팔·구백세가 기본인 시대에 365년을 살았다. 365일 매일 하나님과 동행하는 삶처럼, 그는 365년을 하나님과 동행했다. 그에게는 설사 죽음이라 하더라도 그것은 '하나님께로 감'이었다.

하나님과 동행하며 부모에게서 물려받은 선한 것을 발전시켜 하나님의 형상이 회복될 수 있다. 우리의 힘으로 안 되는 것을 알기에 예수그리스도가 이 땅에 오셨다. 예수그리스도를 힘입어 하나님과 동행하는 삶을 살자. "임마누엘"

창세기 5장

3. 아담은 백삼십세에 자기의 모양 곧 자기의 형상과 같은 아들을 낳아 이름을 셋이라 하였고

...

24. 에녹이 하나님과 동행하더니 하나님이 그를 데려가시므로 세상에 있지 아니하였더라

...

20161019

21
지배하려는 열망

처음 상담과 코칭을 하다 보면 자신도 모르게 자신에게 찾아오는 대상을 판단하고 비판하고 지배하려는 본능이 작동한다. 이것을 내려놓는 작업이 계속되어야 훌륭한 상담자와 코치가 될 수 있다.

작은 모임, 심지어는 가족 간에도 암묵적인 서열이 정해져야 질서가 있다. 나이, 학력, 경력 심지어는 물질 등으로 자신도 모르게 줄 세우기를 한다.

하나님의 아들들이 인간의 여인과 결합하여 용사들로 태어났다.(창세기 6장 2절, 5절) 이러한 이야기가 성경에 나오는 것은 "사람이 넘어서는 안 될 한계를 하나님이 사람에게 주셨음을 똑똑히 하기 위함"(독일성서공회 해설)이라고 해석한다.

성서와 함께 서양문화의 발달에서 커다란 두 축을 이루는 그리스 로마 신화에도 인간의 욕정과 살아남으려는 갈망, 지배하려는 열망, 신을 뛰어넘으려는 열망이 뒤엉켜 있다. 서양문화에서만 그런 것은 아니다.

세계 여러 민족의 신화를 살펴보면 자신들의 왕이나 권력자를 신격화시키고 신과 인간의 결합으로 태어난 남다른 인간으로 묘사한다. 신과 결합하려는 인간의 욕망은 인간을 지배하고 싶은 권력 욕구에서 나온 것 아닌가 싶다.

1부 생명 **073**

아무리 용사라도 인간은 인간일 뿐이다.

'하늘 높은 줄 모른다.'는 말이 있다. 대부분 잘나갈 때는 자신의 힘으로 모든 것을 지배할 수 있다고 착각한다.
용사가 되고 명성을 얻은 사람들에게 하나님의 영이 없으면 마음으로 생각하고 계획하는 모든 일들이 악하다.(5절)고 성경은 기록한다.

성경은 끊임없이 지배하려는 인간들의 이야기 속에서 끊임없이 하나님의 사랑을 이야기한다. 성경은 힘의 역사, 승리와 성공의 역사가 아니다.

교회 안에서도 믿음으로 모든 것을 성취했다는 성공신화가 사람들의 마음을 사로잡는다. 승리하고 성취해야 성공이라고 생각하는 인간의 속성을 보여 준다.
신앙인의 승리는 철저한 자기 비움에서 시작된다. 지배하려는 열망을 가진 인간의 승리가 아니라 죽기를 작정하신 하나님의 승리다.

끊임없이 지배하려하는 나의 속성을 내려놓고 사랑과 섬김의 하루를 살자.

〈참고〉

'네피림'(창 6:4)은 '떨어지다'(fall)란 뜻을 지닌 기본 동사 '나팔'에서 파생된 말이다. 학자에 따라(Hoffman, Delitzsch) '네피림'을 하늘로부터 떨어진 타락한 천사들의 후손을 가리킨다고 주장한다. 70인 역(LXX)은 '장부'(丈夫)란 뜻의 '기간테스'로, 불가타(Vulgate)와 KJV도 70인 역을 따라 '용사', '거인'이란 뜻의 'giant'로 번역하여 신체적 특성상 장부가 거인으로 불릴 수 있는 일단의 사람 혹은 족속을 가리키는 말로 보았다. 여기서 한 걸음 더 나아가 그 신체적 특징은 아울러 도덕적 특성까지 암시하고 있는 것으로 보고 있는데 대체로 훼방꾼, 무법자, 난폭꾼, 가해자 등의 속성을 가진 것으로 이해하고 있다. 따라서 종합하면 노아 당시의 '네피림'이란 거대한 신체를 지닌 '폭군들' 내지는 '침략자들' 정도의 뜻으로 이해함이 좋을 듯하다(Luther, Calvin, Keil, Murphy). 〈출처: 한국컴퓨터선교회-KCM사전〉

창세기6장1-6절

1. 사람이 땅 위에 번성하기 시작할 때에 그들에게서 딸들이 나니
2. 하나님의 아들들이 사람의 딸들의 아름다움을 보고 자기들이 좋아하는 모든 여자를 아내로 삼는지라
3. 여호와께서 이르시되 나의 영이 영원히 사람과 함께 하지 아니하리니 이는 그들이 육신이 됨이라 그러나 그들의 날은 백이십 년이 되리라 하시니라
4. 당시에 땅에는 네피림이 있었고 그 후에도 하나님의 아들들이 사람의 딸들에게로 들어와 자식을 낳았으니 그들은 용사라 고대에 명성이 있는 사람들이었더라

5. 여호와께서 사람의 죄악이 세상에 가득함과 그의 마음으로 생각하는 모든 계획이 항상 악할 뿐임을 보시고
6. 땅 위에 사람 지으셨음을 한탄하사 마음에 근심하시고

20161020

22
무례한 사람들

말 안 해도 내 맘 알겠지? 천만의 말씀이다. 말 안 하면 대화의 단절이고 오해의 시작이다.

가정이나 사회에서 중요한 일을 앞두고 함께 모여 의논할 때 자신이 소외된다면 외롭고 아프다. 그 사람을 제외시키는 것은 너는 권리가 없다는 의미다. 시키는 대로 따라오라는 말이다. 하지만 권리가 없어도 사랑하고 믿는 사람과는 머리를 맞대고 의논한다.

큰아들의 결혼 문제를 놓고 일이 이렇게 저렇게 진행된다는 것을 둘째 아들에게 말해 주는 것처럼, 가족들은 공유한다. 함께 자리하지 않아도 나중에라도 설명해 주고 이야기해 준다. 벌써 한 다리만 건너도 다르다. 서운해 할 거라든가, 기분 나빠 할 일은 아예 말도 꺼내지 않는다. 괜히 복잡해지기 때문이다. 함께 의논하고 이야기하지 않으면 한 다리 건넜다는 의미다. 배려라고 생각하면 배려지만, 사람들은 자신도 의미 있는 한 명이 되기를 원한다. 함께 의논하고 대화를 나누는 것은 그런 의미다. 사랑이고 존중이다.

말하면 알아듣는가? 무슨 소리… 차라리 말 안 하는 편이 나을 때도 있다.

듣는 사람의 마음이 닫혀 있으면 수백 번 이야기해도 소용없다. 말하면 할수록 더 오해가 쌓이기도 한다.

'내가 잘 알아서 하는데….' 아무리 말해도 귀담아 듣지 않고 잔소리로 듣기도 한다. 좋은 내용이라도 너무 권위적이거나 강압적이면 더 들리지 않는다. "또 시작이군." 하고 흘려듣는다. 윗사람이 나의 삶에 세밀하게 간섭하면 그 또한 귀찮다. 가까운 가족은 "내가 알아서 할게요"라고 대답하는 경우가 허다하다.

말이란 참 묘하다. 들어주기로 작정하면 들리고 듣지 않기로 마음먹으면 들리지 않는다.

사랑하는 연인이 말하면 작은 소리 하나, 표정, 눈짓 하나도 기억하려고 애쓴다.

흘리는 말도 기억했다가 그것을 해 주고 싶어 한다.

부부간에 오래 살아 익숙해지면 말하지 않아도 알게 되는 것이 있지만 너무 익숙해서 몇 번을 말해도 무시해 버리는 경우가 있다.

사회는 원칙대로 한다고 하지만 그 원칙이 어디 완벽한가? 그 원칙이라는 것이 일일이 명시되어 있다면 간단하지만, 해석에 따라 달라지기도 하고, 얽히고설킨 사람들의 집단이라 생각처럼 단순하지 않다. 가족처럼 충분한 대화의 시간도 없다. 국민들이 분노하는 이유도 알 권리를 박탈당했거나 미심쩍기 때문이다. "알려고 하지 마, 다쳐" 참 무례하다.

교회라는 곳도 참 애매하다. 평소에는 가족처럼 생각하다가 어느 때는 사회보다 더 조심해야 한다. 말이 많은 곳이다. 그러다 보니 목사들이 많이 조심한다. 교회의 지도자로 있으면서 일일이 설명하기는 버겁다. 다들 상황과 형편이 다르기 때문이다. 마음을 헤아려 주는 사람이 있으면 감사한 일이지만 그것 역시 부담이다.

교회에 가 보니 오히려 말도 많고 더 상처받는다는 사람도 있다. 가정이나 사회보다 공통된 부분이 오히려 적다. 서로 무슨 일 있으면 가족보다 더 가족같이 챙겨 주고 힘을 써 주기도 하지만 거기에도 묘한 갈등이 있다. 그래서 놓치지 말아야 할 것이 있다.

"하나님을 예배하기 위해 모인" 사람들, 이것이 무너지면 끝이다.

예배는 하나님의 은혜를 힘입어 회복되는 시간이다.

은혜는 사랑이다. 높으신 하나님이 내려오신 겸손이다.

끊임없이 말하고 충분히 들어 준다.

은혜는 받을 준비가 되어야 누릴 수 있다.

"그러나 노아는 여호와께 은혜를 입었더라"(창세기 6장 8절)

하나님은 앞으로 자신이 하실 일을 세세하게 노아에게 말씀하신다. 얼마나 세세한지 만들 방주의 길이, 넓이, 높이까지 얘기하시고 문을 어떻게 내고, 그곳에 무엇을 준비해야 할 것인지 말한다. 이렇게 세밀할 수가 없다. 그런데 노아는 하나님께서 명하신 대로 다 준행한다. (6장 22절) 세상에 누가 이렇게 세밀하게 말해 주고, 누가 이렇게 다 준행할까?

가엾게 여겨 호의를 베풀면서도 무례하지 않으신 하나님처럼, 일일이 간섭해도 귀담아 듣는 노아처럼 관계가 형성될 때 은혜가 은혜 된다. 성경을 살펴보면 반복해서 말하는 것들이 정말 많다. 이것이 소중하게 귀에 들어오면 은혜 입은 자다.

 은혜의 원어 '헨'은 '하난'(불쌍히 여기다. 아랫사람에게 호의를 베풀다)에서 파생된 말로 사랑, 은총, 긍휼을 의미한다. '불쌍히 여기는 것'은 동정과는 다르다. 은혜는 무례하지 않다. 말할 상대가 되지 않는 사람과 충분한 소통을 하는 것이다.
 이것은 하나님의 본성을 뜻하는 '헤세드'(사랑, 긍휼, 공의)와 달리 은혜받는 자가 경건하고 의로운 자여야 한다는 조건을 필요로 한다. (창세기 6장 9절) 신약에서 말하는 '카리스'(매력, 아름다움) '구원의 선물'이란 것과는 약간의 차이가 있다.

 현대 사회는 너무 무례하다. 바쁘기 때문일까? 소통이 단절되고 신뢰가 사라진 사회 속에서 사람들은 하나님의 은혜를 남발한다. 예수님 닮은 모습처럼 살고 싶다고 하는 그리스도인조차 너무 무례하다. 나 역시 무례하고 교만할 때가 많다.

 오늘 하루 무례하지 않고 하나님의 은혜 가운데 살아가는 하루가 되기를 기도한다.

창세기 6장 6-8절

6. 땅 위에 사람 지으셨음을 한탄하사 마음에 근심하시고
7. 이르시되 내가 창조한 사람을 내가 지면에서 쓸어버리되 사람으로부터 가축과 기는 것과 공중의 새까지 그리하리니 이는 내가 그것들을 지었음을 한탄함이니라 하시니라
8. 그러나 노아는 여호와께 은혜를 입었더라

20161021

23
정보의 홍수

　지하철을 타고 다니면 보이는 사람 10명 중 8명은 핸드폰에 시선이 고정되어 있다. 게임을 하거나 영상을 보고, 정보를 탐색하고, 사람들과 문자와 톡을 주고받는다. 무엇인가에 몰두하여 옆에 누가 있는지, 무슨 일이 일어나는지 무심하다. 귀에 이어폰을 꽂고 주변의 소리조차 차단한다.

　매일 쏟아지는 엄청난 양의 정보다.
　정보를 탐색해 맛집을 가기도 하고 자기가 사야 할 물건도 가격을 비교해 인터넷으로 구입한다. 구매 후기를 올리고 그것을 참고하여 적은 시간과 노력으로 좋은 것을 찾아내기도 하고 실망하기도 한다. 낯선 길을 가기 전에 미리 길 안내 정보를 탐색해 두려움 없이 간다. 낯선 사람들이 취미를 공유하고 동호회를 만들어 활발히 교류하기도 한다. 서로에 대한 책임과 수고보다는 각자가 스스로 선택하고 행동한다.
　어느 날 급해서 택시를 탔다. 책을 읽으려고 꺼냈다가 기사분의 쏟아지는 이야기에 다시 집어넣었다. 수집된 수많은 정보를 사실처럼 흥분해서 이야기한다. 정부의 누가 이러니 연예인 누가 저러니 그리고 세상이 엉망이라고 화가 가득 차 있다. 듣는 내내 마음이 답답했다.
　기업들은 정보의 전쟁이다. 서로 신제품을 만들 때 정보가 유출되지 않기 위해 애쓰고, 일부러 거짓 정보를 흘리기도 한다. 개인의 신상도 안전하지 않다. 누군가 무슨 잘못을 하면 금방 그 사람의 신상이 드러나고 용서의 기회는 사라지고 하루아침에 죽일 놈을 만든다.

정보의 홍수에 함몰되어 간다. 속도가 엄청나서 자신도 모르게 휩쓸려 간다. 인간의 속도보다 몇백 배 빨라진 운송수단보다도 더 빠르다. 하루에 수십 번 외국을 오갈 수도 있다. 빛의 속도처럼 빠르다.

정보의 홍수다.

혼돈과 깊음 가운데 있던 땅에서 물을 한쪽으로 몰아내고(창세기 1장 2절/9절) 하나님이 보시기에 좋은 세상을 만드셨다. 그 물이 깊은 샘에서, 하늘에서 다시 터져 나와 타락한 사람들을 삼켜 버린다. 깊은 샘에서 터져 나와 사람들을 삼켜 버리듯 정보들은 엄청난 양으로 쏟아진다. 다들 그 속도와 분량에 걷잡을 수 없이 떠밀려가고 있다.

이 시대 노아의 방주는 무엇일까?

고페르 나무로 너를 위하여 방주를 만들고 역청을 안팎에 칠하라(창세기 6장 14절) 하신 하나님의 말씀을 되씹어 본다. 말씀의 고페르 나무를 한 조각 떼어 나를 위해 밑창 하나를 깔고, 끓어오르는 기도의 역청 한 그릇 담아 마음 안팎에 칠해 본다.

〈참고〉

고페르 나무는 강한 내구성이 있어 선박이나, 성문, 관 등을 만들 때 사용되는 침엽수류의 수지성(樹脂性)나무다. 현대인의 성경, 새번역에서는 '잣나무', 개역한글성경에서는 '잣나무', 공동번역은 '전나무'로, 개역개정에서는 원어 발음대로 '고페르'라 번역하였다. NIV에서는 'cypress'로 KJV에서는 'gopher'로 번역되었다.

역청(瀝靑, bitumen)의 원어 '헤메르'는 '끓다'란 뜻의 '하르마'에서 파생된 말로 바벨론이나 사해 부근의 지하 분수지에서 기름(oil)처럼 끓어오르는 역청(아스팔토스)을 말한다. 바벨탑을 쌓을 때 사용한 재료이며(창세기11장3절). 모세를 갈대 상자에 넣어 나일강에 띄울 때에도 사용되었다(출애굽기2장3절) 이사야서에는 에돔의 심판에 나온다. 에돔의 시내들은 변하여 역청이 되고 그 티끌은 유황이 되고 그 땅은 불붙는 역청이 되며 (이사야34장9절) 〈출처: 한국컴퓨터선교회-KCM사전〉

창세기7장

1. 여호와께서 노아에게 이르시되 너와 네 온 집은 방주로 들어가라 이 세대에서 네가 내 앞에 의로움을 내가 보았음이니라

...

17. 홍수가 땅에 사십 일 동안 계속된지라 물이 많아져 방주가 땅에서 떠올랐고

18. 물이 더 많아져 땅에 넘치매 방주가 물 위에 떠 다녔으며

19. 물이 땅에 더욱 넘치매 천하의 높은 산이 다 잠겼더니

20. 물이 불어서 십오 규빗이나 오르니 산들이 잠긴지라

21. 땅 위에 움직이는 생물이 다 죽었으니 곧 새와 가축과 들짐승과 땅에 기는 모든 것과 모든 사람이라

22. 육지에 있어 그 코에 생명의 기운의 숨이 있는 것은 다 죽었더라
23. 지면의 모든 생물을 쓸어버리시니 곧 사람과 가축과 기는 것과 공중의 새까지라 이들은 땅에서 쓸어버림을 당하였으되 오직 노아와 그와 함께 방주에 있던 자들만 남았더라
24. 물이 백오십 일을 땅에 넘쳤더라

20161024

24
기다림의 시간

기다림은 힘들다. 시간이 정해진 기다림은 그래도 견딜 만하다. 약속을 하고 누군가를 기다리든지, 시험을 치르고 결과를 기다리든지, 임산부가 출산 예정일을 기다리든지 어느 정도 끝이 보이는 기다림이다.

막연히 기다려야 하는 것처럼 답답한 일이 있을까? 실종된 가족을 기다리는 가족들, 정해지지 않은 일자리를 구하느라 애쓰는 이들, 아무것도 결정되지 않은 채 시간을 보내야 하는 이들의 막막함과 답답함은 이루 말할 수 없다.

하나님의 말씀을 신뢰한 노아가 꼬박 1년 10일을 방주 안에 있으면서 어떤 마음이었을까? 묵묵히 120년을 방주를 만들며 기다리던 때와는 또 다른 느낌이었을 것이다. 세상 속에서의 기다림이 아니라 세상과 구별된 장소에서 밖에서 무슨 일이 벌어졌는지 짐작만 할 뿐, 언제일지 모르는 새로운 세상을 기대하며 막연히 기다려야 한다. 방주 안에서, 함께 들어간 가족들과 생물들을 관리하느라 정신없이 바쁜 나날을 보냈겠지만 문득 문득 언제까지 이렇게 살아야 하나 하는 막연함으로 답답하지 않았을까?

하나님을 신뢰하며 하나님께 은혜 입은 노아는 그렇다 치고 옆에서 함께 하는 가족들은 어떤 심정이었을까? 아무런 불평과 다툼이 기록되지 않은 것으로 보아 노아는 가족들에게 신뢰의 대상이었나 보다. 많은 생물을 방주에 싣고자 노아와 가족들의 수고와 고생은 어떠했을까? 군말 없이 방주에 들어간 가족들이다. 하나님의 도우심이 있어도 인간의 수고와 노력이 필요한 일이다.

처음에는 감격했을 것 같다. 무서운 홍수 속에서 그래도 하나님의 말씀을 순종한 아버지와 남편 덕에 구원의 방주에 올라탄 가족들은 감격할 뿐 아니라 하나님의 무서운 심판 앞에서 두려움과 경외심을 가졌을 것이다. 오랜 시간 가족들의 눈빛이 흔들릴 때마다, 노아의 심정은 어땠을까? 자신 또한 얼마나 답답한 마음이었을까?

홍수 속에 둥둥 떠다니던 방주가 7개월 만에 아라랏 산에 머물렀다.(창세기 8장 4절) 그리고도 3개월을 지나 겨우 산들의 봉우리가 보였다.(창세기 8장 5절)

조금의 희망이라도 보이면 더욱 조급해진다.

사십일을 지나(1개월 10일) 창문을 열고 까마귀를 내놓고 날아다니는 것을 보았다. 이번에는 비둘기를 내보낸다. 땅에 발붙일 곳이 없어 돌아온 비둘기를 다시 한 번 내보낸다. 비둘기가 가져온 감람나무 새 잎사귀에서 아주 작은 희망의 싹을 보았을 것이다. 조금 더 기다린 후에 다시 비둘기를 내보내고 돌아오지 않는 것을 보고서야 방주 뚜껑을 제치고 본다.(창세기 8장 13절) 그리고 하나님이 말씀하시기를 기다린다.

하나님께 은혜 입은 사람 노아였기에 가능했을 일이다. 기다림의 시간에 노아는 더욱 하나님의 은혜를 느꼈을까? 그랬을 것이다. 그래야 가능한 일이다.

  자신이 한 것이 아니라는 고백은 진정한 헌신과 순종, 눈물과 땀의 수고를 한 이후의 고백이다. 개인에게 임한 하나님의 은혜가 온 가족들에게 영향을 미친다는 것은 감사한 일이다. 오랜 기다림의 시간을 묵묵히 견딜 수 있게 하신 하나님 앞에, 방주에서 나온 노아가 제단을 쌓고 정결한 제물로 번제를 드린 그 감각을 상상해 본다.

창세기7장11절/창세기8장13-19절

7:11. 노아가 육백 세 되던 해 둘째 달 곧 그 달 열이렛날이라 그 날에 큰 깊음의 샘들이 터지며 하늘의 창문들이 열려

8:13. 육백일 년 첫째 달 곧 그 달 초하룻날에 땅 위에서 물이 걷힌지라 노아가 방주 뚜껑을 제치고 본즉 지면에서 물이 걷혔더니

8:14. 둘째 달 스무이렛날에 땅이 말랐더라

8:15. 하나님이 노아에게 말씀하여 이르시되

8:16. 너는 네 아내와 네 아들들과 네 며느리들과 함께 방주에서 나오고

8:17. 너와 함께 한 모든 혈육 있는 생물 곧 새와 가축과 땅에 기는 모든 것을 다 이끌어내라 이것들이 땅에서 생육하고 땅에서 번성하리라 하시매

8:18. 노아가 그 아들들과 그의 아내와 그 며느리들과 함께 나왔고

8:19. 땅 위의 동물 곧 모든 짐승과 모든 기는 것과 모든 새도 그 종류대로 방주에서 나왔더라

20161025

25
부모 되어가기

후손에 관한 사람들의 인식에는 어떤 면에서 보면 자본주의 논리가 스며들어 있다.

힘이 필요한 시대에는 일꾼으로 아들을 선호하는 생각이 지배적이었고 이것은 아주 오랫동안 지속되었다. 자녀가 많은 것을 축복으로 여기던 시대가 있었는가 하면 경제의 논리로 국가가 인구증가를 억제하던 시기가 있었다.

현대 한국사회는 양육과 교육으로 인한 경제적 부담이나 직업을 포기할 수도 있다는 부담으로 결혼과 출산을 머뭇거리는 젊은이들이 많아졌다.

자녀가 잘 먹고 잘사는 직업 갖기를 소망하는 부모의 심정도 자본주의 논리와 맞닿아 있다.

성경적 관점에서 자녀는 나의 소유가 아니라 이 땅에서 살아갈 동안 나에게 맡겨 주신 하나님의 기업이다. 의학이 발달했지만 내가 갖고 싶다고 가질 수 있는 것도 아니고 버리고 싶다고 버릴 수 있는 것도 아니다. 선택이 아니라 순종이다.

그렇다면 성경적 관점에서 부모 되어가기란 무엇일까?

부모와 자식의 관계는 사랑으로 얽혀 있다. 자기중심적이고 이기적인 사랑, 내 가족만 생각하는 편협한 사랑도 있다. 한 걸음 나아가서 홍익인간이 되기를 권면하는 부모도 있지만 대개는 그저 내 자식이 행복하기를 바라는 것이 부모의 마음이다.

부모는 자기 나름대로의 기준과 삶의 철학으로 자녀를 사랑한다. 사랑의 방식이 미성숙할지라도 어쩔 수 없이 참고 맞추어 가려고 애쓰는 것은 그것이 사랑에서 비롯된다는 것을 알기 때문이다.

힘을 가진 자가 더 많은 노력을 해야 하듯이, 그 사랑이 온전한 사랑이 되기 위해서는 부모가 부모 되어가기를 멈추지 않아야 한다. 부부간에도 부모와 자식 간에도 "되어 가기"를 애써야 한다. 되어 가기는 권리의 주장이 아니라 섬김으로 완성된다.

오늘 아침 성경 본문에서, 가나안의 아버지 함이 할아버지 노아의 수치를 보았다는 것으로 함의 아들 가나안이 저주받는다.(노아 – 함 – 가나안) 가나안은 참 억울하겠다는 생각이 든다.

구약의 축복과 저주가 예수그리스도를 통해 성취되는 하나님과의 언약 관점으로 해석되어야 함에도 불구하고, 이 본문이 흑인에 대한 불평등 논리로 해석되는 경우도 있고, 자신의 잘못을 합리화시키려는 권위주의적 사고방식의 도구(윗사람의 잘못을 드러내면 안 된다.)로 당연시되기도 한다.

어떻게 이해해야 할까?
어떻게 이해해야 하나님 마음을 알 수 있을까?

성경의 이야기, 특히 구약에서는 적나라한 인간들의 이야기를 만날 때마다 당혹스럽다. 함의 행동보다 자신의 실수를 들킨 노아의 저주가 더 당혹스럽다. 마음 깊은 곳에 있는 인간의 본성을 들킨 기분이다. 아버지의 성향이 자녀에게 전수되고 무례한 함의 태도가 자녀들에게 이어져 자연스럽게 그의 자녀들이 종이 된다는 논리를 펴면 변명이 될까?

사실, 가나안의 후손인 니므롯은 용감한 사냥꾼이 되었고, 하나님 앞에서 용감한 사냥꾼이었다. 그들은 큰 성읍을 건설하고 많은 지역으로 퍼져 나갔다.(창세기 10장 6-20절) 니므롯의 나라는 시날 땅의 바벨에서 시작되었다.(창10:10) 가나안의 후손은 소돔과 고모라를 차지하기도 한다.(창10:19) 그렇다. 가나안의 후손은 계속 성공하고 잘나가는 것 같으나 죄악과 연결되어 있다. 교만의 상징 바벨탑, 탐욕의 상징 소돔과 고모라가 이들의 삶의 자리고 결국에는 멸망으로 치닫는다.

성경은 세상의 성공신화와 다르다. 다른 사람의 실수를 드러내고 자신의 힘을 자랑하고 펼쳐 나가는 것에 초점이 맞추어지지 않는다. 포로 되고, 찢기고, 상처 입은 자들의 희망의 노래다. 정의와 평화를 위해 의분을 가지고 투쟁하는 정의의 노래다. 타인에 대한 배려와 용서로 힘없는 삶을 살아가는 사람들의 승리의 노래다. 예수님처럼….

나는 나의 자녀에게 무엇을 바라는가?
가나안의 후손처럼 되기를 바라는 것은 아닌가? 하나님이 원하시는 자녀로 양육하기보다는 나의 욕심이 섞여 있는 것은 아닌지 살펴본다. 자본주의 논리에 젖어 자녀를 훈계하고 양육하고 있는 것은 아닌지 다시 한 번 나를 점검해 보아야겠다.

하나님 앞에서 좋은 부모 '되어 가기'를 기도한다.

창세기9장/창세기10장

9:22. 가나안의 아버지 함이 그의 아버지의 하체를 보고 밖으로 나가서 그의 두 형제에게 알리매

9:23. 셈과 야벳이 옷을 가져다가 자기들의 어깨에 메고 뒷걸음쳐 들어가서 그들의 아버지의 하체를 덮었으며 그들이 얼굴을 돌이키고 그들의 아버지의 하체를 보지 아니하였더라

9:24. 노아가 술이 깨어 그의 작은 아들이 자기에게 행한 일을 알고

9:25. 이에 이르되 가나안은 저주를 받아 그의 형제의 종들의 종이 되기를 원하노라 하고

9:26. 또 이르되 셈의 하나님 여호와를 찬송하리로다 가나안은 셈의 종이 되고

9:27. 하나님이 야벳을 창대하게 하사 셈의 장막에 거하게 하시고 가나안은 그의 종이 되게 하시기를 원하노라 하였더라

...

10:6. 함의 아들은 구스와 미스라임과 붓과 가나안이요

10:7. 구스의 아들은 스바와 하윌라와 삽다와 라아마와 삽드가요 라아마의 아들은 스바와 드단이며

10:8. 구스가 또 니므롯을 낳았으니 그는 세상에 첫 용사라

10:9. 그가 여호와 앞에서 용감한 사냥꾼이 되었으므로 속담에 이르기를

아무는 여호와 앞에 니므롯 같이 용감한 사냥꾼이로다 하더라

10:10. 그의 나라는 시날 땅의 바벨과 에렉과 악갓과 갈레에서 시작되었으며

10:11. 그가 그 땅에서 앗수르로 나아가 니느웨와 르호보딜과 갈라와

10:12. 및 니느웨와 갈라 사이의 레센을 건설하였으니 이는 큰 성읍이라

10:13. 미스라임은 루딤과 아나밈과 르하빔과 납두힘과

10:14. 바드루심과 가슬루힘과 갑도림을 낳았더라 (가슬루힘에서 블레셋이 나왔더라)

10:15. 가나안은 장자 시돈과 헷을 낳고

10:16. 또 여부스 족속과 아모리 족속과 기르가스 족속과

10:17. 히위 족속과 알가 족속과 신 족속과

10:18. 아르왓 족속과 스말 족속과 하맛 족속을 낳았더니 이 후로 가나안 자손의 족속이 흩어져 나아갔더라

10:19. 가나안의 경계는 시돈에서부터 그랄을 지나 가사까지와 소돔과 고모라와 아드마와 스보임을 지나 라사까지였더라

10:20. 이들은 함의 자손이라 각기 족속과 언어와 지방과 나라대로였더라
...

20161026

26
절제되지 않는

이른 새벽, 청소차가 지나기 전에 두 부부가 열심히 길가에 쌓아둔 종이 상자들과 폐지들을 수집한다. 한참을 모으고 정리하더니 잠시 후 차를 끌어와 그것들을 싣고 사라진다. 언제부터인가 손수레에 폐휴지와 상자를 주워 가던 노인들의 모습이 잘 보이지 않는다. 발 빠른 이들에게 당할 수 없을 것이다. 엘리베이터에 '신문지와 재활용 옷가지는 지하 주차장 한 곳에 모아 주시기 바랍니다.'라는 경비 아저씨의 글이 붙어 있다.

살기 위한 치열한 전쟁이다.

브랜드를 내세우는 식음료 가게들이 거리를 잠식해 간다. 체인점들은 늘어 가고 거대한 그물망이 세상에 펼쳐진다. 힘 있는 이들이 살아남을 수 있는 세상이다. 힘을 가지려 하는 이들의 무절제 속에서 '벽돌을 굽고 역청을 바르는'(창세기11장 3절) 힘없는 이들의 희생이다. 가슴이 아프다. 힘없는 이들은 어디에 서야 하는가?

견고히 성을 쌓으려던 인간의 교만이 혼란을 초래하듯이 절제하지 못하는 인간들의 욕심은 사회의 근간을 흔들어댄다.

하나님이 바벨을 흩으신 이유는 인간들의 위협에 대한 심판이 아니다. 인간본성 가운데 있는 무절제함의 위험을 아시기 때문이다.

나라는 온통 시끄럽다. 위에서부터 밑바닥까지 벌거벗기는 참혹함이다. 탄식과 울분이 쏟아진다. 절망과 비탄 속에 서 있는 우리에게 퇴직 철도원의 '30년 나눔의 삶'은 희망 한 조각 전해 준다.

나의 삶은 어디를 향하고 있는가?

창세기11장1절-9절

1. 온 땅의 언어가 하나요 말이 하나였더라
2. 이에 그들이 동방으로 옮기다가 시날 평지를 만나 거기 거류하며
3. 서로 말하되 자, 벽돌을 만들어 견고히 굽자 하고 이에 벽돌로 돌을 대신하며 역청으로 진흙을 대신하고
4. 또 말하되 자, 성읍과 탑을 건설하여 그 탑 꼭대기를 하늘에 닿게 하여 우리 이름을 내고 온 지면에 흩어짐을 면하자 하였더니
5. 여호와께서 사람들이 건설하는 그 성읍과 탑을 보려고 내려오셨더라
6. 여호와께서 이르시되 이 무리가 한 족속이요 언어도 하나이므로 이같이 시작하였으니 이 후로는 그 하고자 하는 일을 막을 수 없으리로다
7. 자, 우리가 내려가서 거기서 그들의 언어를 혼잡하게 하여 그들이 서로 알아듣지 못하게 하자 하시고
8. 여호와께서 거기서 그들을 온 지면에 흩으셨으므로 그들이 그 도시를 건설하기를 그쳤더라
9. 그러므로 그 이름을 바벨이라 하니 이는 여호와께서 거기서 온 땅의 언어를 혼잡하게 하셨음이니라 여호와께서 거기서 그들을 온 지면에 흩으셨더라

20161027

2부

선택

선택과 책임

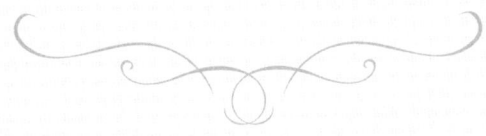

　아무리 맛있고 몸에 좋으니 먹어 보라고 권유해도 안 먹던 것을 아들 녀석이 연애하면서 잘 먹기 시작한다. 이유인즉슨 자기 애인이 좋아하기 때문이란다. 건강에 좋으니 먹으라고 하면 다른 것도 건강에 좋다며 여러 가지 이유를 댄다. 절대 입도 대 보지 않고 자기가 먹고 싶은 것을 고집하던 녀석이다. 내가 자기를 사랑하고 위한다는 것을 몰라서가 아니다. 나에게 잘 보일 필요가 없기 때문이다. 가만히 있어도 이미 충분히 사랑받고 있다는 것을 알기 때문이고, 장성해서는 오히려 부모의 사랑이 부담스러운 나이가 되어 버려서다.

— 애인처럼 중에서

외로움

내뱉는 말들
공허한 울림
서로 자신의 입장에 견고히 서서

화려한 봄꽃 속에
더욱 초라한 모습
황사로 가려진 하늘이 차라리 고맙다.

하나님의 침묵 속에
말씀이 오히려 버거워
새벽 내 귀 기울인다.

내 속을 비우라구요?
수도 없이 비우지요
갈라진 틈새로
들어오는 많은 불순물들
세상의 소리들

(20160416)

27
머무름과 떠남

시간과 공간, 마음이 어우러져 우리의 그리움을 자극하는 곳이 고향이다.

자신이 태어나고 자란 고향은 기억하고 싶은 곳일 수도 있고 기억하기 싫은 곳일 수도 있다. 떠날 수밖에 없었던 고향이 어떤 이에게는 꿈에라도 가고 싶은 그리움의 장소지만 어떤 이에게는 아픔과 상처의 기억만 있는 끔찍한 곳일 수도 있다.

외국에 오래 살다보면 그곳이 제2의 고향이 되어 오히려 한국에 오면 낯설게 느껴지기도 한다.

익숙한 삶의 터전을 떠나는 이유는 외부적인 요인(이직, 이사, 교육 등)과 내부적인 요인(새로운 삶의 추구)이 있다. 평생을 한 곳에 머물러 사는 사람들도 있지만, 많은 사람들은 여러 가지 이유로 삶의 터전에서 '떠남'을 경험한다.

데라가 어떤 이유로 갈대아 우르를 떠났는지는 분명하지 않다. 한 가지 주목할 수 있는 사실은 갈대아 우르에서 막내아들 하란이 손자 롯을 남겨두고 죽었다는 짧은 기록뿐이다.(11장 28절) 서남아시아의 티그리스 강과 유프라테스 강 사이의 비옥한 삼각주 갈대아(Chaldea)인의 우르(Ur)는 경제의 중심지로 풍성한 삶을 누릴 수 있는 곳이었다. 경제적 풍요 속에 공허함이 있는 것일까? 갈대아 우르는 우상숭배가 심한 곳이었다.

데라가 막내아들을 잃고 난 후 자신의 삶을 뒤돌아보며 하나님의 뜻을 찾으려 했을까? 유프라테스 강 하류의 항구도시였던 갈대아 우르가 상류로부터 내려온 토사로 인해 항구로서의 기능을 잃어 갔기에 삶이 곤고해졌을까? 또 다른 삶의 위협 때문이었을까? 당시의 정황은 정확히 알 수 없지만, 데라는 둘째 아들 나홀은 남겨두고, 첫째 아들 아브람과 며느리, 아버지를 잃은 손자 롯을 데리고 가나안 땅으로 가고자 했다. 그러나 자신이 잃은 아들의 이름과 지명이 같은 하란에 이르러 거기 머물다가 250세에 생을 마감한다.(11장 31절)

하란은 유프라테스 강 상류에 있는 도시로 메소포타미아에서 소아시아로 가는 교통의 요지로 높은 산, 언덕, 길이라는 뜻이다. 낯선 가나안보다는 살기 좋은 곳이면서도 죽은 아들 하란과 이름이 같은 곳이라 떠나기 싫었을 수도 있다.

아브람이 75세(데라의 나이 145세-창세기11장 26절, 창세기12장 1절)에 아버지의 집을 떠났으니 데라는 홀로 하란에서 남은 삶을 산 셈이다.

갈대아 우르에서 하란으로 간 것이 아버지 데라의 의지였는지, 결혼한 큰아들 아브람을 따라간 것인지는 알 수 없지만 야셀의 책(Book of Jasher 12장)을 참고로 한다면 아브람이 주도하였을 듯하다. 그런데 하란에서 다시 아브람은 하나님의 음성을 듣고 고향, 친척 아버지의 집을 떠나 가나안으로 움직인다. 보여준 것이 아니고 보여줄 것을 바라보고 떠난다. 현재가 아닌 미래다.(창세기12장 1-5절)

고향, 친척과 아버지의 집은 자신을 둘러싸고 있는 안전한 울타리를 의미한다.

익숙한 많은 것들과의 이별이다. 안전한 삶의 포기다. 미래를 그려 볼 수 있어야(vision) 움직일 수 있다. 아무리 담장 밖의 세상이 좋다고 해도 자신이 걸음을 옮기기 위해서는 담장 밖의 세상을 볼 수 있어야 한다. 보기만 하고 머뭇거리면 늘 그 자리다. 본 후에 움직일 수 있는 의지와 용기가 필요하다.

참 좋으신 하나님이다.

가나안을 보여 주고 가라고 하신 하나님은 그냥 보내지 않으신다. 미래의 풍성한 복을 약속하신다. 아직 아들도 없는 아브람에게 큰 민족을 이룰 것을 약속하신다. 자신들의 이름을 내려던 바벨을 흩어버리신 하나님이 아브람의 이름을 창대하게 하신다고 약속하신다.(12장 2절) 아브람을 축복하는 자를 축복하고 저주하는 자를 저주하여 복의 근원이 될 것을 약속하신다.(12장 3절) 이 약속의 말씀을 듣고 아브람이 여호와의 말씀을 따라갔다.(12장 4절)

하나님은 우리에게 많은 것을 보여 주시기 원하신다. 다만 우리가 자신이 쳐 놓은 울타리 속 두려움에 갇혀 있을 뿐이다. 하나님이 창조하신 세상 속에서 약속의 말씀을 듣는 것이 복이다. 나는 이런 사람이야… 스스로 경계를 만들어 놓고 자신의 울타리 속에서 편안히 살다 죽을 것인지, 하나님의 목적에 이끌려 믿음으로 살아갈 것인지는 자신의 선택이다.

> **〈참고〉**
> 야셀의 책은 성경이 언급하는 고대 역사서 가운데 하나로 창세기, 출애굽기, 여호수아의 이야기를 다루고 있다. 특히 창세기의 이야기는 성경보다 두 배 정도의 이야기가 기록되어 있다. 야셀의 책은 여호수아서 10장 12-13절과 사무엘하 1장17-18절에 언급된다. 디모데후서 3장 8절에 나오는 얀네와 얌브레의 이야기는 바울이 야셀의 책을 인용한 것이다.

창세기11장31-32절/창세기12장1-5절

11:31. 데라가 그 아들 아브람과 하란의 아들인 그의 손자 롯과 그의 며느리 아브람의 아내 사래를 데리고 갈대아인의 우르를 떠나 가나안 땅으로 가고자 하더니 하란에 이르러 거기 거류하였으며

11:32. 데라는 나이가 이백오 세가 되어 하란에서 죽었더라

12:1. 여호와께서 아브람에게 이르시되 너는 너의 고향과 친척과 아버지의 집을 떠나 내가 네게 보여 줄 땅으로 가라

12:2. 내가 너로 큰 민족을 이루고 네게 복을 주어 네 이름을 창대하게 하리니 너는 복이 될지라

12:3. 너를 축복하는 자에게는 내가 복을 내리고 너를 저주하는 자에게는 내가 저주하리니 땅의 모든 족속이 너로 말미암아 복을 얻을 것이라 하신지라

12:4. 이에 아브람이 여호와의 말씀을 따라갔고 롯도 그와 함께 갔으며 아브람이 하란을 떠날 때에 칠십오 세였더라

12:5. 아브람이 그의 아내 사래와 조카 롯과 하란에서 모은 모든 소유와 얻은 사람들을 이끌고 가나안 땅으로 가려고 떠나서 마침내 가나안 땅에 들어갔더라

20161028

28
믿음이 신념으로 변질될 때

아브람은 기근을 당해 애굽으로 내려가면서 아내 사래에게 부인이라고 하지 말고 누이라고 말하라고 당부한다. 아내가 너무 아름다워 사람들이 아내를 빼앗기 위해 자신을 죽일까 봐 염려한 것이다.

나는, 아브람의 행위가 하나님의 약속을 믿지 못한 불신앙이 아닐 거라는 생각이 들기 시작했다. 다만, 하나님의 약속을 굳게 믿었으나 그것을 이루려는 방법이 문제였다는 생각이 들었다. 하나님의 약속을 성취하기 위해 자신은 죽으면 안 되었다. 어떻게든 살아남아야 큰 민족을 이루고 복을 받을 것 아닌가? 우유부단하고 비겁자로 보였던 아브람이 목표지향적인 사람으로 느껴졌다. 아브람의 실수는 하나님으로 인한 시작이 자신에 의해 이루어져야 한다는 것에 있다. 원인도 결과도 하나님께 온전히 맡기지 못한 성급함이다.

약속의 성취가 구체적인 듯 막연하다. 큰 민족을 이루고 복을 주어 이름을 창대케 하리라고 약속하시지만 구체적인 방법이나 결과의 시간이 없다. 하나님의 약속을 굳게 믿고 가나안에 정착하기 위해 이리저리 옮겨 다닌다. 다른 신들을 섬기는 가나안에서 자신의 믿음을 지키고 여호와의 이름을 불렀지만 돌아온 결과는 심한 기근이었다.

어떻게든 살아남아야 한다. 그래야 약속의 말씀이 이루어질 것이다. 아브람은 할 수 없이 애굽으로 내려갔다. 거기서 자신의 생명을 보존하기 위해 아내를 누이라고 속여 왕에게 재물을 얻는다.

어떻게든 살아남아야 한다. 자신은 하나님의 약속을 성취해야 한다. 믿음이 자신의 신념으로 변질되었다. 사래는 얼마나 황당했을까? 이집트 왕 바로는 또 무슨 죄인가?

신념으로 변질된 믿음은 자신의 아내조차 희생시켜도 된다고 생각한다. 신념으로 변질된 믿음은 권력에 비굴해도 된다고 생각한다.

하나님으로 말미암아 자신의 생명이 유지되는 것이 아니라 사래의 순종으로 말미암아 자신의 생명이 유지될 것이고 그래야 하나님의 약속이 이루어질 것이라 생각한다. 얼마나 위험한 생각인가? 하나님의 방법은 자신의 배필을 희생시키는 것이 아니다. 오히려 사래로 인한 풍성한 축복을 경험하게 하신다. 아브람은 얼마나 민망했을까?

하나님의 능력 앞에 자신의 방법이 얼마나 무가치하다는 것을 깨달았을까?

불신앙보다 더 무섭다. 믿음이라는 명목의 신념은 자기에게 소중한 많은 것들을 희생하게 한다. 믿음은 철저한 순종이다. 처음부터 끝까지 더딜지라도 인내하는 기다림이다. 이리저리 정착하지 못하고 떠돌아 다녀도, 기근이 와도, 위험이 닥쳐도 하나님의 약속을 믿고 끝까지 순종하는 것, 이것이 믿음 아닐까?

나는 혹시 믿음을 신념으로 변질시킨 것은 아닌지, 하나님 앞에서 조용히 나를 들여다본다.

창세기 12장 6-13절

6. 아브람이 그 땅을 지나 세겜 땅 모레 상수리나무에 이르니 그 때에 가나안 사람이 그 땅에 거주하였더라
7. 여호와께서 아브람에게 나타나 이르시되 내가 이 땅을 네 자손에게 주리라 하신지라 자기에게 나타나신 여호와께 그가 그 곳에서 제단을 쌓고
8. 거기서 벧엘 동쪽 산으로 옮겨 장막을 치니 서쪽은 벧엘이요 동쪽은 아이라 그가 그 곳에서 여호와께 제단을 쌓고 여호와의 이름을 부르더니
9. 점점 남방으로 옮겨갔더라
10. 그 땅에 기근이 들었으므로 아브람이 애굽에 거류하려고 그리로 내려갔으니 이는 그 땅에 기근이 심하였음이라
11. 그가 애굽에 가까이 이르렀을 때에 그의 아내 사래에게 말하되 내가 알기에 그대는 아리따운 여인이라
12. 애굽 사람이 그대를 볼 때에 이르기를 이는 그의 아내라 하여 나는 죽이고 그대는 살리리니
13. 원하건대 그대는 나의 누이라 하라 그러면 내가 그대로 말미암아 안전하고 내 목숨이 그대로 말미암아 보존되리라 하니라

20161031

29
마음의 눈으로

며느리가 임신하니, 배부른 여인들과 임산부 석이 눈에 들어온다. 누군가 아무렇지도 않게 임산부 석에 앉아 있는 것을 보면 괜히 화가 난다. 유치원 재롱잔치에서나 학교 입학과 졸업식에서 유독 내 자식이 눈에 들어온다. 아들이 군대 갔을 때는 군인들만 눈에 보이고, 남편이 수염을 기르니 수염 기른 남자들이 눈에 띈다.

길을 가다 예쁜 옷이 걸려 있으면 자연스럽게 고개가 돌아가고, 다 읽지도 못하는 책을 잔뜩 사다 놓고, 집에 있는 책만 다 읽어도 엄청나겠다는 생각을 한다. 요즘 요구르트 젤리(ㅇㅇPB제품)를 잘 먹는 나를 위해 남편은 ㅇㅇ만 보면 들어가서 잔뜩 사 들고 들어온다. 눈에 보이지도 않던 ㅇㅇ이 잘 보이나 보다. 맛있는 요리프로그램을 보면 입맛을 다시는 남편은, 아무리 반찬이 많아도 자신이 좋아하는 것이 없으면 먹을 것이 없다고 말하고 고기와 상추쌈만 있어도 식탁이 풍성하다고 말한다.

엄마는 늘 기·승·전·신(하나님, 신앙)이라고 놀리던 두 아들의 말이 생각난다. 일상의 언어로 사람들과 이야기하고 글을 쓰려 해도 결국 신앙의 틀에 갇힌다. 나와 결혼하기 위해 세례를 받은 남편이 나와의 대화 속에서 이해되지 못하는 많은 부분을 얼마나 많이 이해하려 애썼을지 생각해 본다. 나 또한 마찬가지다. 파란색 안경을 쓰고 계속 흰 종이를 파랗다고 말해도 빨간색 안경을 쓴 사람은 도저히 이해할 수 없다. 부부간에도 서로 이런 차이가 있으니 세상은 오죽할까 싶다.

다양한 가치와 관점을 가진 사람들 앞에서 설교하는 목사는 그 많은 관점을 어떻게 이해하고 수용해야 하나? 사람들의 관점을 이해하려고 애쓰되, 하나님의 눈으로 다시 보려고 애써야 한다. 그 사이에 자신의 가치와 신념이 들어가려는 것을 끊임없이 배제하면서.

마음이 가는 곳에 눈이 머문다. 마음의 눈이 자신의 가치다. 마음의 눈으로 관점을 가지고 그 관점에 따라 세상을 바라본다.

아브람과 롯의 소유가 넉넉해지자 그들에게 속해 있는 가축을 치는 목자들이 다투기 시작했다. 아버지가 없는 롯에게 아브람은 아버지 같은 삼촌이었고 아직 자식이 없는 아브람에게 롯은 아들과 같은 조카였다. 이제는 독립할 수 있을 만큼 성장해 떠날 때가 된 것이다. 가족의 평화를 위해 아브람은 롯에게 선택권을 준다.

롯이 눈을 들어 바라본 곳은 온 땅에 물이 넉넉한 요단 지역이었다. 여호와의 동산 같고 애굽 땅 같은 기름지고 풍성한 곳을 선택한다. 소돔과 고모라를 암시하는 이 지역이 눈에 들어온 것은 사람들에게는 너무나 당연한 일이다.

롯이 떠난 후 아브람은 하나님이 바라보게 하시는 곳을 바라본다. 롯이 눈을 들어 바라본 곳이 요단 지역이었던 것에 비해 아브람의 눈에 펼쳐진 곳은 척박한 가나안이었다. 그러나 하나님은 눈을 들어 사방을 바라보게 하신다. 그리고 일어나 종과 횡으로 다녀보라고 하신다.

내가 바라보는 것과 하나님이 바라보게 하시는 것의 차이가 느껴진다. 거침이 없다.

신앙의 눈으로 세상을 바라보는 것은 엄청난 힘이다. 비록 가난해도 부유함을 누릴 수 있고, 아파도 행복할 수 있고, 고난 속에서도 희망을 보기 때문이다. 작고 사소한 일에 흔들리다가 다시 마음의 평화를 찾고 감사와 찬양의 노래를 부를 수 있는 것, 너무 바빠 시간에 쫓기면서도 시간을 쪼개어 말씀 가운데 휴식하는 것, 이 모든 것이 나에게는 선물이다.

온통 소란한 세상 속에서, 고요히 눈을 들어 하나님이 바라보게 하시는 곳을 바라보기를 기도한다.

창세기13장10-18절

10. 이에 롯이 눈을 들어 요단 지역을 바라본즉 소알까지 온 땅에 물이 넉넉하니 여호와께서 소돔과 고모라를 멸하시기 전이었으므로 여호와의 동산 같고 애굽 땅과 같았더라
11. 그러므로 롯이 요단 온 지역을 택하고 동으로 옮기니 그들이 서로 떠난지라
12. 아브람은 가나안 땅에 거주하였고 롯은 그 지역의 도시들에 머무르며 그 장막을 옮겨 소돔까지 이르렀더라

13. 소돔 사람은 여호와 앞에 악하며 큰 죄인이었더라

14. 롯이 아브람을 떠난 후에 여호와께서 아브람에게 이르시되 너는 눈을 들어 너 있는 곳에서 북쪽과 남쪽 그리고 동쪽과 서쪽을 바라보라

15. 보이는 땅을 내가 너와 네 자손에게 주리니 영원히 이르리라

16. 내가 네 자손이 땅의 티끌 같게 하리니 사람이 땅의 티끌을 능히 셀 수 있을진대 네 자손도 세리라

17. 너는 일어나 그 땅을 종과 횡으로 두루 다녀 보라 내가 그것을 네게 주리라

18. 이에 아브람이 장막을 옮겨 헤브론에 있는 마므레 상수리 수풀에 이르러 거주하며 거기서 여호와를 위하여 제단을 쌓았더라

20161101

30
줄다리기

가전제품을 사거나 설치한 후 기사 분들이 명함과 함께 남기는 말이 있다. "혹시 이상 있으시면 이 번호로 연락해 주시구요, 설문조사하면 점수 좀 잘 주세요." 좀 잘 달라는 것은 최고점을 달라는 말이다.

대학교 강의실에서도 똑같은 현상이 벌어진다. 요즘은 학생뿐 아니라 가르치는 사람도 평가받는 시대다. 박사과정 공부하는 사람들의 열정을 생각해 열심히 준비하고, 시간도 성실히 임하려고 노력하는데 학생들에게 강의 평가받는 것이 신경 쓰인다. 5점 만점에 4점 이상 받으면 꽤 괜찮은 점수임에도 하위권으로 밀려났다가 아주 약간의 차이로 금방 상위권으로 뛰어오른다. 뭔가 모르게 찜찜하다. 누군가 차고 올라가면 누군가는 밀린다. 합리적인 시스템 같지만, 비합리적인 것 같다는 생각이 든다. 교육도 기업 시스템이 적용된다.

계약직에 관한 법으로 정규직으로 임용되지 못한 사람들은 2년 이상 같은 근무조건에서 일할 수 없고, 정규직으로 채용되지 못하면 무기 계약직으로 일하거나 밀려나야 한다. 투쟁으로 얻어 낸 결과 중의 하나다. 권리를 얻으려 하면 할수록 더 많은 손실을 경험하게 되는 사회다. 뺏으려는 사람과 빼앗기지 않으려는 사람들의 팽팽한 줄다리기다. 팽팽한 줄다리기 끝에 끊어질지도 모를 줄을 손에 땀이 나도록 쥐고 있다. 그냥 놓아 버리

2부 선택 **111**

면 힘쓴 사람만 우습게 넘어지는데……. 이기지 못하면 도태되는 경쟁을 부추기는 사회다. 점수로 평가받는 소리 없는 전쟁터다.

원시 사회에서 자연의 일부로 살아가던 인간이 산업사회로 변화하면서 거대한 조직의 일부가 되어 버렸다. 쓰다 버려지는 소모품처럼 인간이 인간으로서 대우받지 못하게 된 사회에서 버려지지 않기 위해 사람들은 치열한 자기계발로 몸살을 앓는다. 가지려 할수록 더 많은 빼앗김을 경험하면서….

창세기 14장의 서두는 가나안 북부지역 메소포타미아 4개국과 남부지역 5개 사해 동맹국과의 전쟁으로 시작된다. 12년간 조공을 바치던 것에서 벗어나기 위해 남부지역사람들이 동맹을 맺고 쳐들어갔다가 강대국인 엘람왕 그돌라오멜과 연합한 북북 지역에 패배한다. 시대의 소용돌이 속에서 롯은 포로가 되었다. 자신의 재물을 지키려 했기 때문일까? 풍부한 재물을 소유하고 있던 롯은 재물과 함께 사로잡혀 끌려갔다.

몸살을 앓고 있는 사회 속에서, 폭식자들에게 분노하고 그들의 허물이 드러날 때마다 통쾌하면서도 씁쓸하고 아프다.

나 역시, 빼앗기지 않으려고 몸부림치는 것은 아닌지. 나눔과 섬김을 말하면서도 가진 것을 지키려고 애쓰는 것은 아닌지 생각해 본다. 하나님의 은혜 입은 자답게, 눈에 보이는 나눔과 섬김이 아니라, 사랑이 동기가 된 나눔과 섬김을 실천할 수 있는 하루가 되기를 기도한다.

창세기 14장 11-16절

11. 네 왕이 소돔과 고모라의 모든 재물과 양식을 빼앗아 가고
12. 소돔에 거주하는 아브람의 조카 롯도 사로잡고 그 재물까지 노략하여 갔더라
13. 도망한 자가 와서 히브리 사람 아브람에게 알리니 그 때에 아브람이 아모리 족속 마므레의 상수리 수풀 근처에 거주하였더라 마므레는 에스골의 형제요 또 아넬의 형제라 이들은 아브람과 동맹한 사람들이더라
14. 아브람이 그의 조카가 사로잡혔음을 듣고 집에서 길리고 훈련된 자 삼백십팔 명을 거느리고 단까지 쫓아가서
15. 그와 그의 가신들이 나뉘어 밤에 그들을 쳐부수고 다메섹 왼편 호바까지 쫓아가
16. 모든 빼앗겼던 재물과 자기의 조카 롯과 그의 재물과 또 부녀와 친척을 다 찾아왔더라

20161102

31
포기하지 않으시는 하나님처럼

"바보처럼 살아라"는 말을 종종 듣는다. 힘이 있고 지도자의 위치에 있는 사람이 자신의 것을 포기하고 이런 삶을 산다면 누구나 대단하다고 생각한다.

그러나 계속 실패와 좌절을 겪는 사람이 이런 말을 하면 힘없고 실패했어도 바보처럼 살기를 선택할 수 있음에도 불구하고. 우리는 이렇게 말한다. "자신의 무책임을 합리화하면서 바보처럼 살자고 말하는 것은 자기연민이야 스스로의 삶을 책임질 수 있어야 해."…

바보처럼 포기하고 살아야 하는가? 끝까지 싸워서라도 지키고 포기하지 말아야 하는가? 무엇을 지키고 무엇을 포기해야 할까? 가장 포기하기 쉬운 것이 무엇일까?

포로 되고 빼앗긴 우리를 찾기 위해 끝까지 포기하지 않으시는 하나님처럼, 아브람은 자신의 조카 롯을 구하기 위해 팔레스틴 남쪽의 경계 단까지 적들을 쳐부수고, 다멕섹 북쪽 약 80km 지점인 호바까지 쫓아가 모든 빼앗겼던 것들과 롯과 그의 재물과 부녀와 친척을 다 찾아왔다.

현명한 선택을 한 것 같은 롯은 결과적으로 자신의 모든 것을 빼앗기고 포로가 되었다. 반면에 풍요로운 땅을 포기하고 바보 같은 선택을 한 아브람은 신앙 안에서 철저히 자신의 삶을 준비해 나간다. 주변과 동맹을 맺고, 자신의 집에서 기르고 훈련시킨 자가 318명이나 된다.

롯도 열심히 살지 않았을까? 인간은 비교할수록 상대적 박탈감을 느끼기 때문에 풍요로운 곳은 더욱 바쁘고 정신없다. 서슴없이 좋은 것을 선택한 것을 보아 롯도 만만한 사람은 아니다.

풍요로움을 선택한 롯에게 찾아온 위험을 풍요로움을 포기한 아브람은 외면하지 않는다. 포기하지 않고 끝까지 쫓아가서 되찾아 온다.

나는 무엇을 포기할 수 있고 무엇을 포기할 수 없는가 생각해 본다.

나를 포기하지 않으신 하나님처럼 인간과 세상을 포기하지 않고 사랑하기 위해, 내가 포기하지 못하는 세상의 많은 욕심을 포기하기 위해 나는 오늘도 기도한다.

창세기14장13-16절

13. 도망한 자가 와서 히브리 사람 아브람에게 알리니 그 때에 아브람이 아모리 족속 마므레의 상수리 수풀 근처에 거주하였더라 마므레는 에스골의 형제요 또 아넬의 형제라 이들은 아브람과 동맹한 사람들이더라
14. 아브람이 그의 조카가 사로잡혔음을 듣고 집에서 길리고 훈련된 자 삼백십팔 명을 거느리고 단까지 쫓아가서
15. 그와 그의 가신들이 나뉘어 밤에 그들을 쳐부수고 다메섹 왼편 호바까지 쫓아가
16. 모든 빼앗겼던 재물과 자기의 조카 롯과 그의 재물과 또 부녀와 친척을 다 찾아왔더라

20161103

32
헌금은 꼭 해야 하나?

아들들이 장성해서 아르바이트를 하거나 어떤 수익이 생기면 늘 부모에게 뭔가를 하려고 애쓰는 모습이 대견했다. 큰아들이 월급 받기 전부터 남편은 아들에게 용돈을 얼마나 줄 것인지 물었다. 공익으로 군 복무할 때도 월급을 받으니 용돈을 줘야 하는 것 아니냐고 했다. 비선실세인 내가 나서서 "아직 정식으로 취직한 것도 아니고 자기 쓰기도 버거울 텐데 기다리자"고 해서 넘어갔다.

나는 마음에서 우러나와서 자연스럽게 해야 한다는 생각이었고, 남편은 습관을 들여야 한다는 생각이었다. 남편의 입장은 "그동안 내가 너를 위해 애썼으니 마땅히 나에게 용돈을 줘야 한다."는 것이다. 해 준 것을 받겠다는 의미보다는 습관을 들이고 싶다는 것이다. 나는 "자식에게 부모가 하는 것은 당연한 일이고 자식은 마음에서 우러나와 해야 한다."는 입장이었다. 아들은 처음에 좀 당황하는 듯했다. 자기가 알아서 잘 할 텐데 왜 저러나 싶은 서운한 표정이면서도 아빠의 성격을 아니까 이해하는 것 같았다.

결혼하고 정식으로 취직한 아들이 첫 월급을 탔다며 아내와 상의해 거의 전부를 가져다주었다. 이제는 매월 용돈을 보낸다. 용돈을 받으니 기쁘다. 돈의 액수가 문제가 아니라 부모로서 존중받는 기분이다. 자녀가 부모를 인정하고 감사하는 의미이기 때문에 기쁘다.

만약, 해준 것도 없는 부모라고 생각하거나 부모를 인정하지 않으면, 용돈 드리고 싶은 마음이 없을 것이다. 용돈보다는 그때 그때 상황과 형편에 따라 드리기도 한다. 부모가 형편이 어려워서 어쩔 수 없이 생활비를 드려야 한다면, 그것은 의무가 된다. 그러면 자신도 모르게 부모를 무시하거나 간섭하게 될 것이다. 무슨 돈을 그렇게 쓰시느냐 등등….

교회를 다니면 헌금에 관한 부분이 불편할 때가 있다. 특히 십일조는 아주 커다란 부담이다. 모태 신앙인 나도 십일조를 하기 시작한 것은 둘째 아이를 낳고 난 후였다. 결론부터 말하면 이렇다. 십일조 해야 하는가? 아니다. 안 해도 된다. 안 하면 저주받는가? 아니다. 이미 하나님 앞에 있는 것 자체가 복이다. 그러면 할 필요 없는가? 아니다. 필요가 아니라 자연스럽게 된다.

목회자 중에도 헌금을 강조하는 목회자가 있고 헌금을 말하지 않는 목회자가 있다. 습관을 들여야 한다는 입장과 자발적이어야 한다는 입장이다.

믿음의 십일조를 드려야 축복 받는다고 강조하기도 하고, 어떤 사람은 돈 내는 장로들이 교회를 좌지우지하려고 한다고 생각해 오히려 헌금을 많이 하는 사람을 경계하기도 한다. 개인적으로 나는 목회자가 물질에 연연해하면 안 되지만, 성도들의 삶을 위해서 헌금에 대한 설교를 할 필요가 있다고 생각한다.

성경 본문에서 보면 아브라함이 드리는 십일조 이야기가 나온다. 십일조는 물질의 의미가 아니다.

　세금을 제한 월급에서 십일조를 드려야 하는지, 세금을 제하지 않고 드려야 하는지 고민하는 경우가 있다. 물질의 의미로 해석해서 그렇다. 믿음대로 드리면 된다. 십일조를 떼먹으면 죄짓는 것이고 벌 받는다고 생각하는 성도가 있다. 하나님은 그런 분이 아니시다. 믿음이 없으면 안 해도 된다. 살기 힘들면 부담 갖지 않아도 된다.

　십일조는 내 삶의 주인이 하나님이라는 신앙고백이며 감사의 의미고, 나눔과 섬김의 의미다.

　살렘왕 멜기세덱이 떡과 포도주를 가지고 나오니 지극히 높으신 하나님의 제사장 이었다. 그는 "천지의 주재시요 지극히 높으신 하나님이여"라고 선포한다. 그리고 그가 "너희 대적을 네 손에 붙이신 지극히 높으신 하나님을 찬송할지로다"라고 하자 아브람이 그 얻은 것에서 십분의 일을 멜기세덱에게 주었다.
　4개의 동맹국을 무찌르고 의기양양해서 나타난 아브람에게 네가 잘나서 그런 것 아니니 땅과 하늘의 주인이신 하나님이 이기게 하신 것을 잊지 말라고 선포하는 것이다. 그러자 아브람은 십분의 일을 멜기세덱에게 주었다. 사실 히브리인들에게 십분의 일, 처음 것, 장자의 의미는 완전한 전부를 의미한다. 계산해서 십분의 일을 드린다거나 복을 더 많이 받기 위해 십일조를 드리는 것이 아니라 상징적으로 "나의 모든 것을 주님께 드립니다."의 의미다.
　히브리서 7장을 보면 예수그리스도의 몸과 피를 상징하는 떡과 포도주를 들고 나온 멜기세덱은 우리의 영원한 제사장이신 예수그리스도의 모형이다. 예수그리스도는 의의 왕이고 살렘왕(평강의 왕)이다. 아브람이 십분의 일을 드리기 전에 이미 멜기세덱이 먼저 복을 빌었다. 이미 우리에게 복 주시기 원하시는 하나님이시다. 물질의 축복이 아니라 의와 평강의 축복이다.

히7:1. 이 멜기세덱은 살렘 왕이요 지극히 높으신 하나님의 제사장이라 여러 왕을 쳐서 죽이고 돌아오는 아브라함을 만나 복을 빈 자라
히7:2. 아브라함이 모든 것의 십분의 일을 그에게 나누어 주니라 그 이름을 해석하면 먼저는 의의 왕이요 그 다음은 살렘 왕이니 곧 평강의 왕이요
히7:7. 논란의 여지없이 낮은 자가 높은 자에게서 축복을 받느니라

교회에서 많이 말하는 말라기 3장의 강조점은 물질의 축복이 아니다.

당시 이스라엘 백성의 타락은 극에 달했고, 형식적인 예배를 드릴 뿐이었다. 제사장들 역시 마찬가지였고, 성전은 그 자체를 유지하기조차 힘든 상황이었다. 하나님을 섬기는 것이 헛되다 말하는 가진 자들의 교만과 패악이 더 심해지던 시대에 선지자는 하나님을 경외하는 삶을 살라고 촉구할 수밖에 없었다.

온전한 십일조는 하나님이 천지의 주재임을 고백하는 사람의 감사에서 출발한다.

구약의 율법에 의하면 십일조는 기업이 없는 제사장의 삶을 위해서, 성전유지와 보수를 위해서, 고아와 과부와 불쌍한 자를 위하여 쓰도록 되어 있다. 신약시대에 이르러 예수님은 형식에 그치는 제사, 하나님 앞에서 거

만한 자들의 태도, 자신의 배만 불리는 종교 지도자들에 대한 질책과 함께 그들이 십일조는 드리지만 더 중요한 정의와 긍휼과 믿음은 버렸다고 분노하셨다.(마태복음23장 23절)

헌금을 드리는 자의 마음이 믿음의 고백에서 출발해야 하듯이 헌금을 사용하는 자의 마음도 마찬가지다. 교회의 재정이 교인들이 보기에 아름답게 사용된다고 생각하면 성도들이 기쁘게 헌금할 것이다. 교회나 교단도 자신들의 교세 확장이나 목회자들의 개인적인 욕심을 위한 것에 낭비할 것이 아니라 이 땅에서 그리스도의 복음적 삶을 실천하고 하나님나라를 이루어가야 한다.

하나님을 온전히 인정하면 자신의 삶에 불필요한 것들을 제하게 되고 주변을 돌아보게 된다. 처음 십일조를 하고 싶은데 형편이 되지 않아 하나님 앞에 죄송한 마음으로 드리던 월정 헌금이 생각해 보면 온전한 십일조였다. 하나님이 내 삶의 주인임을 인정하고 진정한 감사의 마음으로 드렸기 때문이다. 생활이 넉넉해지고 하나님 앞에 어려움 없이 십일조를 드릴 때, 오히려 내 마음의 주인이, 내가 되었던 적은 없는지 생각해 본다.

온전한 십일조를 드리자.
하나님이 내 삶의 주인이라는 신앙고백으로, 신앙 공동체가 건강히 세워지도록, 감사의 마음으로 나눔을 실천하기 위해 온전한 십일조를 드리자.

창세기14장17-20절

17. 아브람이 그돌라오멜과 그와 함께 한 왕들을 쳐부수고 돌아올 때에 소돔 왕이 사웨 골짜기 곧 왕의 골짜기로 나와 그를 영접하였고

18. 살렘 왕 멜기세덱이 떡과 포도주를 가지고 나왔으니 그는 지극히 높으신 하나님의 제사장이었더라

19. 그가 아브람에게 축복하여 이르되 천지의 주재이시요 지극히 높으신 하나님이여 아브람에게 복을 주옵소서

20. 너희 대적을 네 손에 붙이신 지극히 높으신 하나님을 찬송할지로다 하매 아브람이 그 얻은 것에서 십분의 일을 멜기세덱에게 주었더라

20161106

33
친근하게 다가오시는 하나님

무엇인가를 성취한 후에 사람들은 다양한 양상을 보인다.

성취 이후, 자신의 모습에 도취되는 사람은 또 다른 성취를 위해 자신을 몰아친다. 그리고 그것을 지키기 위해 안간힘을 쓴다. 늘 도전적이고 적극적인 것 같지만 아슬아슬하다. 성취 이후, 삶의 긴장감을 놓치면, 허탈감에 빠지고 깊은 무력감에 젖어든다. 계속되면 오히려 성취한 것보다 못한 삶이 된다. 긴장감과 무력감 사이에서 적절히 자신의 삶을 조절해 가는 것은 어렵다.

하나님의 계획하심과 목적 앞에서 끊임없이 두려움으로 서는 것, 이것이 겸손 아닐까…. 이런 사람 앞에 하나님은 친근하게 다가오신다.

내게 가장 두려운 일은 목회의 길이었다. 하나님과 온전히 하나 되지 못하고 "내 일이 아니라 하나님의 일"이라는 생각 때문이었다. 너무나 높으신 하나님이기 때문이다.

M. Div를 마치고 난 후에 7년이 지나서야 목회자로 안수받았다. 내가 하고 싶은 일(찬양과 지휘)을 포기하고 싶지 않다는 이유도 있었지만 가장 큰 이유는 두려움이었다. 안수받고 난 이후에도 7년을 머뭇거리며 개척하지 못하고 부목사, 협동목사로 사역했다. 몇 번이나 내려놓고 싶은 목회자

의 길을 두려워 내려놓지도 못하고 계속 음악에 대한 열정을 버리지도 못했다. 하고 싶은 것을 내려놓고, 나의 계획과 시간들을 내려놓고 "선하신 하나님"을 끊임없이 고백하고 난 후에 어느 날 부터인가 조금씩 가야 할 길이 보이는 듯했다.

아브람은 동맹국을 무찌르고 겸손하게 하나님의 승리임을 고백했다. 소돔 왕이 가져가라는 전리품조차 하나님의 이름을 위해 한 치의 망설임 없이 포기한다. 이렇듯 담대한 신앙인 앞에 하나님은 "두려워하지 말라"고 하신다.

아브람은 왜 두려워했을까? 주변 사람들이 다시 힘을 합쳐 쳐들어올 것이 두려웠을까? 하나님의 약속을 따라 구체적인 계획 없이 움직이는 자신의 삶이 두려웠을까? 위대하신 하나님 앞에 경외함으로 두려웠을까?

아무런 연고도 없는 땅에서 전쟁에 패한 동맹국들이 다시 힘을 합쳐 쳐들어올 것을 염려했기 때문이라면 "나는 네 방패요 너의 지극히 큰 상급이니라"(1절)는 하나님의 약속은 든든한 힘이 된다.

여기에 응답하는 아브람의 대답은 뜬금없다. "주 여호와여 무엇을 내게 주시려 하나이까 나는 자식이 없사오니 나의 상속자는 이 다메섹 사람 엘리에셀이니이다"(2절) 자신이 전쟁에서 승리하고 하나님의 약속이 있다 한들 자기의 소망은 무엇이냐는 것이다. 그런 아브람을 밖으로 데리고 가 "하늘의 뭇별"을 보여주시는 하나님이다. 네 자손이 이와 같으리라…. 현재 아무런 소망도 없는 아브람에게 상상 못할 미래를 약속하신다. 아브람은 약속을 믿고 하나님은 그것을 의로 여기신다.(5-6절) 그리고 삼 년 된 암소, 삼 년 된 암염소, 숫양, 산비둘기와 집비둘기 새끼를 제물로 바치라고 하신다.(9절) 그런데 웬걸 솔개만 몰려들고 아브람은 그것을 쫓다 보니 해가 져 버린다.(10-12절) 지쳐서 어둠과 두려움 속에 깊이 잠든 아브람에게 나타나셔서 장래의 일을 알려주시고 언약의 증표로 제단이 불타고 연기가 나온다.(12-17절)

하나님의 말씀을 따라 살아가는 일은 두려운 일이다.

두려움을 믿음이 없음으로 단정 짓지 말자. 무모한 용기보다는 두려움이 나을지도 모른다. 끊임없이 두려워하는 우리에게 "두려워하지 말라"는 하나님의 음성은 한 번 듣고 끝나는 일이 아니다. 끊임없이 말씀해 주시고 이끌어 주시고 약속해 주신다. 마치 결혼 전의 신부에게 끊임없이 확신을 주는 신랑처럼.

하나님은 우리에게 늘 말씀하신다. "두려워 말라" 이 말씀은 주변의 상황뿐 아니라 하나님의 존재를 "두려워 말라"는 의미이기도 하다.

아브람은 자신을 사랑하고 자기 곁에 계신 하나님에게 마음껏 불만을 쏟아 놓는다. "여호와여 내게 무엇을 주시려 하나이까 나는 자식이 없사오니"(2절) "주 여호와여 내가 이 땅을 소유로 받을 것을 무엇으로 알리이까"(8절)

그리스도의 신부된 우리는 하나님 앞에 불만도 쏟아놓고 마음껏 두려움과 분노를 표현할 수 있다. 그 분이 내 곁에 있기에 가능한 일이다.

친근하신 하나님이기에 난 오늘도 내 두려움과 불만과 분노를 하나님 앞에 솔직히 드러낸다. 그러면 밤하늘의 별을 보여 주시기도 하고, 오랜 기다림에 지친 내게 앞으로 닥칠 위험과 미래의 소망을 알려주시기도 하고, 깊은 절망과 흑암 가운데서도 늘 네 옆에 있을 거라는 언약을 해 주신다. 그 하나님은 높고 위대하신 두려운 분이시다. 그 분은 언제나 변함없이 내게 두려워하지 말라고 친근하게 다가오신다.

창세기15장1-17절

1. 이 후에 여호와의 말씀이 환상 중에 아브람에게 임하여 이르시되 아브람아 두려워하지 말라 나는 네 방패요 너의 지극히 큰 상급이니라
2. 아브람이 이르되 주 여호와여 무엇을 내게 주시려 하나이까 나는 자식이 없사오니 나의 상속자는 이 다메섹 사람 엘리에셀이니이다
3. 아브람이 또 이르되 주께서 내게 씨를 주지 아니하셨으니 내 집에서 길린 자가 내 상속자가 될 것이니이다
4. 여호와의 말씀이 그에게 임하여 이르시되 그 사람이 네 상속자가 아니라 네 몸에서 날 자가 네 상속자가 되리라 하시고
5. 그를 이끌고 밖으로 나가 이르시되 하늘을 우러러 뭇별을 셀 수 있나 보라 또 그에게 이르시되 네 자손이 이와 같으리라
6. 아브람이 여호와를 믿으니 여호와께서 이를 그의 의로 여기시고
7. 또 그에게 이르시되 나는 이 땅을 네게 주어 소유를 삼게 하려고 너를 갈대아인의 우르에서 이끌어 낸 여호와니라
8. 그가 이르되 주 여호와여 내가 이 땅을 소유로 받을 것을 무엇으로 알리이까

9. 여호와께서 그에게 이르시되 나를 위하여 삼 년 된 암소와 삼 년 된 암염소와 삼 년 된 숫양과 산비둘기와 집비둘기 새끼를 가져올지니라

10. 아브람이 그 모든 것을 가져다가 그 중간을 쪼개고 그 쪼갠 것을 마주 대하여 놓고 그 새는 쪼개지 아니하였으며

11. 솔개가 그 사체 위에 내릴 때에는 아브람이 쫓았더라

12. 해 질 때에 아브람에게 깊은 잠이 임하고 큰 흑암과 두려움이 그에게 임하였더니

...

17. 해가 져서 어두울 때에 연기 나는 화로가 보이며 타는 횃불이 쪼갠 고기 사이로 지나더라

20161108

34
그럼에도 불구하고

상식과 이성이 신앙에 걸림돌이 될까?

상식적이고 합리적이면 하나님의 능력을 제한하게 된다고 한다. 맞는 말이다.

하나님의 능력은 상식과 인간의 이성을 뛰어넘는다. 그러나 우리는 하나님이 아니다.

세상의 질서 속에서도 하나님은 우리에게 은혜를 베푸시고 크신 능력으로 역사하신다. 신앙은 하루아침에 완성되는 것이 아니라 인간의 상식과 이성으로 인한 수많은 실수와 의심 속에서 성숙된다. 내가 만들어 가는 것이 아니라 부족한 나를 만들어 가시는 하나님이다.

믿음의 사람 아브람, 지극히 합리적이고 상식적인 사래, 도전적인 하갈에게도 은혜를 베푸시는 하나님은 그들의 삶을 통해 흔들림 없이 자신의 역사를 이루어 가신다.

사래는 너무나 상식적이고 합리적이며 윤리적인 사람이다. 12장에서 보듯이 사래는 당시의 관습에 따라 철저히 남편에게 순종(복종)한 사람이다.

사래는 하갈을 자기 마음대로 하지 않고 아브람의 허락을 받고 나서야 하갈의 버릇을 고치려 한다.

남편의 대를 이어야 한다는 책임감에 여종 하갈을 통하여 자식을 보겠다는 사래의 생각은 당시의 관습으로 보면 너무나 당연한 일이었다. 하갈을 학대한 것도 단순한 여인의 질투라기보다는 종이 주인을 멸시하는 말도 안 되는 무질서를 바로잡아야 했기 때문이었을지도 모른다. 종이 남편의 아이를 가졌어도 그 자녀는 주인과 여주인에 속하기 때문에 아브람과 사래로서는 하나님의 역사를 이루어 가기 위한 합리적인 판단이라고 생각했을 것이다. 가정의 질서를 위해 자신의 처, 사래의 말을 존중한 아브람의 행동 역시 당시의 관점으로 보면 인격적이고 합리적인 처사. 그러한 아브람과 사래를 결국에는 아브라함과 사라로 만들어 가시는 하나님의 은혜가 크고 놀랍다. 가능성과 효율을 따지고 관습과 상식에서 벗어나지 못하는 인간을 뛰어넘어 계시는 하나님이시다.

하갈은 도전적이고 자존심이 강한 여인이었다. 자신이 아브람의 자녀를 임신한 순간 자녀가 없는 여주인을 멸시한 것을 보면 자신의 성취로 인해 기고만장해진 것이다. 자기의 인생역사를 새롭게 쓰고 싶었는지도 모른다. 하지만 자기의 생각과 다르게 아브람은 사래의 손을 들어 주었고, 하갈은 사래의 학대를 견디지 못하고 도망하다가 광야 길에 이르러 여호와의 사자를 만난다. 도저히 임신한 몸으로 도망갈 수 없음을 깨닫는다. 여호와의 사자가 어디서 와서 어디로 가냐고 묻자 솔직하게 도망한다고 말한다. 그리고 여호와의 사자를 통해 아브람의 아들을 낳을 것이라는 말을 듣고는 다시 마음을 다잡고 주인의 집으로 돌아간다. 도망가고 다시 돌아간 하갈의 행동 속에서 상당한 도전과 용기가 보인다. 하갈의 입에서 "나를 살피시는 하나님"이라는 고백이 나온다.

이 고백은 체험적인 고백인 듯 보이지만 상당히 자기중심적인 고백이다.

"나를 살피시는 하나님"이라는 고백이 "우리를 살피시는 하나님"이라는 고백과 함께 나왔다면 얼마나 좋았을까? 사래의 입장에서 보면 하갈은 눈에 거슬리는 존재였다. 그런 하갈에게도 은혜를 베푸시는 하나님이다.

인간의 실수로 인해 역사적인 갈등이 시작되었지만 그런 실수와 갈등 속에서도 하나님은 은혜를 베푸신다.

아브람과 사래와 같은 실수를 수없이 저지르는 우리들, 하갈과 같이 자신이 어디서 와서 어디로 가는지 알지 못하고 마음대로 살아가는 우리들에게도 하나님은 또다시 기회를 주시고 은혜를 베푸신다. 그럼에도 불구하고….

창조 · 타락 · 구속의 역사 속에서 하나님의 끈질긴 사랑을 본다.

창세기 16장

1. 아브람의 아내 사래는 출산하지 못하였고 그에게 한 여종이 있으니 애굽 사람이요 이름은 하갈이라
2. 사래가 아브람에게 이르되 여호와께서 내 출산을 허락하지 아니하셨으니 원하건대 내 여종에게 들어가라 내가 혹 그로 말미암아 자녀를 얻을까 하노라 하매 아브람이 사래의 말을 들으니라
3. 아브람이 사래에게 이르되 당신의 여종은 당신의 수중에 있으니 당신의 눈에 좋을 대로 그에게 행하라 하매 사래가 하갈을 학대하였더니 하갈이 사래 앞에서 도망하였더라

   …

11. 여호와의 사자가 또 그에게 이르되 네가 임신하였은즉 아들을 낳으리니 그 이름을 이스마엘이라 하라 이는 여호와께서 네 고통을 들으셨음이니라

...

15. 하갈이 아브람의 아들을 낳으매 아브람이 하갈이 낳은 그 아들을 이름하여 이스마엘이라 하였더라

...

20161109

35
애인처럼

아무리 맛있고 몸에 좋으니 먹어 보라고 권유해도 안 먹던 것을 아들 녀석이 연애하면서 잘 먹기 시작한다. 이유인즉슨 자기 애인이 좋아하기 때문이란다. 건강에 좋으니 먹으라고 하면 다른 것도 건강에 좋다며 여러 가지 이유를 댄다. 절대 입도 대 보지 않고 자기가 먹고 싶은 것을 고집하던 녀석이다. 내가 자기를 사랑하고 위한다는 것을 몰라서가 아니다. 나에게 잘 보일 필요가 없기 때문이다. 가만히 있어도 이미 충분히 사랑받고 있다는 것을 알기 때문이고, 장성해서는 오히려 부모의 사랑이 부담스러운 나이가 되어 버려서다.

취직 준비를 하면서 양복이 하나쯤 필요할 듯해 사러 가자고 하니 너무 시간이 없고 정신적으로 여유가 없다는 녀석이 애인을 만난다고 목욕재계하고 나가서는 종일 함께 있다 돌아온다. 그리고는 오히려 에너지를 얻는다고 한다.

하나님을 신뢰하고 자신이 하나님의 사랑을 받는 존재라는 것을 아는 것으로 충분하지 않다. 하나님을 애인처럼 사랑해야 변화가 일어난다. 그때부터 하나님의 말씀을 지키려 애쓴다. 하나님을 애인처럼 사랑하면 하나님을 만나고 오는 시간이 오히려 힘을 얻는 시간이 된다.

자신의 모든 것을 포기하고서라도 사랑할 만큼 하나님을 사랑해야 어떤 말씀을 읽어도 맛있게 먹을 수 있고 시간 가는 줄 모르고 기도할 수 있다. 하나님에 대한 사랑이 유지되려면 자주 만나야 한다. 애인처럼 시간을 정해 놓고 만나고, 느닷없이 보고 싶으면 만나고, 특별한 날이면 만나야 한다. 완전하신 하나님은 우리를 실망시키지 않으신다.

하나님을 신뢰하고 나아가면서도 인간적인 방법으로 행동하고 계획하던 아브람에게 하나님은 "내 앞에서 행하여 완전하라"고 요구하신다. 아브람(큰 아버지)의 이름을 아브라함(열국의 아버지)이라고 다시 불러 주신다. 아내의 이름도 사래(공주)를 사라(여주인, 열국의 어미)로 바꾸어 부르신다. 더 나아가 아브라함과 후손, 아브라함 집의 모든 종들에게 할례받으라고 명하신다.
네가 나를 사랑하는 증거를 보이라는 것이다.

그런데 왜 굳이 할례(포경수술)일까?
다른 방법으로 몸에 표식을 남길 수도 있고, 의복이나 장식으로 드러낼 수도 있는데 할례를 받는 것이 언약의 증표라고 하신다.

가장 은밀한 곳에 있는 남성의 성기는 그들의 힘의 상징이기도 하고 후손을 이어 가는 생명의 통로가 되는 부분이다. 할례를 받기 위해서는 고통과 피 흘림이 동반된다. 자신의 힘과 능력을 자기 마음대로 사용하는 것이 아니라 하나님께 맡기라는 의미다. 자신뿐 아니라 후손, 자기 집에 속한 모든 것까지 거룩하게 구별하라는 말씀이다.

신뢰 속에서 더욱 하나님을 사랑하게 된 아브라함은 고통을 감수할 준비가 되었다. 이보다 더 좋을 수는 없다. 그냥 이대로도 좋다. 그런데 아내 사라를 통하여 아들을 주신다고 하시니 웃음이 나온다.(17절) 그냥 이스마엘이나 하나님 앞에 살기 원한다.(18절) 됐다는데 주신다니 참 싫다고 할 수도 없고 난감하다. 더구나 새로 주시는 아들 이삭이 영원한 언약이 될 것이란다.(19절) 그나마 이스마엘도 모른 척하지 않으신다니 다행이다. 하나님 마음대로다.

신앙은 쉽게 얻어지는 것이 아니다. 말씀을 읽어야겠다고 마음먹어도 읽어지지 않고 기도를 해야겠다고 마음먹어도 조금만 시간이 지나면 할 말이 없다. 하나님을 온전히 신뢰하고 자신의 힘과 능력을 포기하고, 피 흘림의 고통을 감수할 만큼 하나님을 사랑하고 나서야 시작이다. 예수님이 대신 피 흘려 주셨다고 너무 쉽게 생각하는 것은 아닌지, 아직도 내 마음의 고집과 능력과 힘이 나를 감싸고 있는 것은 아닌지. 생각해 보자.

"하나님 아버지 사랑합니다. 나의 예수님 사랑합니다. 당신을 기뻐합니다."

〈참고〉
신약에서 세례를 받는 것을 그리스도와 함께 죽고, 다시 사는 그리스도의 할례로 표현했다.(골로새서 2장 11절) 그러므로 육체를 신뢰하지 말고 (빌립보서 3장 3절), 마음의 할례(로마서 2장 29절)를 받으라고 권면한다.

창세기 17장

1. 아브람이 구십구 세 때에 여호와께서 아브람에게 나타나서 그에게 이르시되 나는 전능한 하나님이라 너는 내 앞에서 행하여 완전하라

...

10. 너희 중 남자는 다 할례를 받으라 이것이 나와 너희와 너희 후손 사이에 지킬 내 언약이니라

...

16. 내가 그에게 복을 주어 그가 네게 아들을 낳아 주게 하며 내가 그에게 복을 주어 그를 여러 민족의 어머니가 되게 하리니 민족의 여러 왕이 그에게서 나리라

17. 아브라함이 엎드려 웃으며 마음속으로 이르되 백 세 된 사람이 어찌 자식을 낳을까 사라는 구십 세니 어찌 출산하리요 하고

18. 아브라함이 이에 하나님께 아뢰되 이스마엘이나 하나님 앞에 살기를 원하나이다

19. 하나님이 이르시되 아니라 네 아내 사라가 네게 아들을 낳으리니 너는 그 이름을 이삭이라 하라 내가 그와 내 언약을 세우리니 그의 후손에게 영원한 언약이 되리라

20. 이스마엘에 대하여는 내가 네 말을 들었나니 내가 그에게 복을 주어 그를 매우 크게 생육하고 번성하게 할지라 그가 열두 두령을 낳으리니 내가 그를 큰 나라가 되게 하려니와

...

20161110

36
단점과 한계는 하나님의 선물이고 시작이다

나의 장점은 도전과 용기다. 어린 시절부터 그러한 성향은 다른 사람들에게 강한 이미지로 느껴졌을 것 같다. 이것이 어떤 새로운 모임을 만들거나 새로운 일을 해 나갈 때는 도움이 된다. 이에 더해 섬세하고 민감하게 사람들의 감정이 느껴져서 적절히 조율도 해 나간다. 지도자로서의 장점이 있다. 하나님이 주신 선물이다. 다른 사람과 협력하는 것도 잘 하지만 리더를 하면 더욱 힘이 생긴다. 하나님이 내게 주신 성향대로 나의 자리를 잘 찾아가면 된다. 다만 있는 자리에서 때때로 조력자로 갈 수 있는 것은 나의 리더이신 하나님의 음성에 귀 기울이기 때문이다.

리더로서의 성향을 교만이고 단점이라고 생각해 지나치게 자신을 성찰하고 비판하고 억눌러 보았다. 오히려 상당히 위축되고 삶의 에너지가 떨어졌다. 그것을 장점이라고 생각하고 스스로 개척하고 용기를 내니 삶이 활기차다. 주의할 것은 주변을 살피고 보폭을 맞추며 함께 나아가는 훈련을 해야 한다는 것이다. 개인보다 여럿이 함께 할 때 훨씬 아름다운 열매를 맺어 가는 것을 많이 보니까…….

큰아들이 어린 시절 울먹이며 들어왔다. "엄마, 내가 잘난 척해?" 아주 잠시 멈칫 했다. 어떻게 말해 줘야 할까? 승부욕 강한 아이고, 어딜 가서도 남 앞에 서야 빛이 나는 아이다. 사소한 놀이도 지면 울음을 터트린다.

아이를 보고 진지하게 말했다. "아니, 잘난 척이 아니고 넌 잘났어, 잘나지 않은 사람이 하는 것이 잘난 척이야." 그런데 큰 아이에 대한 나의 기도제목은 늘 교만하지 않게 해 달라는 것이었다. 알게 모르게 늘 그러한 통제를 했다. "교만은 패망의 선봉"이라고 이야기해 주면서…. 큰아들은 규범과 관습에 충실한 아이로 변했다. 있는 자리에서 자신의 몫을 해 나가면서 그 속에 있는 지도력이 언젠가는 빛을 발할 것을 기대한다.

작은 아들은 혼자 노는 것을 좋아하고, 관습이나 규범에 얽매이는 것을 싫어했다. 자신이 좋아하는 퍼즐맞추기를 하면 혼자 하루 종일 시간가는 줄 모르고, 나서길 싫어하는 성향이었다. 작은 아들에 대한 나의 기도제목은 하나님과 사람들에게 은총과 귀중히 여김을 받게 해 달라는 것이었다. 어느 순간부터 리더도 하고 책임 있게 자기 주도적으로 변했다. 혼자 있길 좋아하면서도 단체에서 오래 기다려 줄줄 아는 장점이 빛을 발하기 시작한다.

어느 날 문득 큰 아이에 대한 기도를 바꿔야겠다는 생각이 들었다. 그 아이의 성향을 교만한 것으로 규정지은 내가 어리석다는 생각이 들어서였다. 그때부터 큰아들도 늘 하나님과 사람들에게 은총과 귀중히 여김을 받게 해 달라고 기도하기 시작했다. 이제는 둘 다 무엇을 하든지 하나님께서 허락하신 자신의 장점을 살려 하나님의 영광을 위해 하나님의 자녀답게 살아가길 원한다.

사람들이 말하는 그 사람의 단점이 하나님이 그 사람에게 주신 위대한 장점이라는 것이 깨달아지기 시작했다.

우리는 사람들을 자신의 잣대로 평가하고 규정지으려 한다. 거기에 자신도 모르게 자신을 맞추려 한다. 그리고 하나님의 능력을 제한하며 살아간다. 사람들과 비교하면서, 나이와 학력과 건강과 재능 심지어는 성격까지 모든 것을 자신의 한계로 만든다. 그것을 입으로 수도 없이 내뱉으며, 나는 이런 사람이라고 확정 짓는다. 자신의 한계를 인정하는 것은 객관적이고 상식적이고 합리적인 생각이다. 그런데 그것이 하나님의 역사를 막아버리는 나의 교만일 수 있다.

객관적이고 상식적인 상황에서 사라와 아브라함은 분명한 인간의 한계에 있다. 그러니 처음 집을 방문한 나그네들의 방문과 그들의 "내년 이맘때 내가 반드시 네게로 돌아오리니 네 아내 사라에게 아들이 있으리라"는 말이 어처구니없었을 것이다. 속으로 웃은 사라에게 "여호와께서 능하지 못한 일이 있겠느냐"며 다시 한 번 사라에게 아들이 있으리라고 말하는 순간, 사라는 나그네들이 심상치 않은 사람들임을 느껴 두려워한다. 인간의 한계를 뛰어넘는 하나님의 약속과 역사는 두려움이다. 그저 받아들이고 순종하는 수밖에 없다.

나의 용기와 도전은 하나님으로부터 출발한다. 나를 나답게 만드신 하나님께 감사하자. 다른 사람을 있는 그대로 인정하자. 그럴 때 하나님은 찾아오신다. 나의 한계 속에서 하나님이 하시는 놀라운 일을 체험하면 두려움 가운데서도 삶이 기쁘고 자유롭다. 순종 속에서 한 걸음 내디딜 때마다 내가 한 것이 아니라 하나님의 은혜라는 고백을 하면서 오늘도 나는 나의 한계를 인정한다. 하나님의 역사를 기대하면서….

창세기 18장 9-15절

9. 그들이 아브라함에게 이르되 네 아내 사라가 어디 있느냐 대답하되 장막에 있나이다

10. 그가 이르시되 내년 이맘때 내가 반드시 네게로 돌아오리니 네 아내 사라에게 아들이 있으리라 하시니 사라가 그 뒤 장막 문에서 들었더라

11. 아브라함과 사라는 나이가 많아 늙었고 사라에게는 여성의 생리가 끊어졌는지라

12. 사라가 속으로 웃고 이르되 내가 노쇠하였고 내 주인도 늙었으니 내게 무슨 즐거움이 있으리요

13. 여호와께서 아브라함에게 이르시되 사라가 왜 웃으며 이르기를 내가 늙었거늘 어떻게 아들을 낳으리요 하느냐

14. 여호와께 능하지 못한 일이 있겠느냐 기한이 이를 때에 내가 네게로 돌아오리니 사라에게 아들이 있으리라

15. 사라가 두려워서 부인하여 이르되 내가 웃지 아니하였나이다 이르시되 아니라 네가 웃었느니라

20161111

37
세상 속으로

주말마다 촛불집회가 뜨겁다. 다음 세대를 위한 변화의 열망을 담고 정의와 평화를 외친다. 대한민국 역사의 흔적 속에 수많은 민중들의 함성이 있었다. 때로는 피 흘리고 때로는 잡혀가면서도 정의와 평화를 위해 자신들의 삶을 내던진 많은 사람들을 기억한다. 이제는 더욱 의연한 모습으로 대응하는 국민들의 모습에 권력자들이 눈치를 본다. 자신들이 움켜쥔 그 많은 것들을 내려놓지 못한 채 감추려 하는 이들, 엉거주춤하는 이들, 그들의 탐욕이 드러난다.

많은 잘못을 저지르고도 활개치고 다니는 권력자들의 모습을 보며 묵묵히 자신들의 할 일을 성실히 해내던 국민들이다. 더 이상 참을 수 없기에 그들은 억눌렸던 한숨을 토해낸다.

인간과 자신의 한계를 의식하며 중립적 자세로 침묵하며 기도해야겠다고 생각하는 나도 함께 참여하고 싶은 마음이 뜨겁게 치밀어 오른다.

성경의 많은 이야기들 속에 인간 본성의 악함이 늘 적나라하게 드러난다.

소돔과 고모라에 대한 부르짖음이 크고 죄악이 심히 무거우니(20절) 하나님은 "내가 이제 내려가서 그 모든 행한 것이 과연 내게 들린 부르짖음과 같은지 그렇지 않은지 내가 보고 알려 하노라"(21절) 하신다. 모든 것을 아시는 하나님조차도 세상 속으로 직접 내려오셔서 그것들을 보고 알려 하시는 위대한 겸손의 모습을 보이신다.

더구나 아브라함의 중재 기도에 귀 기울이신다. 하나님의 공의에 호소하는 아브라함은 점점 자신이 없다. "의인 오십 명이라도 찾으면, 사십오 명이라도, 사십 명이라도, 삼십 명이라도, 이십 명이라도 십 명이라도." 그 모든 것을 들어주시고 심판을 유보하시겠다고 약속하신다. 십 명이라도 찾으시려는 하나님이다. 공의에 호소하는 아브라함에게 자비와 긍휼로 응답하신다. 결국 열 명으로 말미암아 멸하지 아니하리라고 약속해 주신 하나님의 자비조차 받지 못한 소돔과 고모라다.

인간의 악함이 극에 달할 때 조금이라도 용서할 것이 있는지 찾기 위해 내려오시는 하나님의 사랑이다. 십 명이라도 의인을 찾으시려 하시는 하나님의 자비다.

자신이 권력을 얻기 위해서는 손발이 부르트도록 낮은 자세로 사람들에게 귀 기울이는 체하다가 권력을 얻은 후에 귀를 막아 버리고 자신의 자리를 지키기 위해 칼을 휘두르는 무지한 권력자들을 보며 실망하는 국민들의 모습이 가슴 시리다. 부디 세상 속으로, 서민들의 삶으로 내려오는 지도자들이 많아지기를, 겸손으로 옷 입고, 정의와 평화로 실천하는 지도자들이 많아지기를 기도한다.

대규모 집회 후 소공동 프라자 호텔 뒤편 거리에서 가득 쌓인 쓰레기를 홀로 치우고 있는 한 시민의 모습이 연합 뉴스에 짤막하게 소개되었다. 아직 우리 사회가 이렇게 유지될 수 있는 것은 이런 사람들의 작은 실천과 의로움이 있기 때문 아닐까?

몇 주 후면 대림절(待臨節/ Advent)이다. 늘 주님을 기다리고 사는 우리에게 삶의 모든 날들이 늘 대림절이어야 한다. 소란하던 세상에 평화의 왕으로 겸손한 모습으로 오신 주님을 기다린다.

〈참고〉
대림절은 예수그리스도 성탄 전 4주간을 말하며 대강절(待降節), 강림절((降臨節)이라고도 한다. 중세에는 그리스도의 재림을 인간의 심판의 날로 생각해 금식, 금욕, 고행을 행했지만 종교개혁 이후 예수그리스도의 탄생과 재림을 기다리는 기쁨의 절기라고 생각하게 된다. 현재는 믿는 자의 마음에 찾아오시는 예수님을 기다리는 의미로 해석하기도 한다.

창세기 18장 20-33절

20. 여호와께서 또 이르시되 소돔과 고모라에 대한 부르짖음이 크고 그 죄악이 심히 무거우니
21. 내가 이제 내려가서 그 모든 행한 것이 과연 내게 들린 부르짖음과 같은지 그렇지 않은지 내가 보고 알려 하노라
22. 그 사람들이 거기서 떠나 소돔으로 향하여 가고 아브라함은 여호와 앞에 그대로 섰더니
23. 아브라함이 가까이 나아가 이르되 주께서 의인을 악인과 함께 멸하려 하시나이까
24. 그 성 중에 의인 오십 명이 있을지라도 주께서 그 곳을 멸하시고 그 오십 의인을 위하여 용서하지 아니하시리이까

25. 주께서 이같이 하사 의인을 악인과 함께 죽이심은 부당하오며 의인과 악인을 같이 하심도 부당하니이다 세상을 심판하시는 이가 정의를 행하실 것이 아니니이까

26. 여호와께서 이르시되 내가 만일 소돔 성읍 가운데에서 의인 오십 명을 찾으면 그들을 위하여 온 지역을 용서하리라

27. 아브라함이 대답하여 이르되 나는 티끌이나 재와 같사오나 감히 주께 아뢰나이다

28. 오십 의인 중에 오 명이 부족하다면 그 오 명이 부족함으로 말미암아 온 성읍을 멸하시리이까 이르시되 내가 거기서 사십오 명을 찾으면 멸하지 아니하리라

29. 아브라함이 또 아뢰어 이르되 거기서 사십 명을 찾으시면 어찌 하려 하시나이까 이르시되 사십 명으로 말미암아 멸하지 아니하리라

30. 아브라함이 이르되 내 주여 노하지 마시옵고 말씀하게 하옵소서 거기서 삼십 명을 찾으시면 어찌 하려 하시나이까 이르시되 내가 거기서 삼십 명을 찾으면 그리하지 아니하리라

31. 아브라함이 또 이르되 내가 감히 내 주께 아뢰나이다 거기서 이십 명을 찾으시면 어찌 하려 하시나이까 이르시되 내가 이십 명으로 말미암아 그리하지 아니하리라

32. 아브라함이 또 이르되 주는 노하지 마옵소서 내가 이번만 더 아뢰리이다 거기서 십 명을 찾으시면 어찌 하려 하시나이까 이르시되 내가 십 명으로 말미암아 멸하지 아니하리라

33. 여호와께서 아브라함과 말씀을 마치시고 가시니 아브라함도 자기 곳으로 돌아갔더라

20161114

38
시대의 자화상

　소돔과 고모라의 멸망기사는 하루 종일 마음을 무겁게 한다. 지금 이 시대가 마치 그때와 유사한 듯해서다. 롯의 모습을 보면서 이 시대를 사는 우리의 자화상을 보는 듯하다.
　아브라함은 한낮 뜨거울 때, 장막 문에 앉아 있었고(18장 1절) 롯은 저녁 때, 소돔 성문에 앉아 있었다.(19장 1절) 이 두 문장은 묘하게 대비된다. 환한 대낮과 어두운 저녁, 장막과 성문.
　예전에는 성문에서 재판이나 집회가 열린 것으로 보아 롯이 높은 신분이었을 것으로 말하기도 하지만 롯이 이방인의 땅에서 그렇게 인정받은 것 같지는 않다.(19장 9절-..이 자가 들어와서 거류하면서 우리의 법관이 되려 하는도다..) 더구나 롯의 집에 들어온 나그네들과 상관(성적인 관계)하겠다고 소돔 원근에서 노소가 몰려오고 문을 부수려 한 것으로 보아 그렇게 힘 있는 위치는 아니었던 것 같다.
　롯의 모습을 보면 신앙은 있지만 세상과 적당히 타협하고 인간적인 기준으로 생각하는 모습을 볼 수 있다. 현대사회는 상황에 따라 윤리기준을 적용하고, 자신들의 문화에 정당성을 부여한다. 그리고 그것을 따라가지 않으면 융통성이 없다고 말한다. 절대적인 선과 기준보다는 상황에 따라 변해야 살기 편한 세상이다. 신앙의 기준이 엄격할수록 사람들은 근본주의라고 말한다. 그리스도인 티를 내면 싫어하면서, 세상 사람들과 같아도 싫어한다.

물질적으로 풍요로운 도시였지만 성적으로 타락한 도시, 소돔 성문에 앉아 있던 롯이다. 소돔에서 유래한 소도미아(sodomia)는 남색을 의미한다. 이곳에서 롯은 자신도 모르게 타락해 가고 있었던 것일까? 소돔 백성들이 몰려와 손님을 내놓으라고 하자 그들을 물리치는 것이 아니라 자신의 두 딸을 내놓을 테니 마음대로 하라고 한다. 그러나 천사들은 롯을 안으로 끌어들이고 밖에서 난리치는 소돔 사람들의 눈을 어둡게 해 문을 찾지 못하고 밤새 헤매게 한다. 롯과 그 가족은 안전하게 된다.

롯이 딸들과 결혼할 사위들에게 "여호와께서 이성을 멸하실 터이니 이곳을 떠나라" 하지만 그들은 농담으로 들었다. 그 말을 들은 롯조차도 동틀 때에 천사들의 재촉을 받고서야 아내와 딸들을 이끌어 낸다. 산으로 도망하라고 말해도 자신이 거기까지 못 가니 갈 수 있는 가까운 소알 성읍으로 가겠다고 말한다. 언제든 다시 돌아올 수 있는 여지를 남겨 놓고 싶었던 것일까? 그동안 축적했던 재물과 재산을 놓고 떠나기는 쉽지 않았을 것이다.

롯은 하나님에 대해 알고 심판에 대해 들었지만, 그렇게 절박하고 분명하지는 않았던 것 같다.

롯의 그러한 태도는 가족들에게도 영향을 미쳤다. 신앙이 좋은 사람일지라도 배우자와 자녀와 같은 신앙을 갖기는 쉽지 않다. 자신의 장·단점을 다 아는 가족이라 더 어려울 수도 있다. 가족에게 자신 있게 하나님의 뜻을 전하고 그것이 받아들여지려면 먼저 나 자신이 하나님 앞에 구별된 삶을 살아야 하는데 난 아직 너무 세속적이다.

창세기 19장 1-16절

1. 저녁때에 그 두 천사가 소돔에 이르니 마침 롯이 소돔 성문에 앉아 있다가 그들을 보고 일어나 영접하고 땅에 엎드려 절하며
2. 이르되 내 주여 돌이켜 종의 집으로 들어와 발을 씻고 주무시고 일찍이 일어나 갈 길을 가소서 그들이 이르되 아니라 우리가 거리에서 밤을 새우리라
3. 롯이 간청하매 그제서야 돌이켜 그 집으로 들어오는지라 롯이 그들을 위하여 식탁을 베풀고 무교병을 구우니 그들이 먹으니라
4. 그들이 눕기 전에 그 성 사람 곧 소돔 백성들이 노소를 막론하고 원근에서 다 모여 그 집을 에워싸고
5. 롯을 부르고 그에게 이르되 오늘 밤에 네게 온 사람들이 어디 있느냐 이끌어 내라 우리가 그들을 상관하리라
6. 롯이 문 밖의 무리에게로 나가서 뒤로 문을 닫고
7. 이르되 청하노니 내 형제들아 이런 악을 행하지 말라
8. 내게 남자를 가까이 하지 아니한 두 딸이 있노라 청하건대 내가 그들을 너희에게로 이끌어 내리니 너희 눈에 좋을 대로 그들에게 행하고 이 사람들은 내 집에 들어왔은즉 이 사람들에게는 아무 일도 저지르지 말라
9. 그들이 이르되 너는 물러나라 또 이르되 이 자가 들어와서 거류하면서 우리의 법관이 되려 하는도다 이제 우리가 그들보다 너를 더 해하리라 하고 롯을 밀치며 가까이 가서 그 문을 부수려고 하는지라
10. 그 사람들이 손을 내밀어 롯을 집으로 끌어들이고 문을 닫고
11. 문 밖의 무리를 대소를 막론하고 그 눈을 어둡게 하니 그들이 문을 찾느라고 헤매었더라

12. 그 사람들이 롯에게 이르되 이 외에 네게 속한 자가 또 있느냐 네 사위나 자녀나 성 중에 네게 속한 자들을 다 성 밖으로 이끌어 내라

13. 그들에 대한 부르짖음이 여호와 앞에 크므로 여호와께서 이 곳을 멸하시려고 우리를 보내셨나니 우리가 멸하리라

14. 롯이 나가서 그 딸들과 결혼할 사위들에게 말하여 이르기를 여호와께서 이 성을 멸하실 터이니 너희는 일어나 이 곳에서 떠나라 하되 그의 사위들은 농담으로 여겼더라

15. 동틀 때에 천사가 롯을 재촉하여 이르되 일어나 여기 있는 네 아내와 두 딸을 이끌어 내라 이 성의 죄악 중에 함께 멸망할까 하노라

16. 그러나 롯이 지체하매 그 사람들이 롯의 손과 그 아내의 손과 두 딸의 손을 잡아 인도하여 성 밖에 두니 여호와께서 그에게 자비를 더하심이었더라

20161115

39
뻔뻔하고 나약한 신앙인?

교회 다니는 사람이나 목사가 뻔뻔하고 나약하면 세상은 더 많이 화내고 흥분한다. 기독교인에게 높은 기대를 가지고 있기 때문일 게다.

요즘 일이 있어 만나는 친구가 있다. 믿지 않는 사람과 결혼했는데, 남편뿐 아니라 시댁 식구들이 교회에 다니는 자기 가족보다 더 착한 것 같단다. 남편은 친구와 결혼하기 위해 열심히 교회에 다니고 세례를 받았다. 교회를 다니긴 하는데, 자기가 보기엔 그렇게 열심히 믿는 것 같지 않다고 했다. 그래도 워낙 성실한 사람이라 예배는 빠지지 않고 간단다. 반면에 신앙이 좋은 자신의 어머니를 생각해 보면 때로는 이해가 가지 않고 이기적인 것 같지만 교회에서 평생을 헌신하며 사셨고 자녀들이 보기에도 존경할 만한 신앙이기에 그저 형제들이 참고 지낸다는 것이다.

열심히 믿는 것, 신앙이 좋다는 것은 무엇인지 생각해 본다. 인격적으로나 윤리적으로 완벽한 것을 말하는가? 자신을 굴복시켜 복음에 헌신하는 열정을 말하는가?

나에게 신앙이란 흔들리면서도 묵묵히 견뎌내는 사랑의 삶이다. 열정적인 첫사랑을 지나 노년의 성숙한 사랑으로 나아가듯 고된 삶속에서, 때로는 놓치더라도 기어이 나를 붙드시는 하나님을 바라보며 헤쳐 가는 나아감이다.

나에게 신앙이란 나를 만들어 가시는 하나님의 은혜로 되어져 가는 것이다. 완벽하지 못해도 좋다. 부족한 우리를 의롭게 여겨 주시기 때문이다.

창세기 20장을 보면 아브라함은 사람을 두려워하고 아비멜렉이 오히려 하나님을 두려워하는 것처럼 보인다. 18장에서 내년 이맘 때 아들이 있으리라는 하나님의 약속이 있었음에도 아브라함은 12장에서 애굽의 바로 왕에게 아내를 누이라고 속인 것과 같은 일을 또 저지른다. 아브라함의 변명은 궁색하게 들린다. "이곳에는 하나님을 두려워함이 없으니 내 아내로 말미암아 사람들이 나를 죽일까 생각하였음이요 또 그는 정말로 나의 이복누이였다."(11-12절)

다행히 하나님의 즉각적인 개입으로 아비멜렉은 사라에게 손도 대지 않고 바로 돌려줄 뿐 아니라 오히려 아브라함에게 양과 소와 종들을 내어주고 사라에게도 은 천 개로 그의 수치를 갚아 준다. 그리고 그 땅에서 살고 싶은 곳에 터 잡고 지내라고 허락도 해준다. 참 통도 크다. 이것이 끝이 아니라 오히려 하나님을 두려워하여 아브라함에게 기도를 청한다. 아브라함의 기도로 아비멜렉과 그의 집안의 여인들이 죽음을 면하고 새 생명을 얻게 된다.

당시의 문화에서 사촌과의 결혼은 흔했고 일부 지역에서는 귀한 손님이 찾아오면 아내를 하룻밤 빌려주는 유목민의 풍습이 있기도 하고 여자를 소유의 일부로 생각하는 그 시대상을 이해한다 하더라도 사라는 하나님의 특별한 약속(18:10)이 있었다.

사라를 그랄 왕 아비멜렉에게 내준 아브라함이, 아비멜렉에게 잔뜩 재물을 받아든 아브라함이 뻔뻔하고 나약한 신앙인으로 느껴진다.

권력과 힘 앞에서 무기력한 아브라함이었다. 여호와의 나타나심과 약속을 지키기 위해 아무런 행동도 하지 못하는 아브라함이었다. 자기 아내의 미모 때문에 사람들이 자기를 해칠까 봐 두려워 누이라고 말한 아브라함이었다. 반복되는 인간의 실수 속에서도 하나님은 자신의 약속을 반드시 성취하시는 분으로 이해하면 되는가?

인간적인 눈으로 보면 아브라함보다 아베멜렉이 더 멋있고 화통하다. 하나님의 선택의 기준은 무엇인가? 정의롭고 옳게 산다고 해도 자신이 죄의 문화 속에 있다는 것을 인정하고 겸손히 하나님 앞에 순종하는 사람을 더 의롭게 여기는 것일까?

아직은 부족하고 나약할지라도 하나님의 신실하심이 아브라함의 삶 속에서 펼쳐지는 것은 나에게 위로가 된다.

창세기 20장 1-18절

1. 아브라함이 거기서 네게브 땅으로 옮겨가 가데스와 술 사이 그랄에 거류하며
2. 그의 아내 사라를 자기 누이라 하였으므로 그랄 왕 아비멜렉이 사람을 보내어 사라를 데려갔더니
3. 그 밤에 하나님이 아비멜렉에게 현몽하시고 그에게 이르시되 네가 데려간 이 여인으로 말미암아 네가 죽으리니 그는 남편이 있는 여자임이라
4. 아비멜렉이 그 여인을 가까이 하지 아니하였으므로 그가 대답하되 주여 주께서 의로운 백성도 멸하시나이까

5. 그가 나에게 이는 내 누이라고 하지 아니하였나이까 그 여인도 그는 내 오라비라 하였사오니 나는 온전한 마음과 깨끗한 손으로 이렇게 하였나이다

6. 하나님이 꿈에 또 그에게 이르시되 네가 온전한 마음으로 이렇게 한 줄을 나도 알았으므로 너를 막아 내게 범죄하지 아니하게 하였나니 여인에게 가까이 하지 못하게 함이 이 때문이니라

7. 이제 그 사람의 아내를 돌려보내라 그는 선지자라 그가 너를 위하여 기도하리니 네가 살려니와 네가 돌려보내지 아니하면 너와 네게 속한 자가 다 반드시 죽을 줄 알지니라

8. 아비멜렉이 그 날 아침에 일찍이 일어나 모든 종들을 불러 그 모든 일을 말하여 들려 주니 그들이 심히 두려워하였더라

9. 아비멜렉이 아브라함을 불러서 그에게 이르되 네가 어찌하여 우리에게 이렇게 하느냐 내가 무슨 죄를 네게 범하였기에 네가 나와 내 나라가 큰 죄에 빠질 뻔하게 하였느냐 네가 합당하지 아니한 일을 내게 행하였도다 하고

10. 아비멜렉이 또 아브라함에게 이르되 네가 무슨 뜻으로 이렇게 하였느냐

11. 아브라함이 이르되 이 곳에서는 하나님을 두려워함이 없으니 내 아내로 말미암아 사람들이 나를 죽일까 생각하였음이요

12. 또 그는 정말로 나의 이복 누이로서 내 아내가 되었음이니라

13. 하나님이 나를 내 아버지의 집을 떠나 두루 다니게 하실 때에 내가 아내에게 말하기를 이 후로 우리의 가는 곳마다 그대는 나를 그대의 오라비라 하라 이것이 그대가 내게 베풀 은혜라 하였었노라

14. 아비멜렉이 양과 소와 종들을 이끌어 아브라함에게 주고 그의 아내 사라도 그에게 돌려보내고

15. 아브라함에게 이르되 내 땅이 네 앞에 있으니 네가 보기에 좋은 대로 거주하라 하고

16. 사라에게 이르되 내가 은 천 개를 네 오라비에게 주어서 그것으로 너와 함께 한 여러 사람 앞에서 네 수치를 가리게 하였노니 네 일이 다 해결되었느니라

17. 아브라함이 하나님께 기도하매 하나님이 아비멜렉과 그의 아내와 여종을 치료하사 출산하게 하셨으니

18. 여호와께서 이왕에 아브라함의 아내 사라의 일로 아비멜렉의 집의 모든 태를 닫으셨음이더라

20161116

포기와 순종

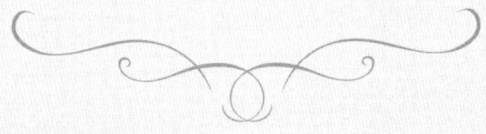

어느 부모가 자식 잘되기를 바라지 않을까? 자식 때문에 웃고 우는 두 여인이 등장한다. 자식을 낳지 못한 절망감에 오랜 세월 마음 놓고 웃지 못했을 사라가 하나님의 돌보심과 행하심으로 아들을 낳고 웃는다. 종이라는 신분 때문에 아들을 낳고도 쫓겨나야 했던 하갈이 광야에서 목말라 죽게 된 아들 이스마엘을 보고 목 놓아 운다. 그런 하갈의 눈을 열어 샘을 보게 하시고, 자녀의 미래가 창대할 것을 약속하신다. 자식으로 인한 두 여인의 갈등과 웃음과 눈물이 범벅이 된다. 하나님의 언약 가운데 태어난 이삭은 요즘 말로 하면 금수저이고, 여종 하갈의 아들은 흙수저로 전락한다.

– 자식이 뭐기에… 중에서

40
자식이 뭐기에…

수능일이다. 어디선가 사이렌 소리가 들린다. 학생을 수송하는가 보다. 수능일이라고 관공서와 은행 개장시간이 한 시간 연장되었다. 사회가 시험 보는 학생들을 배려하기 위해 관심을 쏟는다. 이미 대학 졸업반이 된 둘째 아들은 취직준비에 정신없고 오늘 아침에도 면접을 보기 위해 서둘러 집을 나섰다. 면접 보러 간 아들보다 더 긴장한 남편과 나는 오래전 우리 자녀들이 수능을 보았던 날의 이야기를 하며 긴장을 풀었다. 첫 아이라 더욱 긴장했던 큰 아이의 수능날 아침 풍경이 생생히 떠오른다.

다른 나라들은 어떤지 궁금해서 인터넷을 뒤져 보았다. 중국은 약 942만 명의 응시생이 "가오카오" 입학시험 전에 "결의"의 구호를 외친다. 마을 주민들 모든 수험생을 배웅하기도 하고 입시부정을 막기 위해 드론이 사용되기도 한다. 인도는 부모가 자식에게 커닝페이퍼를 전달하기 위해 시험장 건물을 올라가기도 하고, 2013년 베트남은 홍수지역 수험생들을 장갑차로 수송하기도 했다.

아시아와 달리 유럽은 자기 나름의 철학과 생각을 중시하는 것 같다. 이탈리아는 구술이 당락을 결정하고 프랑스는 창의적인 자신의 철학을 가지고 있는 학생들을 절대평가에 의해 뽑는다고 한다.

나의 부모는 속으론 어땠는지 모르지만, 자신들의 삶을 살기에도 바쁘고 벅찼기 때문일까? 참으로 무심했고, 어머니가 할 수 있는 유일한 일은 기도였다. 혼자서 대학 시험과 실기 시험을 치르던 때가 기억난다. 지금은 목사가 되었지만 법대를 다니던 오빠가 학교에 와서 담임선생님을 만나고 상담했다는 이야기를 선생님을 통해 듣게 되었다. 오히려 부모가 무심했기에 소신껏 하고 싶은 곳에 지원할 수 있었고, 더욱 간절히 기도했고, 악착같이 공부했는지 모르겠다. 재수할 때 낮추어 장학생으로 지원하려던 나는 "대학 일이 년 늦어진다고 인생 변하지 않는다. 큰물에서 놀아라"는 오빠의 조언 덕에 용기를 얻었다.

어느 부모가 자식 잘되기를 바라지 않을까?

자식 때문에 웃고 우는 두 여인이 등장한다. 자식을 낳지 못한 절망감에 오랜 세월 마음 놓고 웃지 못했을 사라가 하나님의 돌보심과 행하심으로 아들을 낳고 웃는다. 종이라는 신분 때문에 아들을 낳고도 쫓겨나야 했던 하갈이 광야에서 목말라 죽게 된 아들 이스마엘을 보고 목 놓아 운다. 그런 하갈의 눈을 열어 샘을 보게 하시고, 자녀의 미래가 창대할 것을 약속하신다.

자식으로 인한 두 여인의 갈등과 웃음과 눈물이 범벅이 된다. 하나님의 언약 가운데 태어난 이삭은 요즘 말로 하면 금수저이고, 여종 하갈의 아들은 흙수저로 전락한다. 자신의 똑같은 아들이었음에도 아내 사라의 성화에 하갈과 이스마엘을 내보내야 했던 아브라함의 고뇌가 "매우 근심되었더니"(11절)라는 성경구절로 표현된다. 그런 아브라함에게 하나님은 근심하지 말고 내보내라고 말씀하시며 여종의 아들을 통해서도 한 민족을 이루게 하리라고 약속하신다. 아브라함은 아침 일찍 떡과 물 한 가죽부대만 주고 내보낸다. 철저하게 하나님을 신뢰했고, 온전히 하나님께 맡긴 아브라함이라고 이해해도 인간적으로는 너무했다는 생각이 든다. 하나님을 온전히 신뢰하는 것이 때로는 철저히 냉정하고 고독한 일이다.

아브라함이 하갈과 그 아들을 위해 철저히 준비하고 내보냈더라면 하갈이 하나님의 은혜를 체험했을까? 절망 가운데 하갈은 소리 내어 부르짖는다. 울고 있는 하갈에게 하나님은 두려워 말라고 하신다. "일어나 아이를 일으켜 네 손으로 붙들라"고 하신다. 하갈의 부르짖는 눈물도 보셨지만. "아이의 소리를 들으셨다."고 말씀하시는 하나님, 아이의 소리에 귀 기울이시는 은혜의 하나님이다. 그 하나님을 신뢰한다면, 불안을 떨치고 일어나 자녀를 세우고 붙들어 주어야 한다. 그런데 여기까지다. 하갈은 애굽 땅에서 자녀를 위해 아내를 얻어 주었다. 하나님의 은혜를 기억하고 하나님의 약속 가운데 삶을 살아갔다면 어떻게 달라졌을까?

 자녀를 위해 할 수 있는 가장 위대한 일은 눈물의 기도다. 거기서 멈추는 것이 아니라 두려움을 떨치고 일어서서 자녀를 세우고 붙들어 주어야 한다. 더 나아가 신앙 가운데로 인도할 수 있다면 얼마나 좋을까?

오늘 많은 교회들에서 얼마나 많은 부모들이 자녀를 위해 기도할까? 그들이 준비한 대로 긴장하지 않고 무사히 시험을 잘 치를 수 있기를 기도한다. 땀 흘린 만큼 기쁨의 수확을 얻을 수 있기를 기도하는 일은 중요하다. 그러나 그것보다 먼저 엄마가 하나님을 신뢰하고 평안함으로 아이를 일으켜 세워야 한다. 두려워 말고 아이를 일으켜 네 손으로 붙들라는 하나님의 음성이 크게 들려온다.

창세기 21장 1-21절

1. 여호와께서 말씀하신 대로 사라를 돌보셨고 여호와께서 말씀하신 대로 사라에게 행하셨으므로
2. 사라가 임신하고 하나님이 말씀하신 시기가 되어 노년의 아브라함에게 아들을 낳으니
3. 아브라함이 그에게 태어난 아들 곧 사라가 자기에게 낳은 아들을 이름하여 이삭이라 하였고
4. 그 아들 이삭이 난 지 팔 일 만에 그가 하나님이 명령하신 대로 할례를 행하였더라
5. 아브라함이 그의 아들 이삭이 그에게 태어날 때에 백 세라
6. 사라가 이르되 하나님이 나를 웃게 하시니 듣는 자가 다 나와 함께 웃으리로다
7. 또 이르되 사라가 자식들을 젖먹이겠다고 누가 아브라함에게 말하였으리요마는 아브라함의 노경에 내가 아들을 낳았도다 하니라
8. 아이가 자라매 젖을 떼고 이삭이 젖을 떼는 날에 아브라함이 큰 잔치를 베풀었더라
9. 사라가 본즉 아브라함의 아들 애굽 여인 하갈의 아들이 이삭을 놀리는지라
10. 그가 아브라함에게 이르되 이 여종과 그 아들을 내쫓으라 이 종의 아들은 내 아들 이삭과 함께 기업을 얻지 못하리라 하므로
11. 아브라함이 그의 아들로 말미암아 그 일이 매우 근심이 되었더니
12. 하나님이 아브라함에게 이르시되 네 아이나 네 여종으로 말미암아 근

심하지 말고 사라가 네게 이른 말을 다 들으라 이삭에게서 나는 자라야 네 씨라 부를 것임이니라

13. 그러나 여종의 아들도 네 씨니 내가 그로 한 민족을 이루게 하리라 하신지라
14. 아브라함이 아침에 일찍이 일어나 떡과 물 한 가죽부대를 가져다가 하갈의 어깨에 메워 주고 그 아이를 데리고 가게 하니 하갈이 나가서 브엘세바 광야에서 방황하더니
15. 가죽부대의 물이 떨어진지라 그 자식을 관목덤불 아래에 두고
16. 이르되 아이가 죽는 것을 차마 보지 못하겠다 하고 화살 한 바탕 거리 떨어져 마주 앉아 바라보며 소리 내어 우니
17. 하나님이 그 어린 아이의 소리를 들으셨으므로 하나님의 사자가 하늘에서부터 하갈을 불러 이르시되 하갈아 무슨 일이냐 두려워하지 말라 하나님이 저기 있는 아이의 소리를 들으셨나니
18. 일어나 아이를 일으켜 네 손으로 붙들라 그가 큰 민족을 이루게 하리라 하시니라
19. 하나님이 하갈의 눈을 밝히셨으므로 샘물을 보고 가서 가죽부대에 물을 채워다가 그 아이에게 마시게 하였더라
20. 하나님이 그 아이와 함께 계시매 그가 장성하여 광야에서 거주하며 활 쏘는 자가 되었더니
21. 그가 바란 광야에 거주할 때에 그의 어머니가 그를 위하여 애굽 땅에서 아내를 얻어 주었더라

20161117

41
무슨 일을 하든지

"그 때에"… 삶의 고비마다 위로하시고 힘을 주시는 하나님이다.

아브라함이 하갈과 그의 아들 이스마엘을 아프지만 내보내고 난 후의 일이다. 하나님을 신뢰하는 아브라함이지만 어쩔 수 없이 첩과 아들을 떡 한 덩이, 물 한 가죽부대로 내보내고 난 후에 얼마나 노심초사했을까? 들리는 소문에 의하면 이스마엘이 장성하여 장가도 갔다고 한다. 조금 안심이 된다. 그때에 아비멜렉과 군대장관 비골이 찾아온다.

아브라함이 그랄에 거류하려 할 때 아브라함의 아내 사라를 여동생인 줄 알고 데려갔다가 크게 혼났던 아비멜렉과 그 군대장관 비골이 "네가 무슨 일을 하든지 하나님이 너와 함께 계신다."고 고백하는 장면이다. 옆에서 세월이 지나는 동안 지켜보니 그렇다. 그런 아브라함과 동맹을 맺으면 나쁠 것이 없겠다고 생각했다.

"무슨 일을 하든지" 얼마나 자유로운 표현인지 모른다. 그런데 이 자유는 얼마나 많은 포기 속에 얻어진 자유인가? 처음에는 고향 친척 아비 집을 떠나는 연습을 시키시고, 자기의 사랑하는 조카 롯을 떠나보내게 하신다. 다음에는 하갈과 이스마엘을 떠나보내게 하신다. 가장 귀한 언약의 아들 독자 이삭을 바치라고 명하시기 전에 조금씩 "자기 포기"의 연습을 시키신 것일까? 힘들어도 우리가 감당할 수 있는 만큼 걸어가게 하신다. 성경을 읽을 때마다 "하나님은 선하신 분"이라는 것을 발견한다.

"네가 무슨 일을 하든지 하나님이 너와 함께 계신다." 그렇다. 하나님이 함께 계시는 것을 알아 갈수록 버리고 포기해야 할 것들이 많아진다. "무슨 일을 하든지"는 "아무렇게나 막"이 아니다. 자유롭지만 자유롭지 않은 역설이다.

오랜 세월 나를 지켜본 비우호적인 이웃이 진심으로 나에게 다가와 "당신을 보니 하나님이 당신과 함께 하십니다."라고 고백할 수 있기를….

창세기 21장 22절

22. 그 때에 아비멜렉과 그 군대 장관 비골이 아브라함에게 말하여 이르되 네가 무슨 일을 하든지 하나님이 너와 함께 계시도다

20161118

42
이것은 예배다

하나님은 아브라함을 시험하시려고 100세에 얻은 사랑하는 아들 이삭을 번제로 드리라고 하신다.

아브라함의 순종과 절대적 헌신은 믿는 사람들에게 모범이 된다. 그의 헌신을 생각하면 스스로를 부끄럽게 여기게 되고 도저히 따라 할 수 없을 것 같은 숭고함을 느낀다. 나도 100세가 넘으면 그렇게 믿음이 성숙할 수 있을까? 아직은 그 나이가 아니니 조금은 위안이 된다.

아브라함과 이삭과 사라의 입장에서 생각해 본다. 아브라함은 고민했을까? 아니 히브리서의 말씀처럼 그동안 신앙의 여정 가운데 하나님의 역사를 체험했기 때문에 다시 살리실 줄 알고 편안했을까? 종들에게 아들과 돌아오리라고 말한 것으로 보아(5절) 하나님의 약속을 신뢰했기 때문일까?(창세기15장 5절) 이삭은 어머니 사라를 닮아서 아버지의 권위에 순종적인 아들이었을까? 사라는 나중에 이 사실을 알게 되었을까?

나의 둘째 아들은 이삭의 마음이 어땠을지 궁금하다고 한다. 100세가 넘은 아브라함의 신앙연륜을 이해하지 못한 이삭이 믿음으로 순종했을지는 의문이 든다. 부모의 강압이 과연 받아들여졌을지 의문이지만 당시 주변 세계의 문화적 정황으로 보아 자녀를 제물로 바치는 경우가 많았으니, 어쩌면 당연하게 받아들여졌을 수도 있다고 생각한다는 것이다. 충분히 근거 있는 이야기다. 아브라함이 자신의 굳건한 신앙을 자녀에게 강압적으로 요구하기보다 삶으로 보여야 했다고 말한다. 그렇다면 이삭은 아버지의 삶을 충분히 보고 느끼지 않았을까?

어린 시절 순수했던 믿음과 즐거움으로 교회에 다니다 청년이 되면 세상의 문화와 지식을 습득하게 된다. 습관이 되어 버린 신앙생활은 바쁘고 힘들 때마다 도전이 되고, 많은 의심을 하게 된다. 신에 대해, 교회에 대해, 신앙에 대해 철저히 의심해 보고 고민해야 더욱 진지하게 하나님과 예수그리스도, 성령을 알 수 있다는 것이 나의 생각이다. 그러다 보면 어느 날 문득 하나님의 살아계심을 삶으로 느끼게 된다. 무턱대고 믿는 것보다 충분히 의심하라고 말해 준다. 나도 그랬으니….

며칠 동안 말씀에 머물면서 기다려 보았다.

갑자기 "이것은 예배다."라는 생각이 들었다. 예배는 철저한 자기 포기고 자신의 가장 소중한 것, 생명을 하나님 앞에 드리는 행위다. 삶의 자리에서 하나님과의 동행이 증거 되고(21장의 아비멜렉의 증언), 아침 일찍 일어나 자신의 죄를 태울 나무를 쪼개고, 성령의 불과 말씀의 검을 들고 자신의 가장 소중한 것을 드릴 준비를 하며 모리아 산으로 올라가듯 하나님이 지시하신 곳으로 걸음을 옮기는 것, 이것이 진정한 예배라는 생각이 들었다. 우리의 예물이나 행위를 누군가에게 보이지 않아도 된다. 지켜보는 이 없이(누구 의식하지 않고) 하나님 앞에 단독자로 온전한 순종으로 나아가는 것이 신령과 진리로 드리는 예배 아닐까?

   인간의 마음을 아시고 너무나 사랑하시는 하나님이시다.
   우리 죄를 위해 자신의 하나밖에 없는 아들 예수그리스도를 죽이신 하나님은 절대적 헌신과 순종을 결단한 아브라함을 위해 이삭 대신 번제할 숫양을 준비시키신다.
   인간이 아무리 위대한 헌신을 한다 해도 하나님의 사랑에 비할 수 있을까?
   진정한 예배자로 하나님 앞에 나아갈 때 하나님께서 당신이 산에서 번제할 어린양을 준비하신다. 우리는 단지 겸손히 순종할 뿐이다. 우리의 예배가 회복될 때 하나님은 우리를 축복하시고 우리로 인해 다른 사람이 축복의 자리에 초청될 것이다.

   하나님이 아브라함에게 이삭을 바치라고 하신 사건은 아비멜렉이 "네가 무슨 일을 하든지 하나님이 너와 함께 계시도다"라고 말하고 아브라함과 화평의 조약을 맺은 후다.(22장 1절 – 그 일 후에) 모리아산까지 약 3일길(70km)을 두 종과 그의 아들 이삭을 데리고 번제에 쓸 나무를 쪼개어 가지고 떠난다. 눈을 들어 멀리 모리아산을 바라본 후에 아브라함은 종들에게 기다리라 하고 자신과 자신의 사랑하는 아들 이삭과 단 둘이 올라간다.
   이삭의 등에는 번제 나무가 지워지고, 자신은 불과 칼을 들고 간다.
   이삭이 아버지에게 번제할 어린양이 어디 있냐고 묻자 "하나님이 자기를 위하여 친히 준비하시리라"고 대답한다. 자신의 아들을 결박하여 제단 나무 위에 놓고 이삭을 잡으려 할 때 하나님의 음성이 들린다. "손대지 마라"
"네가 네 독자까지도 아끼지 아니하였으니 내가 이제야 네가 하나님을 경외하는 줄을 아노라" 눈을 들어 살펴보니 숫양이 수풀에 걸려 있다. 아브라함은 그 땅 이름을 '여호와 이레'라 하였다. 사람들은 "여호와의 산에서 준비되리라" 한다. 아브라함은 이 일로 인해 큰 복과 번성함, 믿음의 조상이 될 것을 약속받는다.

예배의 자리에서 우리는 '여호와 이레'를 경험하게 된다.

〈참고〉

1) 키엘케고르(Søren Kierkegaard, 1813-1855)는 아브라함과 이삭의 사건을 "믿음의 역설"이라고 한다. "살인조차 신성한 행위로 만들고, 사유가 끝나는 바로 그곳에서 믿음이 시작된다."는 그의 말은 실존주의 철학자의 "신앙의 도약"에 대한 논증이다. 임춘갑 역, 키엘케고르, 『공포와 전율(Fear and Trembling)』(서울: 치우, 2011).

2) 아브라함과 이삭의 이야기는 예술가들에게 극적인 소재로 영감을 주었다. 12세기 작가미상의 조각 작품부터 19세기 낭만주의 마르탱(Charles Emile Callande de Champ-Martin, 1797-1883)과 모로(Gustave Moreau, 1826-1898)의 유화까지 많은 작품 속에서 긴장감 있게 묘사되고 있다. 네덜란드 화가 램브란트(Rembrandt Van Rijn, 1606-1669)의 1635년 작품이 많이 알려져 있지만, 개인적으로 라스트만(Pietersz Pieter Lastman, 1583-1633)의 유화 작품에서 이삭의 모습이 인상 깊게 다가온다.

3) 러시아의 작곡가 이고르 스트라빈스키(Igor Stravinsky, 1882-1971)는 Bariton과 Orchestra를 위한 칸타타 "아브라함과 이삭 Abraham and Isaac"(1963)을 현대적 기법(12음 기법)으로 작곡했다.

창세기 22장 7-14절

7. 이삭이 그 아버지 아브라함에게 말하여 이르되 내 아버지여 하니 그가 이르되 내 아들아 내가 여기 있노라 이삭이 이르되 불과 나무는 있거니와 번제할 어린 양은 어디 있나이까

8. 아브라함이 이르되 내 아들아 번제할 어린 양은 하나님이 자기를 위하여 친히 준비하시리라 하고 두 사람이 함께 나아가서

9. 하나님이 그에게 일러 주신 곳에 이른지라 이에 아브라함이 그 곳에 제단을 쌓고 나무를 벌여 놓고 그의 아들 이삭을 결박하여 제단 나무 위에 놓고

10. 손을 내밀어 칼을 잡고 그 아들을 잡으려 하니

11. 여호와의 사자가 하늘에서부터 그를 불러 이르시되 아브라함아 아브라함아 하시는지라 아브라함이 이르되 내가 여기 있나이다 하매

12. 사자가 이르시되 그 아이에게 네 손을 대지 말라 그에게 아무 일도 하지 말라 네가 네 아들 네 독자까지도 내게 아끼지 아니하였으니 내가 이제야 네가 하나님을 경외하는 줄을 아노라

13. 아브라함이 눈을 들어 살펴본즉 한 숫양이 뒤에 있는데 뿔이 수풀에 걸려 있는지라 아브라함이 가서 그 숫양을 가져다가 아들을 대신하여 번제로 드렸더라

14. 아브라함이 그 땅 이름을 여호와 이레라 하였으므로 오늘날까지 사람들이 이르기를 여호와의 산에서 준비되리라 하더라

20161120

43
비싼 값을 치르고서라도

　시어머님이 돌아가신 지 3년이 지났다.
　어머님이 즐겨 입으시던 투피스를 가져왔다. 시누이가 사 드렸던 옷이란다. 크기도 맞지 않고 색깔은 어둡지만 고상한 느낌이다. 수선 집에 가져가 몸에 맞게 수선하려는데 15만 원을 달란다. 차라리 하나 사 입는 것이 낫겠다는 생각이 들었다. 그래도 하나쯤은 가지고 싶어서 수선을 맡겼다. 줄였음에도 약간은 큰 듯하다. 가끔 시부모님 기일이나 성묘 갈 때, 가족들이 모일 때 입곤 한다. 어머님을 기억하고 싶어서다.
　시어머님은 40의 나이에 홀로 되셨다. 한참 성장 중인 자녀 넷을 키우시느라 얼마나 힘들고 외로운 날을 보내셨을까? 자식들에 대한 애정이 남다르셔서 휴일마다 부르시곤 했다. 내 나이 40이 되었을 때 갑자기 어머니가 너무 안 되셨다는 생각이 들었다. 한참 안정되고 누릴 나이에 혼자 되셨구나 싶었다.
　비싼 값을 치르고 수선해 가지고 있는 시어머니의 옷은 나에게 옷 이상이다. 어머니에 대한 남편의 그리움이고, 시누이의 추억이고, 어머니의 체온이다.

　사라가 127세에 세상을 떠났다. 아브라함은 사라를 위해 매장지를 헷족속 중 에브론에게서 은 400세겔에 사들인다. 터무니없는 값이다. 300년 후 예레미야가 하나멜에게서 아나돗 땅을 샀을 때는 은 17세겔이었고(예레미야32장 9절), 800년 뒤 다윗이 아리우나 타작마당과 소를 은 50세겔에 샀다.(사무엘하24장 24절)

아브라함이 아내를 매장하기 위해 밭머리에 있는 막벨라 굴만 사겠다고 하자 곁으로는 후대하는 척하고 그냥 밭과 굴을 주겠다고(11절) 한 헷 족속 에브론이다. 아브라함이 정당하게 값을 치르겠다고 하자 갑자기 태도를 바꾸어 싼값이라며 밭과 굴을 은 400세겔에 사라고 한다. 아브라함은 일체 아무런 말도 하지 않고 그 값을 지불하고 헷 족속이 보는 앞에서 밭과 굴을 샀다.

왜 그렇게 비싼 값을 아무 대꾸도 없이 지불했을까?

아내 사라의 죽음에 대한 사랑과 존중의 마음이었을까? 하나님이 약속하셨던 가나안의 아주 작은 부분 중 하나를 실제로 소유하기 위해, 약속의 성취를 위해 물질에 연연해하지 않을 만큼 믿음이 성숙되었기 때문이었을까?

이곳은 다윗이 아리우나 타작마당을 샀던 예루살렘 성전산, 야곱이 세겜에서 하몰의 아들들에게 샀던 세겜을 포함해서 현대 이스라엘 사람들이 팔레스타인과의 영토 분쟁에서 절대 양보하지 않는 3곳 가운데 하나다.

비싼 값을 치르고라도 사고 싶고 간직하고 싶은 것이 있기에 유명한 작가의 미술작품 가격은 시간이 지날수록 하늘 높은 줄 모르고 올라가고, 강남의 어떤 지역은 다 낡은 아파트 몸값이 어마어마하다. 자신의 전 생애를 그리스도와 복음을 위해 바치는 사람도 있다.

비싼 값을 치르고라도 가지고 싶은 것, 간직하고 싶은 것이 있는가?

창세기 23장

1. 사라가 백이십칠 세를 살았으니 이것이 곧 사라가 누린 햇수라

...

7. 아브라함이 일어나 그 땅 주민 헷 족속을 향하여 몸을 굽히고

8. 그들에게 말하여 이르되 나로 나의 죽은 자를 내 앞에서 내어다가 장사하게 하는 일이 당신들의 뜻일진대 내 말을 듣고 나를 위하여 소할의 아들 에브론에게 구하여

9. 그가 그의 밭머리에 있는 그의 막벨라 굴을 내게 주도록 하되 충분한 대가를 받고 그 굴을 내게 주어 당신들 중에서 매장할 소유지가 되게 하기를 원하노라 하매

10. 에브론이 헷 족속 중에 앉아 있더니 그가 헷 족속 곧 성문에 들어온 모든 자가 듣는 데서 아브라함에게 대답하여 이르되

11. 내 주여 그리 마시고 내 말을 들으소서 내가 그 밭을 당신에게 드리고 그 속의 굴도 내가 당신에게 드리되 내가 내 동족 앞에서 당신에게 드리오니 당신의 죽은 자를 장사하소서

12. 아브라함이 이에 그 땅의 백성 앞에서 몸을 굽히고

13. 그 땅의 백성이 듣는 데서 에브론에게 말하여 이르되 당신이 합당히 여기면 청하건대 내 말을 들으시오 내가 그 밭 값을 당신에게 주리니 당신은 내게서 받으시오 내가 나의 죽은 자를 거기 장사하겠노라

14. 에브론이 아브라함에게 대답하여 이르되

15. 내 주여 내 말을 들으소서 땅 값은 은 사백 세겔이나 그것이 나와 당신 사이에 무슨 문제가 되리이까 당신의 죽은 자를 장사하소서

16. 아브라함이 에브론의 말을 따라 에브론이 헷 족속이 듣는 데서 말한 대로 상인이 통용하는 은 사백 세겔을 달아 에브론에게 주었더니

17. 마므레 앞 막벨라에 있는 에브론의 밭 곧 그 밭과 거기에 속한 굴과 그 밭과 그 주위에 둘린 모든 나무가
18. 성 문에 들어온 모든 헷 족속이 보는 데서 아브라함의 소유로 확정된지라
19. 그 후에 아브라함이 그 아내 사라를 가나안 땅 마므레 앞 막벨라 밭 굴에 장사하였더라 (마므레는 곧 헤브론이라)
20. 이와 같이 그 밭과 거기에 속한 굴이 헷 족속으로부터 아브라함이 매장할 소유지로 확정되었더라

20161122

44
충실한 관리자

아브라함에서 이삭의 시대로 넘어가는 과정에 엘리에셀이라는 정직하고 성실하며 지혜로운 늙은 종이 있었다. 구속사의 전환기에 한 사람이 중요한 일을 충실히 감당하고 있다. 아브라함의 당부는 짧지만 분명하다. 신앙의 전통을 계승하기 위해 가나안 족속이 아닌 자신의 족속에게서 이삭의 아내를 데려오라는 것이다.(3-4절)

주인의 모든 소유를 맡아 하던 늙은 종(2절) 엘리에셀에게 사람을 보는 지혜와 관리 능력은 충분했을 것이다. 그러나 쉬운 일이 아니었다. 아브라함이 말한 곳은 갈대아 우르가 아닌 그 가족들이 거하던 하란(메소포타미아의 나홀)이다. 이곳은 아브라함이 거하던 가나안에서 800km 떨어진 곳이다. 누구라고 지정해 주지도 않았다. 알아서 택하고 따라오면 데려오고 따라오지 않는다고해도 아들을 그곳으로 데려가지는 말라고 한다. 세상 어느 여자가 자기가 살던 좋은 곳보다(하란) 문화생활이 뒤떨어진 가나안으로 보지도 못하고 알지도 못하는 남자의 아내가 되기 위해 선뜻 따라나서겠는가? 엘리에셀은 자기 주인에게 역사하신 하나님을 기억하고 구체적으로 하나님께 기도 드린다.

엘리에셀은 주인의 대리인으로 왔음을 잊지 않는다. 정성껏 대접하려고

상을 차린 그들 앞에서 잠시 쉬고 먹을 수도 있지만 자신에게 맡겨진 임무가 우선이다. 자신의 온 목적을 말하기 전에는 먹지 않겠다고 한다.(24:33절) 그리고 과장하거나 축소하지 않고 세세히 주인의 상황과 말을 전하고 하나님의 역사하심을 증거 한다. 24장에 똑같은 내용이 반복되어 나오는 것은 엘리에셀의 성실함과 진실함의 증거를 보여 준다. 혼인허락을 받은 후에 열흘을 머무르라는 리브가 가족들의 권유를 받고 여독을 풀만도 한데, 다음 날 아침 즉시 일어나 주인에게로 돌아가겠다고 한다. 그의 종을 보면 그 주인을 알 수 있었기 때문일까? 리브가도 주저함 없이 따라나선다.

관리자는 관리자다워야 한다.

하나님은 우리에게 모든 것을 위임하셨다. 나의 주인이 하나님이라는 사실을 분명히 인식하고 충실한 관리자의 마음으로 살아가야 하지 않을까?

창세기24장

1. 아브라함이 나이가 많아 늙었고 여호와께서 그에게 범사에 복을 주셨더라
2. 아브라함이 자기 집 모든 소유를 맡은 늙은 종에게 이르되 청하건대 내 허벅지 밑에 네 손을 넣으라
3. 내가 너에게 하늘의 하나님, 땅의 하나님이신 여호와를 가리켜 맹세하게 하노니 너는 내가 거주하는 이 지방 가나안 족속의 딸 중에서 내 아들을 위하여 아내를 택하지 말고
4. 내 고향 내 족속에게로 가서 내 아들 이삭을 위하여 아내를 택하라
5. 종이 이르되 여자가 나를 따라 이 땅으로 오려고 하지 아니하거든 내가 주인의 아들을 주인이 나오신 땅으로 인도하여 돌아가리이까

6. 아브라함이 그에게 이르되 내 아들을 그리로 데리고 돌아가지 아니하도록 하라

7. 하늘의 하나님 여호와께서 나를 내 아버지의 집과 내 고향 땅에서 떠나게 하시고 내게 말씀하시며 내게 맹세하여 이르시기를 이 땅을 네 씨에게 주리라 하셨으니 그가 그 사자를 너보다 앞서 보내실지라 네가 거기서 내 아들을 위하여 아내를 택할지니라

8. 만일 여자가 너를 따라 오려고 하지 아니하면 나의 이 맹세가 너와 상관이 없나니 오직 내 아들을 데리고 그리로 가지 말지니라

9. 그 종이 이에 그의 주인 아브라함의 허벅지 아래에 손을 넣고 이 일에 대하여 그에게 맹세하였더라

10. 이에 종이 그 주인의 낙타 중 열 필을 끌고 떠났는데 곧 그의 주인의 모든 좋은 것을 가지고 떠나 메소보다미아로 가서 나홀의 성에 이르러

11. 그 낙타를 성 밖 우물 곁에 꿇렸으니 저녁 때라 여인들이 물을 길으러 나올 때였더라

12. 그가 이르되 우리 주인 아브라함의 하나님 여호와여 원하건대 오늘 나에게 순조롭게 만나게 하사 내 주인 아브라함에게 은혜를 베푸시옵소서

...

27. 이르되 나의 주인 아브라함의 하나님 여호와를 찬송하나이다 나의 주인에게 주의 사랑과 성실을 그치지 아니하셨사오며 여호와께서 길에서 나를 인도하사 내 주인의 동생 집에 이르게 하셨나이다 하니라

...

33. 그 앞에 음식을 베푸니 그 사람이 이르되 내가 내 일을 진술하기 전에는 먹지 아니하겠나이다 라반이 이르되 말하소서

34. 그가 이르되 나는 아브라함의 종이니이다

...

48. 내 주인 아브라함의 하나님 여호와께서 나를 바른 길로 인도하사 나의 주인의 동생의 딸을 그의 아들을 위하여 택하게 하셨으므로 내가 머리를 숙여 그에게 경배하고 찬송하였나이다

49. 이제 당신들이 인자함과 진실함으로 내 주인을 대접하려거든 내게 알게 해 주시고 그렇지 아니할지라도 내게 알게 해 주셔서 내가 우로든지 좌로든지 행하게 하소서

...

54. 이에 그들 곧 종과 동행자들이 먹고 마시고 유숙하고 아침에 일어나서 그가 이르되 나를 보내어 내 주인에게로 돌아가게 하소서

...

66. 종이 그 행한 일을 다 이삭에게 아뢰매

67. 이삭이 리브가를 인도하여 그의 어머니 사라의 장막으로 들이고 그를 맞이하여 아내로 삼고 사랑하였으니 이삭이 그의 어머니를 장례한 후에 위로를 얻었더라

20161123

45
마음에서 우러나오는 친절

　월요일 강의 전에 약간 늦은 점심을 하기 위해 식당에 들렀다. 식권을 뽑고 셀프로 음식을 가져오는 곳이다. 식권을 뽑는 곳에서 주방장이 일하다가 퉁명스럽게 말한다. "저쪽에도 식권 뽑는 곳이 있어요." 아무 말 없이 다른 곳에서 식권을 뽑고 식사가 나와서 식사 중이었다. 사장과 주방장이 배달 온 김치를 맛보다가 어딘가에 전화를 건다. 더 이상 이런 식이면 거래를 끊겠다고 험악하게 말한다. 갑자기 밥 먹기가 싫어졌다. 대충 먹고 나오면서 다시는 오고 싶지 않다고 생각했다.
　음식의 맛도 중요하지만 가게 주인의 표정이나 일하는 사람들의 태도는 손님들에게 감정으로 전달된다. 상품화된 친절에 익숙해졌기 때문일까? 친절하지 못하면 불편함을 느낀다.

　지나치게 상품화된 친절도 거북하지만, 불친절하면 더욱 거북하다. 마음에서 우러나온 친절이 좋다.

　7080세대만 해도 버스를 타고 자리에 앉으면 서로 모르는 사람의 가방을 들어 주었다. 앞에 서 있는 학생의 가방을 들어 주고, 도시락 반찬 국물이 흘러 교복이 젖으면 참 난감했지만 서로 미안해하며 웃었다. 무거운 짐을 들고 있으면 자연스럽게 받아 들었다. 나이 드신 분이 보이면 자리를 양보하는 것이 자연스러웠다. 어떤 때는 일어났다가 아직 젊다고 말하면 민망해하며 다시 주저앉았다. 잘 가늠이 안 되면 속으로 일어설까 말까 갈등하기도 했다. 비가 오면 우산을 씌워 주기도 하고, 목욕탕에서는 서로 등을 밀어 주던 시대가 있었다.

요즘은 시대가 무서워서 함부로 가방을 들어 줄 수도 없고 같이 우산을 쓰자고 말하기도 겁난다. 전철에서 80% 정도의 사람들이 자기 손 안의 휴대폰을 보고 있고, 노인은 노약자석에 앉으면 된다고 생각한다. 젊은이들은 더 피곤해 보인다. 개인적인 친절이 오히려 불편한 시대다.

관공서나 기업은 반대다. 공무원들의 무표정한 얼굴과 불친절은 사라지고 이제는 친절하게 대한다. 친절이 상품화되었고, 의무화되었다. 서비스업에 종사하는 사람들은 언어와 표정, 동작까지 연습하고 그렇지 못할 경우 불이익을 당한다. 연습된 친절과 함께 마음도 같이 가면 좋겠지만 하루 종일 별의별 사람들을 상대하다 보면 감정을 숨기고 일해야 하는 경우도 발생한다. 사회적 친절이 요구되는 시대다.

어린 시절 어머니는 늘 나에게 "인사를 잘하라"고 가르쳐 주셨다. 동네 어른들을 만나면 무조건 인사하라고 하셨다. "아까 보았는데 또 해요?"라고 반문하면 열 번을 마주쳐도 인사하라셨다. 못보고 인사를 받아 주지 않는 사람이 있으면 큰 소리로 인사하고 눈을 맞추고 인사하라고 하셨다. 늘 인사를 잘하는 나는 어른들께 착하다고 칭찬을 들었고 그것이 좋아 계속 웃으며 인사하다 보니 습관이 되었다. 강한 나의 자존심과 직선전인 성격은 그나마 친절함의 훈련으로 사회생활을 하는 데 도움이 되었다.

친절한 사교적 성향은 사람들에게 사랑받기도 하지만, 어떤 때는 너무 나댄다고 오해받기도 하고 어떤 사람은 오히려 부담스러워한다. 배려와 친절함을 한동안 자제해 보았다. 그것이 오히려 내겐 어색했다. 그냥 생긴 대로 살기로 마음먹었다. 너무 잘하려고 애쓰거나 일부러 자제할 필요가 없다. 그저 자연스럽게 마음에서 우러나오는 친절을 베풀면 되는 것이다.

나 자신이 그렇다 보니 나에게 덤덤한 사람을 보면 나를 싫어하는 것 같아 마음이 불편했고, 그렇지 못한 사람에게는 화가 나기도 했다.

나는 그것이 좋아서 하는 것이고 그렇지 않은 사람은 그것이 좋은가 보다 생각하니 이제는 마음이 편하다.

친절한 사람을 싫어하는 사람은 없다.

엘리에셀은 이삭의 아내를 고르기 위해 기도하면서 자신이 물 한 모금 청할 때 자신뿐 아니라 낙타에게도 물을 주는 소녀가 있으면 하나님이 정하신 자라고 알겠다는 기도를 드린다. 오랜 세월 아브라함의 전 재산을 관리하며 사람 보는 안목이 있었을 것이다. 친절을 베풀되 마음에서 우러나오는 친절이 아니면 할 수 없는 행동이다. 리브가는 그렇게 행동했다. 친절하고 적극적인 사랑스런 처녀다. 하나님도 친절한 사람, 넉넉한 배려를 할 줄 아는 사람을 좋아하신다.

〈참고〉

미국 사회학자 앨리 러셀 혹실드(Arlie Russell Hochschild)의 『감정노동(The Managed Heart)』이라는 책에서 상품화된 현대사회의 감정으로 노동자와 소비자가 소외되는 현실을 지적하고 심리적 정서적 문제의 해결을 제시한다. (이가람 역, 앨리 러셀 혹실드 『감정노동』, 이매진, 2009)

창세기 24장 14-20절

14. 한 소녀에게 이르기를 청하건대 너는 물동이를 기울여 나로 마시게 하라 하리니 그의 대답이 마시라 내가 당신의 낙타에게도 마시게 하리라 하면 그는 주께서 주의 종 이삭을 위하여 정하신 자라 이로 말미암아 주께서 내 주인에게 은혜 베푸심을 내가 알겠나이다

15. 말을 마치기도 전에 리브가가 물동이를 어깨에 메고 나오니 그는 아브라함의 동생 나홀의 아내 밀가의 아들 브두엘의 소생이라

16. 그 소녀는 보기에 심히 아리땁고 지금까지 남자가 가까이 하지 아니한 처녀더라 그가 우물로 내려가서 물을 그 물동이에 채워가지고 올라오는지라

17. 종이 마주 달려가서 이르되 청하건대 네 물동이의 물을 내게 조금 마시게 하라

18. 그가 이르되 내 주여 마시소서 하며 급히 그 물동이를 손에 내려 마시게 하고

19. 마시게 하기를 다하고 이르되 당신의 낙타를 위하여서도 물을 길어 그것들도 배불리 마시게 하리이다 하고

20. 급히 물동이의 물을 구유에 붓고 다시 길으려고 우물로 달려가서 모든 낙타를 위하여 긷는지라

20161124

46
다음 세대

남편은 평범한 소시민으로 행복하게 살아가는 삶을 추구한다. 나는 좀 전사적인 기질이 있어서 피곤하게 산다. 무엇인가 하려 하거나 욕심이 많을수록 고단한 삶이다. 성격대로 살아간다.

요 며칠 친정어머니의 간섭과 관심이 부담스러웠다.

가끔 마음먹고 미국에 있는 어머니와 한 시간 정도 보이스톡으로 통화한다. 이런 저런 이야기를 들려드리고 어머니의 이야기에 맞장구도 친다.

요사이 새로운 목회계획을 세우고 있다고 얘기하자 그때부터 이런 저런 질문들과 교회 운영에 관한 내용을 카톡으로 계속 보내오신다. 늘 그러셨듯이…. 하나님의 속성은 무엇이냐, 교회란 무엇이라고 생각하느냐, 교단법을 보아라, 교인 수는 어떻게 구성되느냐, 헌금은 이렇게 관리해야 한다 등등.

처음엔 그냥 "예, 명심 할게요." 하고 짤막하게 답하다가 은근히 짜증이 났다. 그냥 어머니가 걱정하시는구나 하면 되는데 날 뭘로 보시나 싶은 교만한 생각이 들었다.

질문과 내용에 일일이 조목조목 대꾸했다. 하나님의 속성에 대한 조직신학적 내용을 요약해 비공유적 속성과 공유적 속성에 대해 어머니가 말씀하지 못하신 부분까지 세세하고 이야기했고, 각 교단 법 몇 장, 몇 조, 몇 항 등을 들추어내며 신나게 대꾸했다. 엄마가 "열심히 공부하네" 하고 한

마디 하신다. "엄마 닮아서 그렇다"고 대꾸했다. 엄마에게 계속 대답하다 보니 모르는 것을 알게 되고 갑자기 신이 났다. 짜증이 나다가 신이 난다고 둘째 아들에게 말하니 웃으며 대답한다. "제게 엄마가 무슨 말 하면 내가 더 많이 대꾸한다고 하더니 내가 엄마 닮았네~" 둘이 한참 웃었다. 감사한 일이다. 어머니 덕분에 많이 공부해 감사하다고 말씀드렸다.

성경 곳곳에는 많은 사람들의 이름과 족보가 왜 굳이 장황하게 나올까 생각해 본다. 부모의 무엇을 닮았는지 그것을 어떻게 이어 가고 있는지에 따라 그들의 삶의 방향이 달라지는 것을 볼 수 있다.
후대에 나의 자녀들과 그 자녀의 자녀들이 좋은 점을 잘 닮아가고 이어 갔으면 한다. 믿음의 가정답게 든든한 신앙 가운데 아름답게 이어져 가면 얼마나 좋을까….

부모의 대를 이어 자녀가 더욱 잘되는 것만큼 기쁘고 복된 일은 없다.
성경에서 언급되는 믿음의 족보는 잘 먹고 잘사는 데 맞추어져 있지 않다. 인물들의 삶 또한 상식적이지 않다. 사라와의 사이에서 태어난 이삭과 하갈이 낳은 이스마엘 외에도 아브라함은 후처 그두라를 통해 6명(시므란, 욕산, 므단, 미디안, 이스박, 수아)의 자녀를 더 두었다. 그두라의 자녀들이 또 자녀를 낳지만 성경에는 욕산과 드단과 미디안의 자녀만 언급된다.(1-4절) 이스마엘은 12명의 자녀를 낳았고 이들 또한 족속을 이루어 살아간다.(12-18절)

약속의 자녀 이삭은 나이 40에 장가를 가고 자녀가 생기지 않자 기도하여 자녀를 갖게 되고 쌍둥이 아들 에서와 야곱을 낳았다. 두 아들의 갈등과 다툼은 태중에서부터 시작되었다. 형 에서에게서 팥죽 한 그릇으로 장자권을, 아버지를 속여 축복권을 가로챈 야곱은 화가 난 형 에서가 두려워 외삼촌 집으로 도망하게 된다.

순종적이고 조용했던 아버지 이삭처럼 조용하고 겁 많은 야곱이었지만 도전적이고 모험적인 어머니 리브가의 유전적 기질이 숨어있던 것일까? 철저하게 계산적인 외삼촌 라반의 집에서 끈질긴 집요함으로 기어코 성공을 거두고 고향으로 돌아온다. 그의 인내와 성실함은 신앙과 함께 성숙해져 용기와 도전의 삶으로 발전한다.

부모로부터 받은 기질이 어떻게 발현되는지에 따라 자신과 후대의 삶이 달라진다.

창세기25장7-11절

7. 아브라함의 향년이 백칠십오 세라
8. 그의 나이가 높고 늙어서 기운이 다하여 죽어 자기 열조에게로 돌아가매
9. 그의 아들들인 이삭과 이스마엘이 그를 마므레 앞 헷 족속 소할의 아들 에브론의 밭에 있는 막벨라 굴에 장사하였으니
10. 이것은 아브라함이 헷 족속에게서 산 밭이라 아브라함과 그의 아내 사라가 거기 장사되니라
11. 아브라함이 죽은 후에 하나님이 그의 아들 이삭에게 복을 주셨고 이삭은 브엘라해로이 근처에 거주하였더라

20161125

47
언약의 우물

생존은 사람들의 기본적인 욕구다.

생존이 위협을 받거나 좀 더 나은 삶을 살기 원할 때 사람들은 거주지를 옮긴다.

흉년은 생존이 흔들리는 상황이다. 농사나 목축을 주로 하던 시대에 물은 중요하다. 오랜 가뭄으로 흉년이 되자 이삭은 애굽으로 내려가려 한다. 하나님은 애굽으로 내려가지 말고 그랄에 머무르라고 하신다. 그러면 함께 있어 복을 주고 자손에게도 이 땅을 줄 것이라고 약속하신다.(3절)

아프리카와 아시아를 잇는 통로에 있는 네게브지역의 그랄은 아브라함이 거주하였던 곳으로(창13:1; 20:1) 지중해 가까이에 있는 남쪽 경계선의 서남쪽에 위치한 도시다.(창10:19) 이곳은 아브라함이 기근을 피하여 머물렀던 곳으로 아비멜렉에게 아내를 누이라 속였던 곳이며, 아비멜렉과 동맹을 맺었던 곳이다.

이삭도 아버지 아브라함처럼 그랄에 거주하였다. 이삭도 아버지와 같이 아내를 누이라 속였으나 그랄의 블레셋 왕 아비멜렉이 사실을 알고 이삭과 리브가를 보호하도록 지역민에게 명하였다. 이곳에서 하나님의 보호하심

으로 농사는 백배의 소출을 얻고(26:12), 양과 소가 떼를 이루어 왕성해진다.(26:14)

블레셋 사람들이 시기하기 시작한다.

아브라함이 죽은 후 물이 말라 버렸는지 아브라함이 머물렀을 때 팠던 우물을 그랄 사람들은 흙으로 메워 버렸다. 이삭이 그 우물을 기억하고 복원하자 물이 솟는다. 아버지가 우물에 붙였던 이름을 붙이지만 그랄의 목자들은 자기들의 것이라고 우긴다. 이삭은 우물의 이름을 에섹(뜻: 다툼)이라고 한 후 자리를 옮긴다. 다른 곳에 우물을 파니 역시 그들이 또 싸움을 걸어 온다. 싯나(뜻: 대적함)라고 이름 짓는다. 우물은 생명과 경제적 풍요를 누릴 수 있는 중요한 근원지였다. 우물을 판다고 바로 물이 나오는 것이 아니다. 몇날 며칠을 땅을 파도 물이 나오지 않는 곳이 많다. 그런데 이삭은 우물을 파기만 하면 샘이 솟는다.

또다시 옮긴 후에야 더 이상 다툼이 없었고 이곳을 르호봇(뜻: 넓은 곳)이라 하며 여호와께서 넓게 하셨으니 '이 땅에서 우리가 번성하리로다'라고 고백한다.

역시 아버지처럼 하나님이 함께 하심을 인정받고 아베멜렉의 요청에 의해 동맹을 맺는다. 하나님은 이삭에게 '세바'라는 우물을 허락하셨다. 그 성읍 이름은 브엘세바(뜻: 일곱 우물, 언약의 우물)로 불려진다.

기근을 피하고 하나님의 말씀에 순종하여 머무는 곳에도 위험은 있다. 시기와 질투 다툼도 있다. 믿음의 사람들은 눈앞의 기근이나 위험을 피하기보다는 하나님의 음성에 귀 기울이고 살아간다. 때로는 머물고 싶지만 떠나야 하고, 떠나고 싶지만 머물러야 한다.

네게브 사막의 희뿌연 모래사막에서 하나님의 약속을 믿고 살았을 믿음의 선조들의 모습을 떠올려 본다. 브엘세바는 아브라함이 오랜 기간 거주하였던 곳으로 그곳에는 아브라함과 이삭의 이야기가 있고 하갈과 이스마엘의 이야기가 있고 야곱의 이야기가 있다.

사막 같은 곳에서라도 샘물이 되는 사람이 있고, 그런 샘물을 오히려 막아 버리거나 빼앗는 사람이 있다. 유지하지도 못하고 고갈시켜 버리면서 시기와 질투 속에서 자신과 타인의 생명을 목마르게 한다. 우물을 파는 사람, 막아 버리는 사람, 빼앗는 사람 나는 어떤 사람인가?

언약의 우물 주변에는 인간들의 고뇌와 기다림과 실수와 희망의 이야기가 얽혀져 있다. 언약의 우물은 지금 이 시대를 살고 있는 우리에게도 허락되어 있다. 절망 속에서, 시기와 질투 속에서 하나님의 약속만을 바라보고 머물 때 하나님은 우리에게 영원히 마르지 않는 축복의 우물을 주신다.

지금 우리는 어디에 있는가? 우물 하나 지키려고 다툼과 대적의 자리에 있는가? 하나님의 언약 가운데 있는가?

창세기 26장

1. 아브라함 때에 첫 흉년이 들었더니 그 땅에 또 흉년이 들매 이삭이 그랄로 가서 블레셋 왕 아비멜렉에게 이르렀더니
2. 여호와께서 이삭에게 나타나 이르시되 애굽으로 내려가지 말고 내가 네게 지시하는 땅에 거주하라
3. 이 땅에 거류하면 내가 너와 함께 있어 네게 복을 주고 내가 이 모든

땅을 너와 네 자손에게 주리라 내가 네 아버지 아브라함에게 맹세한 것을 이루어

...

19. 이삭의 종들이 골짜기를 파서 샘 근원을 얻었더니
20. 그랄 목자들이 이삭의 목자와 다투어 이르되 이 물은 우리의 것이라 하매 이삭이 그 다툼으로 말미암아 그 우물 이름을 에섹이라 하였으며
21. 또 다른 우물을 팠더니 그들이 또 다투므로 그 이름을 싯나라 하였으며
22. 이삭이 거기서 옮겨 다른 우물을 팠더니 그들이 다투지 아니하였으므로 그 이름을 르호봇이라 하여 이르되 이제는 여호와께서 우리를 위하여 넓게 하셨으니 이 땅에서 우리가 번성하리로다 하였더라
23. 이삭이 거기서부터 브엘세바로 올라갔더니
24. 그 밤에 여호와께서 그에게 나타나 이르시되 나는 네 아버지 아브라함의 하나님이니 두려워하지 말라 내 종 아브라함을 위하여 내가 너와 함께 있어 네게 복을 주어 네 자손이 번성하게 하리라 하신지라
25. 이삭이 그 곳에 제단을 쌓고, 여호와의 이름을 부르며 거기 장막을 쳤더니 이삭의 종들이 거기서도 우물을 팠더라

...

32. 그 날에 이삭의 종들이 자기들이 판 우물에 대하여 이삭에게 와서 알리어 이르되 우리가 물을 얻었나이다 하매
33. 그가 그 이름을 세바라 한지라 그러므로 그 성읍 이름이 오늘까지 브엘세바더라

...

20161128

48
아무리 눈이 어두워도 그렇지…

　요 며칠 성경 묵상을 하며 다시 너무 당연한 당위성으로 말씀을 보는 나의 모습이 느껴졌다. 모태로부터 형성된 나의 신앙은 언제나 의심 없이 하나님의 주권과 선택과 섭리와 사랑이라는 틀로 말씀을 받아들인다. 세상 사람들에게 다가가다가 벽에 부딪히면 성경을 읽어라 기도하라고 말하는 무능력함을 절감하면서 아침 식탁에서 창세기 27장 말씀을 틀었다.

　남편이 말한다. "이삭이 몇 번이나 야곱에게 네가 누구냐고 확인했네…." 작은 아들이 바로 대답한다. "이삭은 야곱인 줄 알았을 거예요. 아무리 눈이 어두워졌어도 그렇지, 아들을 못 알아차릴 수가 있을까요? 아빠가 나랑 형을 구별 못 하겠어요? 아무리 털을 붙이고 에서의 옷을 입었다고 해도 목소리를 듣고 손만 만져 봐도 금방 알 수 있을 것 같은데…?" "맞아, 손만 만져 보아도 그렇고 몸을 만져 보아도 그랬을 텐데…" 조용히 혼자 속으로 변명을 해 본다. "쌍둥이라 약간은 비슷하지 않았을까?"
　이삭이 속아 준 것일까? 남편은 이삭이 이실직고할 기회를 주기 위해 계속 물어보고 만져보고 냄새를 맡았다고 얘기했고, 아들은 이삭이 이렇게까지 한 아들과 아내를 생각하고 가정의 평화를 위해 속아 준 것이 아닐까 생각한다고 말했다.
　부모가 자식에게 속아 주고 져 주는 것이 비일비재하니 그럴 수도 있겠다는 생각이 든다.

　굳이 신앙적인 논리로 해석하자면 이미 태중에서 큰 자가 어린 자를 섬기리라는 하나님의 신탁이 있었고(창25장 23절) 에서가 야곱에게 귀중한 장자권을 고작 팥죽 한 그릇에 팔았기 때문(창25장 28-34절)에 약속된 축복을 상실했다고 볼 수 있다. 생존을 위해 소중한 하나님의 선택과 축복을 저버리지 말라는 말을 수도 없이 들어왔고 당연히 그래야 한다는 것이 나의 신앙이다.

　심리적 논리로 해석한다면 형 에서를 사랑한 아버지와 동생 야곱을 사랑한 어머니의 편애(창27장 28절), 에서가 이방인과 결혼함으로 부모에게 근심과 불편함(창26장 34-35절; 27장 46절)을 주었고 그로 인한 갈등과 가정의 불화로 해석할 수 있다.

　"하나님의 선택이라는 말이 못내 거북스럽다. 이스라엘의 역사이고 유대교의 근거가 되는 구약이 기독교에서 굳이 언급되는 것이 불합리한 것 같다."는 두 남자의 계속되는 반론에 아침부터 바짝 긴장된다. 당황스러워하는 나에게 그래도 예수그리스도로 인해 자신도 선택받은 사람이라는 생각에서 위로가 된다는 남편과, 그래서 자신은 그러한 문화권 속에서 자연스럽게 삶 속에서 사람들에게 복음을 증거 하신 예수님이 참 대단하다고 생각한다는 아들의 말이 당황한 나를 안심시킨다. 신앙적인 눈으로 바라보아야 한다는 나의 논리를 펴기도 전에 아침 시간의 분주함으로 우리의 대화는 끝나야 했다. 더 많이 기도하고 공부해야겠다고 말하자 아들은 예수님처럼 목회자들도 광야에서 40일을 지내야 한다고 웃으며 말한다.

신학 공부를 하면 할수록 세상과 벽이 생기는 듯한 느낌이 드는 것은 왜일까?

이미 삶속에서 많은 광야를 지나 온 나의 경험에서 나온 신앙을 어떻게 설득할 수 있을까? 일상의 언어로 사람들에게 복음을 훼손시키지 않고 증거 하려면 아직도 멀었다는 생각이 드는 아침이다.

창세기 27장 16-30절

16. 또 염소 새끼의 가죽을 그의 손과 목의 매끈매끈한 곳에 입히고
17. 자기가 만든 별미와 떡을 자기 아들 야곱의 손에 주니
18. 야곱이 아버지에게 나아가서 내 아버지여 하고 부르니 이르되 내가 여기 있노라 내 아들아 네가 누구냐
19. 야곱이 아버지에게 대답하되 나는 아버지의 맏아들 에서로소이다 아버지께서 내게 명하신 대로 내가 하였사오니 원하건대 일어나 앉아서 내가 사냥한 고기를 잡수시고 아버지 마음껏 내게 축복하소서
20. 이삭이 그의 아들에게 이르되 내 아들아 네가 어떻게 이같이 속히 잡았느냐 그가 이르되 아버지의 하나님 여호와께서 나로 순조롭게 만나게 하셨음이니이다
21. 이삭이 야곱에게 이르되 내 아들아 가까이 오라 네가 과연 내 아들 에서인지 아닌지 내가 너를 만져보려 하노라
22. 야곱이 그 아버지 이삭에게 가까이 가니 이삭이 만지며 이르되 음성은 야곱의 음성이나 손은 에서의 손이로다 하며
23. 그의 손이 형 에서의 손과 같이 털이 있으므로 분별하지 못하고 축복하였더라
24. 이삭이 이르되 네가 참 내 아들 에서냐 그가 대답하되 그러하니이다

25. 이삭이 이르되 내게로 가져오라 내 아들이 사냥한 고기를 먹고 내 마음껏 네게 축복하리라 야곱이 그에게로 가져가매 그가 먹고 또 포도주를 가져가매 그가 마시고
26. 그의 아버지 이삭이 그에게 이르되 내 아들아 가까이 와서 내게 입맞추라
27. 그가 가까이 가서 그에게 입맞추니 아버지가 그의 옷의 향취를 맡고 그에게 축복하여 이르되 내 아들의 향취는 여호와께서 복 주신 밭의 향취로다
28. 하나님은 하늘의 이슬과 땅의 기름짐이며 풍성한 곡식과 포도주를 네게 주시기를 원하노라
29. 만민이 너를 섬기고 열국이 네게 굴복하리니 네가 형제들의 주가 되고 네 어머니의 아들들이 네게 굴복하며 너를 저주하는 자는 저주를 받고 너를 축복하는 자는 복을 받기를 원하노라
30. 이삭이 야곱에게 축복하기를 마치매 야곱이 그의 아버지 이삭 앞에서 나가자 곧 그의 형 에서가 사냥하여 돌아온지라

20161129

3부

화해

기다림과 인내

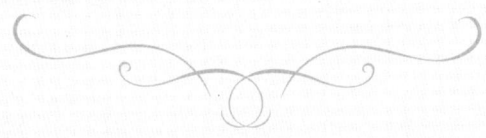

　잘못을 드러내는 일은 위험을 감수하는 일이다. 자신의 잘못뿐 아니라 타인의 잘못을 드러내는 것은 손해를 감수해야 한다. 외톨이가 될 수도 있다. 조직 안에서는 말할 것도 없고 가족 간에도 그렇기 때문에 많은 사람들이 힘들면서도 침묵하거나 모른 척하고 넘어가는 경우가 많다. 언젠가는 밝혀지겠지 하며 넘어가지만 꼭 그렇지도 않다. 불의한 일조차 권위 아래서 침묵하고 넘어가는 일들이 너무 많다. 결국 곪아서 터지고 나서야 말하기 시작한다.

　　　　　　　　　　　　　　　　　　　　　　　　　－ 고자질 중에서

담담한 하루

이혜정

욕심으로 들뜨거나
낙심으로 주저앉지 않는
담담한 하루가 되게 하소서

주님 주신 아름다운 세상
생명과 이웃을 바라보며
따스하게 미소 지을 수 있는
담담한 하루가 되게 하소서

바쁘다는 변명보다
정직과 성실로 최선을 다하는
담담한 하루가 되게 하소서

누군가 손 내밀면 조용히 잡아주고
힘들 땐 해맑은 미소로 손 내밀 수 있는
담담한 하루가 되게 하소서

오늘의 작은 기적들 속에서
감사로 노래할 수 있는
행복한 하루가 되게 하소서

(20130903)

49
꿈

　꿈은 하나님이 인간에게 주신 창조의 선물이다. 인간은 개성화 작업을 통해 통합적인 인격으로 발전해 가고 무의식의 의식화를 통해 의식의 지평을 열어갈 수 있다.

　어린 시절에 뛰는 꿈. 나는 꿈들을 꾸었다고 하면 어른들은 크려고 하는 꿈이라고 대답해 주셨다. 정신분석학자들이 말하는 무의식의 거대한 몸짓을 어떻게 알았을까?

　나는 유독 꿈을 잘 꾼다. 큰일을 앞두고 꿈을 꾸면 그 일을 짐작할 수 있기도 하고, 자고 나면 잊히는 꿈들도 많이 꾼다. 교육 분석을 받으며 꿈 일기를 쓰기 시작했다. 머리맡에 노트와 필기도구를 가져다 놓고 꿈을 꾸면 일어나서 바로 적었다. 그러는 사이에 나의 무의식의 관념들을 끌어내 확장시키고 발전시켜 나갈 수 있었다.

　꿈에 존경하는 스승과 산책을 하며 나누었던 대화 때문에 포기했던 박사 논문을 다시 시작해서 마무리 지을 수 있었고, 늘 꿈에 등장하던 아들에 대한 염려와 불안이 결국은 나 자신의 표상이라는 것을 인식하면서 아들 때문에 동동거리는 꿈을 꾸지 않게 되었다.

　똑같은 꿈을 꾸어도 그 사람의 해석에 따라 삶의 방향이 달라지기도 한다. 며칠 전 꿈에는 신발을 샀는데 두 개가 짝이 맞지 않았다. 둘 다 못 쓰게 되었다고 속상해했다. 한 길로 계속 가지 못하고 다양한 것들을 해온 나의 모습이 느껴졌다. 한 가지만 제대로 해야 하는 것 아닌가 고민하며 계속 꿈 분석을 하다가 두 개 다 온전한 짝을 찾으면 두 켤레를 갖게 되지 않나 하는 생각이 들었다.

아직도 생생하게 기억에 남는 어린 시절의 꿈이 있다.

으스름한 저녁 보름달이 뜨는 날이다. 그날은 누군가와 접촉하면 그 사람이 죽음을 맞게 된다. 동생이 나에게 몸이 닿았는데, 내가 죽음을 기다리고 있었다. 평상 같은 침대 위에 나는 누워 있고 달이 서서히 떠오르는 가운데 온 가족이 나를 둘러싸고 내 주위를 빙빙 돌며 몸을 앞으로 숙인 채 손뼉을 치고 있었다.

그 꿈은 내 삶의 순간, 순간 떠올랐고, 난 인생에 대해, 삶과 죽음에 대해 끊임없이 질문을 던져왔다. 암으로 자리에 누웠을 때 그 꿈이 예언적 꿈이었나 생각했다. 상담을 공부하다 융의 원형이론(archetype - 모든 인류에 공통으로 내재된 유사한 생각과 이미지, 감정을 말한다.)을 접하고 나서 원시시대 죽음의 의식에 내 꿈과 유사한 의식이 있다는 것을 발견하고는 깜짝 놀랐다.

그 꿈을 꾸었을 무렵 난 영문도 모른 채 부모와 헤어져 조부모 집에 있을 때였다. 입으로 꺼내지 못하는 두려움과 불안 심리였을까? 혹은 동생이 태어난 후 느낀 부모로부터의 분리 불안이었을까? 아니면 정말 내가 아프기 전의 예언적 꿈이었을까? 알 수 없지만 나의 전체적인 기조는 늘 우울하고 어두웠다.

겉으로는 오히려 더욱 밝고 긍정적으로 살려 애썼고, 사람들과의 관계 속에서도 장점을 보려고 노력했고, 나빴던 기억보다는 좋았던 기억을 더 많이 살려 내려 했던 것 같다. 그러면 그럴수록 나의 꿈은 더욱 우울한 색채가 되었다.

일 년간의 항암기간 동안 무의식의 깊은 곳에 있던 불안과 두려움을 꺼내 놓고, 하나님 앞에서 대면할 수 있었다. 이제 나는 꿈을 내 것으로 만들어 간다. 우울한 색채에 여러 가지 색을 입히고 쫓기고 불안해하던 내가 당당히 맞선다.

나의 깊은 원형 속에 들어 있는 하나님 형상의 무한함을 아름답게 발전시켜 나가기를 기도한다.

아무런 준비 없이 형의 분노를 피해 서둘러 떠난 야곱의 미래는 두려움과 불안이었다. 떠나기 전 아버지가 다시 한 번 축복 기도를 해 주었지만, 아직 신앙이 성숙되지 못한 야곱에게 그것은 단지 신화일 뿐이다. 외삼촌 '라반의 집'이라는 목적지만 있었을 뿐 어머니 품안에서 조용히 요령껏 눈치 보며 살던 야곱이 먼 길(800km)을 도망치듯 떠났고, 해 질 무렵 낯선 곳에서 돌을 베개로 삼고 잠이 든다. 야곱은 꿈속에서 끝이 하늘에 닿은 사다리를 보았고 사다리를 오르내리는 천사들을 목격한다. 그 정점에서 하나님을 본 야곱은 하나님의 축복과 돌보심을 약속받는다. 현실에서 볼 수 없던 하나님의 동행하심을 꿈을 통해 인식한다. 하나님의 약속을 받았음에도 불안한 마음을 표식으로라도 남겨 두고 싶었을까? 야곱은 돌베개로 기둥을 세우고 그곳에 기름을 붓고 베델이라 이름 붙인다. 그것으로도 부족해 스스로 하나님께 십 분의 일을 드리겠다고 약속한다.

창세기 28장 11-16절

11. 한 곳에 이르러는 해가 진지라 거기서 유숙하려고 그 곳의 한 돌을 가져다가 베개로 삼고 거기 누워 자더니
12. 꿈에 본즉 사닥다리가 땅 위에 서 있는데 그 꼭대기가 하늘에 닿았고 또 본즉 하나님의 사자들이 그 위에서 오르락내리락 하고
13. 또 본즉 여호와께서 그 위에 서서 이르시되 나는 여호와니 너의 조부 아브라함의 하나님이요 이삭의 하나님이라 네가 누워 있는 땅을 내가 너와 네 자손에게 주리니
14. 네 자손이 땅의 티끌 같이 되어 네가 서쪽과 동쪽과 북쪽과 남쪽으로 퍼져나갈지며 땅의 모든 족속이 너와 네 자손으로 말미암아 복을 받으리라
15. 내가 너와 함께 있어 네가 어디로 가든지 너를 지키며 너를 이끌어 이 땅으로 돌아오게 할지라 내가 네게 허락한 것을 다 이루기까지 너를 떠나지 아니하리라 하신지라
16. 야곱이 잠이 깨어 이르되 여호와께서 과연 여기 계시거늘 내가 알지 못하였도다

20161130

50
홀로서기

처음으로 낯선 집단에 들어가면 사람들의 성격이 드러난다. 먼저 인사를 건네는 사람이 있는가 하면 조용히 말을 걸어올 때까지 기다리는 사람이 있다. 누군가 말 걸어오면 부담스러워하는 사람도 있다. 적당히 수위를 조절하고 상황 속에서 자연스럽게 사람들과 소통할 수 있는 것은 큰 자산이다.

엄마 치마폭에만 있던 야곱이 서서히 독립적인 남성으로 변해 갔다. 하나님과의 만남을 통해 더욱 자신감이 생긴 것일까? 이제 형을 피해 도망쳤으니 용기를 내보려고 애쓰는 것일까? 아니, 원래 성향일 수도 있다. 그런데 아직은 좀 어설프다. 장자권을 가지려 한 욕심으로 보아 자신이 주도적으로 무엇인가 해야 되는 성향일 수 있다. 가족 체계 속에서 눌려 있던 자신의 적극적이고 주도적인 성격이 점점 드러난다. 장성하면 빨리 떨어져 나가야 된다.

야곱은 우물곁에서 세 양 떼를 거느리고 있는 목자들을 만난다. 낯선 그들에게 말을 건넨다. "형제님들. 어디서 오셨어요?" "하란이요." "거기 혹시 라반을 아세요?" "알아요" "오!!!… 잘 지내시나요?" "잘 지내죠. 지금 그 딸이 양을 몰고 이리로 오고 있어요."

여기까지는 좋았다. 갑자기 주제넘다. 아직 양 떼를 우리에 넣을 때가 아니니 이러고 있지 말고 얼른 양에게 물을 먹이고 가서 풀을 뜯게 하라는 것이다. 목자들은 자기 지방의 관습대로 양 떼가 다 모여야 돌을 옮기고 물을 먹인다고 답변한다. 물이 귀한 지방에서 공동으로 관리하고 사용하던 우물은 수질보호를 위해 돌로 뚜껑을 만들어 덮어 놓았다. 처음 보는 낯선 청년이 자신들의 관습도 모르고 나서서 말하는 모습이 얼마나 우스웠을까? 잠시 후 라헬이 도착하자 얼른 움직여 돌을 옮기고 라헬이 몰고 온 라반의 양 떼에게 물을 먹인다.

낯선 이방인 야곱이 그들의 공동소유인 우물의 돌을 자기 마음대로 옮긴다. 그들은 얼떨결에 야곱을 도와 함께 움직였을 것이다. 자연스럽게 그들과 소통하면서 나서는 그를 그 지역에 있던 목자들은 어떻게 보았을까? 누군가는 적극적인 청년이고 화통하다고 생각했을 수도 있지만 누군가는 왜 저렇게 설쳐대나 생각했을 수도 있다.

도망치듯 집을 떠난 야곱이 홀로서기 위해 상당히 적극적이고 주도적으로 변해 가는 것을 볼 수 있다. 미숙하고 실수하더라도 장성하면 부모에게서 떨어져 홀로서기를 잘해야 되는 것 아닐까? 부모 역시 마찬가지다.

창세기 29장 1-10절

1. 야곱이 길을 떠나 동방 사람의 땅에 이르러
2. 본즉 들에 우물이 있고 그 곁에 양 세 떼가 누워 있으니 이는 목자들이 그 우물에서 양 떼에게 물을 먹임이라 큰 돌로 우물 아귀를 덮었다가
3. 모든 떼가 모이면 그들이 우물 아귀에서 돌을 옮기고 그 양 떼에게 물을 먹이고는 우물 아귀 그 자리에 다시 그 돌을 덮더라
4. 야곱이 그들에게 이르되 내 형제여 어디서 왔느냐 그들이 이르되 하란에서 왔노라

5. 야곱이 그들에게 이르되 너희가 나홀의 손자 라반을 아느냐 그들이 이르되 아노라

6. 야곱이 그들에게 이르되 그가 평안하냐 이르되 평안하니라 그의 딸 라헬이 지금 양을 몰고 오느니라

7. 야곱이 이르되 해가 아직 높은즉 가축 모일 때가 아니니 양에게 물을 먹이고 가서 풀을 뜯게 하라

8. 그들이 이르되 우리가 그리하지 못하겠노라 떼가 다 모이고 목자들이 우물 아귀에서 돌을 옮겨야 우리가 양에게 물을 먹이느니라

9. 야곱이 그들과 말하는 동안에 라헬이 그의 아버지의 양과 함께 오니 그가 그의 양들을 치고 있었기 때문이더라

10. 야곱이 그의 외삼촌 라반의 딸 라헬과 그의 외삼촌의 양을 보고 나아가 우물 아귀에서 돌을 옮기고 외삼촌 라반의 양 떼에게 물을 먹이고

20161201

51
소외된 자를 돌보시는 하나님

인간은 사랑받고 싶어 한다. 사랑받고 싶으면 본능적으로 무엇인가 보여 주려 한다. 인간뿐 아니라 동물들도 자신의 존재를 나타내기 위해 소리를 내고, 혹은 냄새를 풍기고, 싸움에서 이겨 자신의 힘을 과시하고, 아름다움을 펼쳐 보인다. 그것이 그들의 종족을 번성시킬 수 있는 힘이다.

하나님은 인간이 생육하고 번성하여 땅에 충만하기를 원하셨다.
기계문명이 발달하면서 자연현상과 본능이 깨어져 가고 있다. 사랑보다는 필요와 목적에 의한 관계가 형성된다. 불편하고 힘들어도 함께 가려는 공동체보다 이제는 혼자 편하게 가는 것을 선호하는 사회다. 관계 속에서 소외되면 외로워서 견디지 못하던 사람들이 스스로 고독을 선택한다. 혼자서도 충분히 즐길 수 있는 시대다. '혼밥'(혼자 밥 먹기)뿐 아니라 '혼술', '혼행' 등의 용어가 번져 가고, 간편식과 1인용 식재료 포장이 늘어난다. 시간 절약과 여유로움을 이유로 타인과의 관계 속에서 불편함보다는 혼자의 자유로움을 선택하고 즐기려는 사람들이 늘어 간다. 끊임없이 자기계발과 성장이라는 이유로 점점 홀로 되어 간다. 자신이 선택하고 통제할 수 있는 SNS가 중요한 소통의 수단이 되니 자신이 주체가 되면서도 불특정 다수에 끌려 다닌다. 사회가 개인화되어 갈수록 외로운 사람들의 소리가 와이파이를 통해 수없이 전달된다.

혼자 있는 시간은 성장의 동력이 되기도 한다. 대학 재수 시절 친구들과의 만남을 끊은 채 하루 종일 혼자 연습하고 공부하던 일, 논문 쓸 때 하루 종일 처박혀 있던 일을 생각해 보면 자신의 목표를 이루기 위해 자발적으로 철저히 자신을 고립시켜야 할 때가 있다.

그러나 무엇을 이루고 성취했다고 인간의 외로움이 해결되는 것은 아니다. 하나님 없는 인간은 오히려 더 큰 외로움을 느낄 수 있다. 성공 이후, 삶의 부정적 양태들을 보이는 것이 바로 그런 이유다.

핵가족 시대를 넘어서 개인의 시대로 변해 가는 상황 속에서 남편의 사랑과 관심을 받기 위해 애쓰는 창세기의 레아는 지금 이 시대 우리의 모습 같다는 생각이 들었다.

무엇인가 성취하고 목표는 달성하지만 외로운 여인, 레아. 레아의 공허함과 외로움을 보신 하나님은 그녀에게 아들을 허락하셨다. 'ra'ah'(보다)라는 단에서 나온 말로 "르우벤"은 "보라 아들이다"는 뜻이다. 무엇인가 보여주고 성취하면 해결될 것 같았지만 외로움은 해결되지 않았다. 하나님은 그녀의 고통을 듣고 또 아들을 주신다. 'shama'(듣다)라는 뜻에서 "시므온"이라 이름 지었다. 하나님께서 자신의 처지를 들으시고 살펴보신다는 뜻이다. 그래도 자신의 공허함이 채워지지 않는다. 여전히 남편의 사랑을 갈망하던 레아는 세 번째 아들에게 'lava'(연합하다. 결합하다)라는 의미에서 나온 "레위"라고 부르지만 결국 실망한다. 자신과 연합할 것을 기대한 남편의 시선은 여전히 라헬에게 가 있다. 자신의 고독을 철저히 느낀 레아는 네 번째 아들을 출산한 후 'odeh'(찬송하다.)의 어원에서 비롯된 "유다"라고 명명하였고 "이제는 내가 여호와를 찬송하리로다"라고 고백한다. 신학자 폴 틸리히가 말한 혼자 있는 즐거움(고독)의 표현이었을까?

사람들과 남편 앞에서 또한 하나님 앞에서 자신을 보여 주고, 알아주길 바라고, 자기와 하나 되길 바라던 레아가 밖으로 향하던 시선을 돌려 하나님만 바라보고 단독자로 든든히 서게 되었을 때, 내면의 깊은 고독을 찬양으로 승화시킨다.

"그의 이름을 유다라 하였고 그의 출산이 멈추었더라" 이 짤막한 구절 속에서, 소외된 인간이 찬양하는 사람으로 성숙될 때까지 끊임없이 은혜를 베푸시는 하나님의 사랑을 본다. 괴로움, 외로움, 실망 후에 철저한 고독 속에서 하나님을 바라보고 나오는 찬양이다. 이제는 더 이상 해산의 고통이 없다.

계속되는 갈망을 이제는 멈추고 하나님을 찬양해 보자.

창세기 29장 31-35절

31. *여호와께서 레아가 사랑 받지 못함을 보시고 그의 태를 여셨으나 라헬은 자녀가 없었더라*
32. *레아가 임신하여 아들을 낳고 그 이름을 르우벤이라 하여 이르되 여호와께서 나의 괴로움을 돌보셨으니 이제는 내 남편이 나를 사랑하리로다 하였더라*
33. *그가 다시 임신하여 아들을 낳고 이르되 여호와께서 내가 사랑 받지 못함을 들으셨으므로 내게 이 아들도 주셨도다 하고 그의 이름을 시므온이라 하였으며*

34. 그가 또 임신하여 아들을 낳고 이르되 내가 그에게 세 아들을 낳았으니 내 남편이 지금부터 나와 연합하리로다 하고 그의 이름을 레위라 하였으며

35. 그가 또 임신하여 아들을 낳고 이르되 내가 이제는 여호와를 찬송하리로다 하고 이로 말미암아 그가 그의 이름을 유다라 하였고 그의 출산이 멈추었더라

20161202

52
기다림

교회를 사임하고 일 년을 묵묵히 기다리며 조바심이 났다. 그냥 이대로도 좋은데, 주변에서 "어떻게 개척 준비는 잘 되어 가요?" 계속 물어오니 뭔가 대답할 말을 준비해야 할 것 같았다. 열심히 카페교회를 하려고 알아보다가 내려놓았다. 일상의 분주함 속에 잊어버리고 지내다가 다시 그런 질문들을 받고 나면 뭔가 해야 할 것 같았다. 신학 했다고 꼭 목회할 필요가 있는가? 수도 없이 질문을 던졌다. 내가 꿈꾸고 있는 목회는 무엇인가? 그림이 그려지는가? 카페교회를 한다고 생각했을 때 많은 그림을 그렸다. 장소를 물색하고 맘에 드는 장소를 발견해 잠시 꿈에 부풀기도 했다.

그러나 계획대로 되지 않아 생각을 접어 두고 가까운 교회에 다녔다. 구경꾼으로 있는 것 같아서 등록하고 평신도로 열심히 공동체 속에서 헌신하고 싶었다. 등록하려 했으나 목사로 재직했었다는 이유로 등록을 거부당했다. 동문들이 열심히 목회하는 모습을 보며 마음이 답답했다. 계속 아들을 낳는 레아를 보고 조바심 나는 라헬의 마음 같았을까?

가까운 사람이 잘나가는 것을 보면 시기심이 생긴다. 자신도 충분히 할 수 있을 것 같고, 열심히 하는데 열매가 없으면 오히려 심한 좌절과 무력감을 느낄 수 있다.

라헬을 보면 참 안쓰럽다. 억울함과 경쟁심으로 뒤범벅된 라헬은 수단방법을 가리지 않고 무엇인가 성취해야 했다. 자녀가 자신들의 힘이고 능력으로 여겨지던 시대에 언니는 계속 아들을 낳는데 자신은 낳지 못하니 얼마나 속상하고 부끄러웠을까? 남편의 사랑도 아무런 위로가 되지 않는다. 남편에게 사랑받았지만 언니와의 비교와 경쟁 속에서 더욱 초조했던 라헬이다.

조급한 라헬은 '나로 아들을 낳게 하라'고 야곱에게 투정을 한다. 자신의 마음을 위로해 주면 좋으련만, 웬걸 야곱은 버럭 성을 낸다. 아무리 야곱의 사랑을 받는다고 해도 라헬은 채워지지 않는 갈증과 외로움을 느꼈을 것 같다. 야곱의 아버지 이삭은 아내가 임신하지 못하는 것을 보고 여호와께 간구했고 그의 간구를 들으시고 아내 리브가가 임신했다.(창세기 25:21) 그것도 쌍둥이를…. 그냥 기도했다가 아니고 간구했다고 기록되어 있다. 인간적인 말로 위로하는 것보다 얼마나 큰 위로가 되고 남편에게 고마웠을까?

남편에게 혼만 난 라헬은 자신의 시녀 빌하로 하여금 대신 아들을 낳게 한다.
자신의 시녀 빌하가 아들을 낳자 "하나님이 내 억울함을 푸시려고 내 호소를 들으사 내게 아들을 주셨다."고 이름을 단이라 하였고, "내가 언니와 경쟁하여 이겼다." 하여 납달리라 하였다. 오랜 기다림 끝에 자신의 아들 요셉을 낳은 후에는 "하나님이 내 부끄러움을 씻었다." 하며 그것으로 만족 못하고 다시 다른 아들을 더하시기를 원한다고 한다. 후에 요셉이 총리가 되고 이스라엘의 지파에서 커다란 위치를 차지한다는 것을 알았다면, 하나님 안에서 소망이 있었다면 고백이 달라지지 않았을까?

하나님의 때와 역사를 묵묵히 참고 기다리는 일은 쉽지 않다.

교회 다니는 사람들 중에 어떤 이들은 자신이 인위적인 노력으로 여러 가지 시도를 한 후에 그것을 하나님의 역사로 해석하기도 한다. 어떤 결과물들이 있을 때마다 "하나님의 뜻"이라고 얘기한다. 자신이 기도하고 응답받았다고 얘기하는데 그것이 곧 아무것도 아님을 깨닫게 되는 순간 부끄러움과 실망을 느낀다. 그리고 변명한다. 기다리지 못하고 무엇을 해야 한다고 생각해서다.

내가 성취한 것이 아니라 하나님이 주시는 것, 그것을 인내하고 기다리기 위해 자신을 온전히 내려놓아야 선하신 하나님을 찬양할 수 있다. 타인과 비교해서 억울해하고 경쟁심을 느낄 필요가 없다. 자신을 부끄러워할 필요가 없다. 무엇을 해야 한다는 생각을 내려놓는 것이 기다림의 시작이다.

남편 야곱에게서 눈을 돌려 하나님을 온전히 바라보았다면, 언니 레아에게서 눈을 돌려 하나님을 온전히 바라보았다면 라헬은 다른 고백을 할 수 있었을 텐데, 인간적으로 곱고 아리따운 라헬, 남편의 사랑을 받은 라헬의 영적인 공허감이 크게 느껴진다.

대림절 기간에 기다림의 의미를 다시 생각해 본다.

창세기 30장 1-8절, 22-24절

1. 라헬이 자기가 야곱에게서 아들을 낳지 못함을 보고 그의 언니를 시기하여 야곱에게 이르되 내게 자식을 낳게 하라 그렇지 아니하면 내가 죽겠노라

2. 야곱이 라헬에게 성을 내어 이르되 그대를 임신하지 못하게 하시는 이는 하나님이시니 내가 하나님을 대신하겠느냐

3. 라헬이 이르되 내 여종 빌하에게로 들어가라 그가 아들을 낳아 내 무릎에 두리니 그러면 나도 그로 말미암아 자식을 얻겠노라 하고

4. 그의 시녀 빌하를 남편에게 아내로 주매 야곱이 그에게로 들어갔더니

5. 빌하가 임신하여 야곱에게 아들을 낳은지라

6. 라헬이 이르되 하나님이 내 억울함을 푸시려고 내 호소를 들으사 내게 아들을 주셨다 하고 이로 말미암아 그의 이름을 단이라 하였으며

7. 라헬의 시녀 빌하가 다시 임신하여 둘째 아들을 야곱에게 낳으매

8. 라헬이 이르되 내가 언니와 크게 경쟁하여 이겼다 하고 그의 이름을 납달리라 하였더라

...

22. 하나님이 라헬을 생각하신지라 하나님이 그의 소원을 들으시고 그의 태를 여셨으므로

23. 그가 임신하여 아들을 낳고 이르되 하나님이 내 부끄러움을 씻으셨다 하고

24. 그 이름을 요셉이라 하니 여호와는 다시 다른 아들을 내게 더하시기를 원하노라 하였더라

20161206

53
나쁜 남자

직장과 사회에서 좋은 상사를 만나고, 좋은 사람들을 만나는 것은 큰 복이다. 안색은 그 사람의 마음을 보여 준다. 아무리 웃고 있어도 바라보는 눈빛과 안색을 보면 마음이 느껴진다. 윗사람의 안색이나 태도가 변했는데 아무 말 없으면 답답하다. 차라리 말하고 화를 내든가 자신의 마음을 말해 주는 것이 낫다. 겉으로는 아무 말도 안 하면서 어색하게 대하는 것처럼 힘들고 숨 막히는 일이 있을까.

자신이 욕먹는 것이 두려워 스스로 알아서 떠나가 주기를 바라는 사람, 데리고 있자니 부담스럽고 내보내자니 아까워서 머뭇거리는 사람, 부담스러워도 끝까지 데리고 있다가 힘없을 때 버리는 사람보다는, 자신이 데리고 있는 사람의 유익을 생각해 아프더라도 분명하게 말해 주거나 자신의 욕심을 버리고 떠나보내는 상사를 만난다면 행운이다.

설혹 아프고 힘들어도 태도가 분명해야 정리가 빠르다. 충분한 설명과 이해를 해 주면 더욱 고마운 일이다. 떠나보내는 일을 잘해야 좋은 관계가 형성된다. 그런 사람을 만나지 못했을 때는 떠나야 할 사람이 결정해야 한다.

어디든 떠나는 일은 어렵다. 보내주는 이와 떠나는 이의 명분이 분명해야 한다. 떠나보낼 때는 충분히 아름답게 축복하며 떠나보내야 한다. 자신에게 유익이 되지 않는다고 쉽게 떠나보내고, 붙잡고 싶은 사람이 떠난다고 섭섭하게 떠나보내면 다시 돌아보고 싶지 않은 곳이 된다. 떠날 때도 마찬가지다. 보내는 사람이 서운하지 않도록 잘 떠나야 한다.

야곱의 소유가 많아지자 라반의 아들들이 자기 아버지의 소유를 빼앗았고 아버지의 소유로 재물을 모았다는 소리가 들린다.

야곱이 고향으로 돌아가야겠다고 생각한다. 아내들을 위해 14년을 품삯도 없이 봉사하고, 이후 6년을 더 일하면서 열 번이나 바뀌는 품삯(31장 41절)에도 불구하고 성실히 일했다. 그런데 왜 그렇게 도망치듯 떠나야 했을까? 오래전 고향에서도 도망치듯 나와서 먼 타향에 어머니의 혈육인 외삼촌 라반을 찾아온 야곱이었다.

의심 많고 탐욕스럽고 이기적인 외삼촌이라고 하지만, 야곱이 형을 피해 온 이유를 모두 들었기 때문에(창세기29장 13절) 끝내 야곱을 믿지 못했던 것은 아닐까? 야곱은 왜 라반에게 말하지 않고 가만히 떠났을까? 떠나겠다고 하면 못 가게 붙잡는 라반의 욕심을 알기 때문이었을까?(창30:25-27)

라반의 아들들이 말하기를 자기 아버지의 소유를 야곱이 빼앗고 아버지의 소유로 말미암아 재물을 모았다고 수군거린다. 뿐만 아니라 라반은 안색이 변하고 대하는 태도가 달라졌다.(31:1-2)

야곱은 지나온 세월들을 생각해 본다. 친척이라고는 하지만 자기네 혈통이 아닌 누이동생의 아들, 먼 지방의 사람이라 더욱 경계했을까? 라반은 끝까지 야곱을 이용하려고만 했다. 라반의 딸들이 억울해 할 정도였다.(31:14-16)

어이없게도 라반은 모든 것이 자신의 소유라고 생각하는 사람이었다. 나쁜 남자다. 시집간 딸들, 야곱의 자식들, 야곱이 품삯으로 받은 양 떼들이 다 자신의 소유라는 생각을 한다.(창31장 43절) 아무리 빈 몸으로 일하러 온 야곱이라지만, 조건 없이 일할 테니 딸을 달라고 한 야곱이 지참금 대신 14년을 일했다. 그리고 6년을 더 일하면서 계약대로 충실히 이행한다. 야곱이 성실하게 일한 덕분에 자신의 살림도 좋아졌다. 그런데 점점 야곱의 세력이 커가니 위협으로 느껴진다. 그런 사위가 말없이 떠나자 처음 왔을 때의 모습이 생각났을 수 있다. 라반은 죽이고 싶지만 하나님 때문에 참는다고 말한다.(창31장 29절) 그리고 끝끝내 꼬투리를 잡는다.(창31장 30절)

라반과 야곱은 처음에는 자신들의 마음을 감추고 거짓 명분으로 쫓고, 야곱은 도망치는 상황을 둘러댄다. 라반은 딸들과 손자들에게 이별 파티를 해 주고 싶었는데 그러지 못해서 쫓아왔으며, 자기 집의 신(드라빔)이 없어져서 찾으러 왔다고 말한다. 사실 야곱이 떠나는 것이 싫고 데리고 있으면서 적당히 자신의 유익을 위해 부려먹고 싶은 마음이 있는데, 떠나니 화가 났던 것이다. 떠나는 야곱의 모든 것이 자신의 것이라는 생각이 있으니, 하나님의 사람이 꿈에 나타나 건들지 말라고 말만 안 했으면 다 빼앗아 돌아오고 싶었다.

야곱은 자기의 아내를 못 데려가게 할까 봐 그랬다고(31:31) 말하며 만약 자신의 집에서 드라빔이 나오면 누구라도 죽일 것이고, 외삼촌의 것은 다 가져가라고 당당히 말한다. 사실 야곱은 외삼촌의 성향을 알았기에 쉽게 나올 수 없으리라 생각하고 도망치듯 나온 것이다.

라반은 뭔가 명분을 얻으려고 열심히 드라빔을 찾는다. 라헬이 몰래 가지고 나온 드라빔을 엉덩이에 깔고 앉아 생리중이라고 변명하니 찾을 수가 없다. 자신들이 신이라고 여기는 드라빔을 설마 딸이 깔아뭉개고 있을 줄 상상이나 했을까?

드라빔을 못 찾은 라반에게 야곱은 드디어 그동안 말하지 못한 자신의 억울함을 쏟아 낸다. 그리고 하나님이 자신의 편이라고 당당하게 말한다. 결국 라반은 아무 말도 못하고 자기의 딸들을 잘 부탁한다고 증거의 돌무더기를 세운다.

야곱이 도망치지 않고 계속 외삼촌 라반에게 있었다면 어떤 일이 생겼을까?

나쁜 사람과 계속 있을 이유가 없다.

라반의 이기적인 태도는 결국 야곱을 도망치게 만들었다.

창세기31장

1. 야곱이 라반의 아들들이 하는 말을 들은즉 야곱이 우리 아버지의 소유를 다 빼앗고 우리 아버지의 소유로 말미암아 이 모든 재물을 모았다 하는지라
2. 야곱이 라반의 안색을 본즉 자기에게 대하여 전과 같이 아니하더라
3. 여호와께서 야곱에게 이르시되 네 조상의 땅 네 족속에게로 돌아가라 내가 너와 함께 있으리라 하신지라
4. 야곱이 사람을 보내어 라헬과 레아를 자기 양 떼가 있는 들로 불러다가
5. 그들에게 이르되 내가 그대들의 아버지의 안색을 본즉 내게 대하여 전과 같이 아니하도다 그러할지라도 내 아버지의 하나님은 나와 함께 계셨느니라

6. 그대들도 알거니와 내가 힘을 다하여 그대들의 아버지를 섬겼거늘

7. 그대들의 아버지가 나를 속여 품삯을 열 번이나 변경하였느니라 그러나 하나님이 그를 막으사 나를 해치지 못하게 하셨으며

8. 그가 이르기를 점 있는 것이 네 삯이 되리라 하면 온 양 떼가 낳은 것이 점 있는 것이요 또 얼룩무늬 있는 것이 네 삯이 되리라 하면 온 양 떼가 낳은 것이 얼룩무늬 있는 것이니

9. 하나님이 이같이 그대들의 아버지의 가축을 빼앗아 내게 주셨느니라

10. 그 양 떼가 새끼 밸 때에 내가 꿈에 눈을 들어 보니 양 떼를 탄 숫양은 다 얼룩무늬 있는 것과 점 있는 것과 아롱진 것이었더라

11. 꿈에 하나님의 사자가 내게 말씀하시기를 야곱아 하기로 내가 대답하기를 여기 있나이다 하매

12. 이르시되 네 눈을 들어 보라 양 떼를 탄 숫양은 다 얼룩무늬 있는 것, 점 있는 것과 아롱진 것이니라 라반이 네게 행한 모든 것을 내가 보았노라

13. 나는 벧엘의 하나님이라 네가 거기서 기둥에 기름을 붓고 거기서 내게 서원하였으니 지금 일어나 이 곳을 떠나서 네 출생지로 돌아가라 하셨느니라

14. 라헬과 레아가 그에게 대답하여 이르되 우리가 우리 아버지 집에서 무슨 분깃이나 유산이 있으리요

15. 아버지가 우리를 팔고 우리의 돈을 다 먹어버렸으니 아버지가 우리를 외국인처럼 여기는 것이 아닌가

16. 하나님이 우리 아버지에게서 취하여 가신 재물은 우리와 우리 자식의 것이니 이제 하나님이 당신에게 이르신 일을 다 준행하라

17. 야곱이 일어나 자식들과 아내들을 낙타들에게 태우고

18. 그 모은 바 모든 가축과 모든 소유물 곧 그가 밧단아람에서 모은 가축을 이끌고 가나안 땅에 있는 그의 아버지 이삭에게로 가려 할새

19. 그 때에 라반이 양털을 깎으러 갔으므로 라헬은 그의 아버지의 드라빔을 도둑질하고

20. 야곱은 그 거취를 아람 사람 라반에게 말하지 아니하고 가만히 떠났더라

21. 그가 그의 모든 소유를 이끌고 강을 건너 길르앗 산을 향하여 도망한 지

22. 삼 일 만에 야곱이 도망한 것이 라반에게 들린지라

23. 라반이 그의 형제를 거느리고 칠 일 길을 쫓아가 길르앗 산에서 그에게 이르렀더니

24. 밤에 하나님이 아람 사람 라반에게 현몽하여 이르시되 너는 삼가 야곱에게 선악간에 말하지 말라 하셨더라

25. 라반이 야곱을 뒤쫓아 이르렀으니 야곱이 그 산에 장막을 친지라 라반이 그 형제와 더불어 길르앗 산에 장막을 치고

26. 라반이 야곱에게 이르되 네가 나를 속이고 내 딸들을 칼에 사로잡힌 자 같이 끌고 갔으니 어찌 이같이 하였느냐

27. 내가 즐거움과 노래와 북과 수금으로 너를 보내겠거늘 어찌하여 네가 나를 속이고 가만히 도망하고 내게 알리지 아니하였으며

28. 내가 내 손자들과 딸들에게 입맞추지 못하게 하였으니 네 행위가 참으로 어리석도다

29. 너를 해할 만한 능력이 내 손에 있으나 너희 아버지의 하나님이 어제 밤에 내게 말씀하시기를 너는 삼가 야곱에게 선악간에 말하지 말라 하셨느니라

30. 이제 네가 네 아버지 집을 사모하여 돌아가려는 것은 옳거니와 어찌 내 신을 도둑질하였느냐

31. 야곱이 라반에게 대답하여 이르되 내가 생각하기를 외삼촌이 외삼촌의 딸들을 내게서 억지로 빼앗으리라 하여 두려워하였음이니이다

32. 외삼촌의 신을 누구에게서 찾든지 그는 살지 못할 것이요 우리 형제들 앞에서 무엇이든지 외삼촌의 것이 발견되거든 외삼촌에게로 가져가소서 하니 야곱은 라헬이 그것을 도둑질한 줄을 알지 못함이었더라

33. 라반이 야곱의 장막에 들어가고 레아의 장막에 들어가고 두 여종의 장막에 들어갔으나 찾지 못하고 레아의 장막에서 나와 라헬의 장막에 들어가매

34. 라헬이 그 드라빔을 가져 낙타 안장 아래에 넣고 그 위에 앉은지라 라반이 그 장막에서 찾다가 찾아내지 못하매

35. 라헬이 그의 아버지에게 이르되 마침 생리가 있어 일어나서 영접할 수 없사오니 내 주는 노하지 마소서 하니라 라반이 그 드라빔을 두루 찾다가 찾아내지 못한지라

36. 야곱이 노하여 라반을 책망할새 야곱이 라반에게 대답하여 이르되 내 허물이 무엇이니이까 무슨 죄가 있기에 외삼촌께서 내 뒤를 급히 추격하나이까

37. 외삼촌께서 내 물건을 다 뒤져보셨으니 외삼촌의 집안 물건 중에서 무엇을 찾아내었나이까 여기 내 형제와 외삼촌의 형제 앞에 그것을 두고 우리 둘 사이에 판단하게 하소서

38. 내가 이 이십 년을 외삼촌과 함께 하였거니와 외삼촌의 암양들이나 암염소들이 낙태하지 아니하였고 또 외삼촌의 양 떼의 숫양을 내가 먹지 아니하였으며

39. 물려 찢긴 것은 내가 외삼촌에게로 가져가지 아니하고 낮에 도둑을 맞았든지 밤에 도둑을 맞았든지 외삼촌이 그것을 내 손에서 찾았으므로 내가 스스로 그것을 보충하였으며

40. 내가 이와 같이 낮에는 더위와 밤에는 추위를 무릅쓰고 눈 붙일 겨를도 없이 지냈나이다

41. 내가 외삼촌의 집에 있는 이 이십 년 동안 외삼촌의 두 딸을 위하여 십사 년, 외삼촌의 양 떼를 위하여 육 년을 외삼촌에게 봉사하였거니와 외삼촌께서 내 품삯을 열 번이나 바꾸셨으며

42. 우리 아버지의 하나님, 아브라함의 하나님 곧 이삭이 경외하는 이가 나와 함께 계시지 아니하셨더라면 외삼촌께서 이제 나를 빈손으로 돌려보내셨으리이다마는 하나님이 내 고난과 내 손의 수고를 보시고 어제 밤에 외삼촌을 책망하셨나이다

43. 라반이 야곱에게 대답하여 이르되 딸들은 내 딸이요 자식들은 내 자식이요 양 떼는 내 양 떼요 네가 보는 것은 다 내 것이라 내가 오늘 내 딸들과 그들이 낳은 자식들에게 무엇을 하겠느냐

44. 이제 오라 나와 네가 언약을 맺고 그것으로 너와 나 사이에 증거를 삼을 것이니라

45. 이에 야곱이 돌을 가져다가 기둥으로 세우고

46. 또 그 형제들에게 돌을 모으라 하니 그들이 돌을 가져다가 무더기를 이루매 무리가 거기 무더기 곁에서 먹고

47. 라반은 그것을 여갈사하두다라 불렀고 야곱은 그것을 갈르엣이라 불렀으니

48. 라반의 말에 오늘 이 무더기가 너와 나 사이에 증거가 된다 하였으므로 그 이름을 갈르엣이라 불렀으며

49. 또 미스바라 하였으니 이는 그의 말에 우리가 서로 떠나 있을 때에 여호와께서 나와 너 사이를 살피시옵소서 함이라

50. 만일 네가 내 딸을 박대하거나 내 딸들 외에 다른 아내들을 맞이하면

우리와 함께 할 사람은 없어도 보라 하나님이 나와 너 사이에 증인이 되시느니라 함이었더라

51. 라반이 또 야곱에게 이르되 내가 나와 너 사이에 둔 이 무더기를 보라 또 이 기둥을 보라

52. 이 무더기가 증거가 되고 이 기둥이 증거가 되나니 내가 이 무더기를 넘어 네게로 가서 해하지 않을 것이요 네가 이 무더기, 이 기둥을 넘어 내게로 와서 해하지 아니할 것이라

53. 아브라함의 하나님, 나홀의 하나님, 그들의 조상의 하나님은 우리 사이에 판단하옵소서 하매 야곱이 그의 아버지 이삭이 경외하는 이를 가리켜 맹세하고

54. 야곱이 또 산에서 제사를 드리고 형제들을 불러 떡을 먹이니 그들이 떡을 먹고 산에서 밤을 지내고

55. 라반이 아침에 일찍이 일어나 손자들과 딸들에게 입맞추며 그들에게 축복하고 떠나 고향으로 돌아갔더라

20161207

54
두려움

열심히 몇 개월 동안 취업 준비하던 아들이 좋은 결과를 맺었다. 감사한 일이다.

"하나님 은혜다."라고 말하는 나에게, 모든 것이 하나님 은혜지만 자신이 열심히 준비해야 결과가 좋은 것 아니냐는 질문을 한다. 맞는 말이다. 공평하신 하나님이 게으르고 불성실한 사람에게 좋은 결과를 허락하시진 않는다. 물론, 열심히 준비했다고 다 좋은 결과를 얻게 되는 것도 아니다.

그렇다면 무엇이 하나님 은혜인가? 그렇게 고백하는 것은, 내 삶의 주인이 하나님이라는 고백이다. 내겐 좋고 나쁜 모든 것이 하나님 은혜다. 아마 결과가 좋지 않아도 나는 감사할 것이다. 그리고 생각해 본다.

내게 하나님 은혜란 어떤 의미인가? 삶의 고비마다, 순간마다 늘 선하신 하나님이 내게 가장 "선한 것"으로 허락하신다는 신뢰, 동행하시는 하나님의 사랑을 느끼는 것이 하나님 은혜다. 그러니 가난할 때도, 아플 때도, 실패했을 때도 감사한 많은 것들을 떠올리며 하나님 은혜라고 고백해왔다.

그런 나도 늘 평안한 것은 아니다. 막연함 속에서 앞이 보이지 않을 때, 무서운 밤길을 걸을 때, 갑작스런 낯선 상황에 처할 때, 때로는 두렵고 답답하고 불안하다. 불안과 두려움 속에서 선하신 하나님께 감사할 수 있고 찬양할 수 있고 기도할 수 있는 것이 하나님 은혜다.

찬송가563장(통411) "예수 사랑하심을"의 3절 가사가 난 참 좋다.
"내가 연약할수록 더욱 귀히 여기사 높은 보좌 위에서 낮은 나를 보시네
날 사랑하심 날 사랑하심 날 사랑하심 성경에 써 있네"

일들을 결정해 나갈 때 나는 움직이며 생각하는 편이다. 말보다 행동을 먼저 한다.

그런데 머뭇거리고 쉽게 결정하지 못하는 일이 있다. "교회 개척이다." 하나님의 음성이 뚜렷이 들려지면 좋으련만 어떤 사람은 음성을 들었다는데 아무리 기도해도 뚜렷한 음성이 들리지도 않고, 꿈에라도 나타나 주시면 좋겠는데, 아무것도 보이지 않는다. 말씀을 읽으며 하나님의 뜻이라고 생각하다가 조금 지나면 또 다른 생각이 든다. 나를 아는 친구들은 나답지 않다고 말한다. 이렇게 겨우겨우 가면서도 자신이 없다. 평소 믿음으로 힘있게 도전하고 철저히 계획하는 나와 너무 다르다.

점점 날짜가 다가올수록 더욱 자신감이 없어지는 것이 감사하다. 기도할 수밖에 없도록 나를 무릎 꿇게 하신다. 세상의 일은 철저히 준비하고 이런저런 계획을 세우지만 하나님의 일은 하나님이 하시도록 마음을 비우고 기도한다. 이미 시작하신 하나님을 신뢰하며…….

야곱이 고향을 떠나 하란으로 갈 때에, 이미 하나님은 야곱의 자손이 동서남북으로 퍼져 나갈 것이며 복의 근원이 될 것이고, 고향으로 돌아오게 할 것이며 허락한 모든 것을 이루기까지 떠나지 아니하리라고 약속하셨다.(창세기28장 13-15절)

그렇다면 에서를 두려워 할 이유가 없지 않은가? 외삼촌 라반에게 나타나 야곱에게 따지지 말라(창세기30장 29절)고 하신 하나님이 형 에서도 막아 주실 텐데, 하나님의 군대 "마하나임"을 길에서 만났는데(창세기32장 2절) 야곱은 왜 그렇게 두렵고 답답해했을까?

자신의 사자를 앞서 보내 귀향을 알리기 위해 예를 갖추어 "내 주 에서에게 이같이 말하라"고 전한다. 형이 사백 명을 거느리고 야곱을 만나러 온다. 야곱은 만약의 사태에 대비해 도망갈 수 있도록 양과 소와 낙타를 두 떼로 나눈다. 계속 하나님의 약속을 되뇌며 자신의 두려움을 고백한다.

하루가 지나자 철저히 예물을 준비한다. 염소, 양, 소를 암·수로 준비하고, 낙타와 나귀를 암컷과 새끼로 준비한다. 그리고 그것을 각각 떼로 나누고 거리를 두고 에서에게 보낸다. 에서가 동생이 보낸 예물을 다 수습하기도 전에 다음 예물이 들어오고, "주의 종 야곱의 것이요 자기 주 에서에게로 보내는 예물이오며 야곱도 우리 뒤에 있나이다"라는 소리를 계속해서 들으며 에서는 화가 누그러졌을까? 치밀한 전략을 짠 야곱은 다시 자신의 가족과 모든 소유를 건너보내고 홀로 얍복 나루에 남아 있다. 자신도 어쩔 수 없이 하나님의 말씀대로 가야 한다. 그래도 두렵다.

그 밤에 야곱은 어떤 사람과(창32장 24) 생사를 건 씨름을 한다.
축복하지 않으면 못 놓겠다고 환도뼈가 부러지는데도 매달리는 그의 끈질김에 하나님의 사자는 야곱을 "이스라엘"(하나님과 겨루어 이겼다.)이라고 불러 준다. 그 사람(창세기32장 27절)에게 야곱은 이름을 알려 달라고 한다. 그 사람은 이름을 알려주지 않고 야곱을 축복한다. 야곱은 자신이 하나님과 대면하여 보았다고 하여 그곳을 브니엘이라고 하였다.

   재산도 넉넉하고 자녀와 아내도 있다. 아무 곳에나 터 잡고 편안히 살 수 있는데, 굳이 자신을 죽이려 했던 형이 있는 고향으로 돌아갈 이유가 있었을까? 자신의 서원(창세기 28:20-22)과 하나님의 뜻(창세기 31:13)에 따라 가기 싫은 길을 선택해 나아간다.

   두렵지만 하나님을 대면하여 본 야곱은 절뚝거리는 다리로 에서를 만나러 간다.

창세기 32장 1-11절, 20-32절

1. 야곱이 길을 가는데 하나님의 사자들이 그를 만난지라
2. 야곱이 그들을 볼 때에 이르기를 이는 하나님의 군대라 하고 그 땅 이름을 마하나임이라 하였더라

...

7. 야곱이 심히 두렵고 답답하여 자기와 함께 한 동행자와 양과 소와 낙타를 두 떼로 나누고

...

11. 내가 주께 간구하오니 내 형의 손에서, 에서의 손에서 나를 건져내시옵소서 내가 그를 두려워함은 그가 와서 나와 내 처자들을 칠까 겁이 나기 때문이니이다

...

20. 또 너희는 말하기를 주의 종 야곱이 우리 뒤에 있다 하라 하니 이는 야곱이 말하기를 내가 내 앞에 보내는 예물로 형의 감정을 푼 후에 대면하면 형이 혹시 나를 받아 주리라 함이었더라

21. 그 예물은 그에 앞서 보내고 그는 무리 가운데서 밤을 지내다가
22. 밤에 일어나 두 아내와 두 여종과 열한 아들을 인도하여 얍복 나루를 건널새
23. 그들을 인도하여 시내를 건너가게 하며 그의 소유도 건너가게 하고
24. 야곱은 홀로 남았더니 어떤 사람이 날이 새도록 야곱과 씨름하다가
25. 자기가 야곱을 이기지 못함을 보고 그가 야곱의 허벅지 관절을 치매 야곱의 허벅지 관절을 치매 야곱의 허벅지 관절이 그 사람과 씨름할 때에 어긋났더라
26. 그가 이르되 날이 새려하니 나로 가게 하라 야곱이 이르되 당신이 내게 축복하지 아니하면 가게 하지 아니하겠나이다
27. 그 사람이 그에게 이르되 네 이름이 무엇이냐 그가 이르되 야곱이니이다
28. 그가 이르되 네 이름을 다시는 야곱이라 부를 것이 아니요 이스라엘이라 부를 것이니 이는 네가 하나님과 및 사람들과 겨루어 이겼음이니라
29. 야곱이 청하여 이르되 당신의 이름을 알려주소서 그 사람이 이르되 어찌하여 내 이름을 묻느냐 하고 거기서 야곱에게 축복한지라
30. 그러므로 야곱이 그 곳 이름을 브니엘이라 하였으니 그가 이르기를 내가 하나님과 대면하여 보았으나 내 생명이 보전되었다 함이더라 지 관절이 그 사람과 씨름할 때에 어긋났더라
31. 그가 브니엘을 지날 때에 해가 돋았고 그의 허벅다리로 말미암아 절었더라
32. 그 사람이 야곱의 허벅지 관절에 있는 둔부의 힘줄을 쳤으므로 이스라엘 사람들이 지금까지 허벅지 관절에 있는 둔부의 힘줄을 먹지 아니하더라

20161208

55
용서와 화해

용서는 쉽게 되는 것이 아니다. 창조주 하나님도 우리를 용서하시기 위해 이 땅에 오셔서 죽으심으로 그 대가를 치르셨다. 머리에 가시관 쓰시고, 채찍에 맞고, 상처 입으시고, 십자가에 달려 온갖 모욕과 조롱을 당하셨다. 예수 믿고 구원 받았으니 자신의 죄를 용서 받았다고 쉽게 은혜의 즐거움을 누릴 수 있을까?

스티븐 체리(Stephen Cherry)는 『용서라는 고통』(송연수 옮김, 황소자리, 2013)에서 용서는 옆구리에 깊숙이 박힌 창을 자기 속의 도덕적 감수성, 자존감, 원칙, 희망인 창자들을 다치지 않게 하면서 조심스럽게 자기 손으로 뽑아내는 일이라고 표현했다. 상처의 기억이 삶을 지배하지 않도록 자신을 위해 용서하라고 한다.

그러나 용서받는 사람이 뻔뻔하면 다시 그 상처가 올라온다. 이창동 감독의 영화 『밀양』에서 기독교인이 된 주인공 신애는 아들을 유괴하고 살해한 살해범을 용서하기 위해 교도소를 찾아간다. 그러나 가해자가 주님의 은혜로 용서받았다고 말하며 뻔뻔한 웃음을 보이자 속에서 분노가 솟구친다. "내가 그를 용서하지 않았는데, 어느 누가 나보다 먼저 그를 용서하느냐 말이에요! 그럴 권한은 주님에게도 없어요!"

죽어가며 용서를 구하는 나치 친위대 앞에서 끝내 침묵한 시몬 비젠탈의 고뇌와 자신에 대한 성찰이 떠오른다. 당신이라면 어떻게 하겠는가? (시몬 비젠탈, 『해바라기』, 박중서 옮김, 뜨인돌, 2005)

 대통령의 탄핵이 논의되고 국민은 분노하고 있다. 정부가 수립된 이후 끊임없이 권력의 비리가 드러난다. 잠시 고개를 숙이고 시간이 지나 잊어버릴 만하면 다시 고개를 쳐들고 다니는 뻔뻔함에, 먹고 살기 바쁜 국민은 그냥 참아주고 넘어가 주었다. 이제 그만 뻔뻔해졌으면 좋겠다. 용서를 구하는 것을 일회용 이벤트나 형식으로 끝내 버린다면 진정한 용서를 받을 수 없다.

 진정한 사죄는 한 번에 되는 것이 아니다. 피해자의 마음이 풀릴 때까지 계속 되어야 한다. 너무 쉽게 용서하라고 말하지 말자.

 강제 위안부 할머니들과 강제노역 피해자들에 대한 배상이 '한일 기본조약'으로 정부에 의해 임의로 진행되었다.(1965년 6월 22일) 경제개발 원조금을 받은 정부는 피해 당사자들에게 위임도 받지 않았다. 자신들은 법적 책임을 다했다고 하는 일본의 형식적 태도에 당사자들은 더욱 분노한다. 개인 청구권을 인정한다는 외교 문서를 근거로 힘겨운 투쟁을 하고 있는 할머니들은 진심 어린 사과를 요구하는 것이다.
 세월호 사건의 유족들은 아직도 해결되지 않은 의혹과 분노 속에 있다. 정부의 책임 있고 진정성 있는 태도를 바라는 것이다.

 마음이 풀렸다고 끝이 아니다. 더 신중하고 조심스러운 모습을 보여야 한다.

얍복 나루에서 하나님과 대면하여 목숨 건 기도를 한 야곱이다. 하나님의 축복을 약속받은 야곱이지만 바로 형과 함께 고향으로 돌아가지 못했다. 이에 대한 해석은 다양하다. 하나님의 약속의 장소로 바로 가지 못한 것을 신앙의 미성숙이라 해석한다. 이스라엘이라는 이름으로 바뀌었으면서도 미적 거리고 숙곳과 세겜에 들렸기 때문에 다음 장에서 딸 디나의 참담한 사건을 겪었다고 말한다. 회심한 사람도 다시 타락할 수 있고 믿음의 완성을 위해 끊임없이 성화되어야 한다고 한다.

과연 그런 이유 때문일까?

불신앙이 아니라, 도저히 용서할 수 없는 자신을 용서한 형에게 너무 미안해서 아닐까? 이것이 용서를 구하는 사람의 태도라는 생각이 든다.

야곱은 형 에서를 만난 후 형이 용서했다고 바로 뻔뻔하게 들이대지 못한다. 예물은 되었다고 하는데, 야곱은 강권하며 예물을 받으라고 한다. 형이 함께 가자고 하는데도 면목이 없다. 자신의 식솔과 가축들이 좀 쉬어야 한다고 변명하며 형이 먼저 가시면 자신은 천천히 따라가겠다고 한다. 자신의 가족과 가축들과 함께 가려면 많은 수고를 해야 한다. 고생하며 가야 할 형에게 폐를 끼치고 싶지 않았다. 에서가 종 몇 사람을 머물게 한다고 해도 사양한다. 야곱은 형에게 용서받았고 화해했지만 조금 더 시간이 필요함을 알았다. 용서만으로 충분했다. 자기를 위한 형의 배려를 받아들이기가 너무 미안했을 수 있다.

가족은 당연하게 생각해서 더욱 무례하게 대할 수 있다. 형제라도 부모와 자식이라도 용서를 구하는 일은 오랜 시간과 정성이 필요하다. 남은 모른 척하고 살면 되지만 오히려 가족이라 더욱 아프고 힘들다.

장자권과 축복을 가로챈 야곱은 20여 년 동안 낯선 곳에서 고생해야 했다. 자신이 땀 흘려 얻은 재물을 형 에게 속죄의 의미로 보낸다. 한 번이 아니라 몇 번을 연속해 보낸다. 아주 정중하고 예의 바른 태도로 용서를 구한다. 얼마나 그리운 고향일까? 바로 달려가고 싶지만 조심스럽게 한 발짝씩 다가간다.

하나님의 은혜를 입었다면 우리는 더욱 정성껏 하나님 앞에 나가게 된다. 평생을 갚아도 못 갚을 은혜의 빚진 자답게 살아야 한다.
누군가에게 잘못을 저지르고도 알지 못해서, 혹은 미성숙해서 미처 용서를 구하지 못한 일이 있다면, 용서하지 못한 일이 있다면 하나님 은혜 안에서 한 걸음씩 회복되어지길 기도한다.

창세기33장6-12절

6. 그 때에 여종들이 그의 자식들과 더불어 나아와 절하고
7. 레아도 그의 자식들과 더불어 나아와 절하고 그 후에 요셉이 라헬과 더불어 나아와 절하니
8. 에서가 또 이르되 내가 만난 바 이 모든 떼는 무슨 까닭이냐 야곱이 이르되 내 주께 은혜를 입으려 함이니이다
9. 에서가 이르되 내 동생아 내게 있는 것이 족하니 네 소유는 네게 두라

10. 야곱이 이르되 그렇지 아니하니이다 내가 형님의 눈앞에서 은혜를 입었사오면 청하건대 내 손에서 이 예물을 받으소서 내가 형님의 얼굴을 뵈온즉 하나님의 얼굴을 본 것 같사오며 형님도 나를 기뻐하심이니이다
11. 하나님이 내게 은혜를 베푸셨고 내 소유도 족하오니 청하건대 내가 형님께 드리는 예물을 받으소서 하고 그에게 강권하매 받으니라
12. 에서가 이르되 우리가 떠나자 내가 너와 동행하리라

20161210

56
침묵

성폭력과 종교적 광기의 살인, 남성 중심의 해결방법을 보고 며칠 동안 마음이 불편하다. 폭력과 탐욕과 분노가 어우러진 이 본문에서 하나님은 우리에게 무엇을 말씀하시는가?

평생의 과제였던 형과의 화해가 이루어지고 난 직후의 일이다. 하나님과 겨루어서 이겼다고 이스라엘이라고 이름 붙여진 야곱이다. 그의 가정에 참혹한 일이 벌어진다.

외동 딸 디나가 밖에 나갔다가 그 땅(세겜:창33:18)의 추장 세겜에게 강간을 당한다. 야곱은 아들들이 돌아올 때까지 침묵한다. 고대 근동에서는 남자가 여자와 강제로 동침하여 결혼하는 것을 수용했고, 아브라함과 이삭이 자기의 아내를 누이라고 속이고 아비멜렉에게 보냈던 것에서 엿볼 수 있듯이 부족의 권력자는 자기 땅의 여인을 아내로 취할 수 있는 특권이 있었다. 야곱은 그런 문화를 수용한 것인가? 침묵하고 있다.

세겜은 아버지 하몰에게 디나와 결혼시켜 달라고 조른다. 세겜의 아버지는 야곱에게 아무것도 필요 없고 자신의 아들에게 디나를 아내로 보내 달라고 말한다. 혼수와 예물은 달라는 대로 다 주겠다고 한다. 아들의 간청도 있었지만 혼인을 통해 재력 있는 야곱의 가문과 맺어져서 자신들의 세력을 키우려는 속내도 들어 있었다.

　야곱의 아들들은 그 부족의 모든 남성이 자신들의 종교 의식에 따라 할례받는 것을 조건으로 허락한다고 말한다. 이들이 할례받고 삼 일째 되던 날, 야곱의 두 아들 시므온과 레위는 아파 누워 있는 그 성읍의 모든 남자를 죽이고 누이 디나를 데려오고 그들의 성읍을 노략한다. 야곱은 소문이 두렵다. 주변 족속들이 그 소리를 듣고 힘을 합쳐 자기 가문에게 보복을 할까 봐 두려워 아들들에게 화를 낸다. 아들들은 "그가 우리 누이를 창녀 같이 대우함이 옳으나이까"라며 반문한다.

　보수적 해석들은 세상의 문화에 이끌려 정신없이 행동한 디나의 행동이 어리석다고 말한다. 디나와 그의 어머니 레아에 대한 언급은 찾아볼 수 없다. 다만 오빠들(시므온과 레위)이 성읍의 남자들을 죽이고 디나를 데려오고 야곱의 다른 아들들은 그 성읍을 노략한다는 기록만 있다.(25-27절)
　당시 어머니인 레아는 살아 있었을 텐데(창49:31), 아무런 언급도 안 되어 있다. 기록되지 않은 어머니 레아의 마음은 어떠했을까? 디나의 참담했을 마음을 생각해 본다. 자신의 상처뿐 아니라 오빠들의 잔혹한 행동을 지켜보고 어떤 심정이었을까? 그냥 그대로 살아가게 두었으면 안 되었을까?
　아들들은 그들이 가문의 명예를 실추시킨 데 대해 분노한 것일까? 누이를 진심으로 아꼈기 때문에 복수하고 싶은 마음이었을까?

　딸의 사건을 접하고 침묵하며 아들을 기다렸던 야곱이 아들들의 무분별한 행동에 화를 낸다.(34장 30절) 그리고 아들들의 분노 섞인 질문에 또 침

묵한다. 야곱은 왜 침묵했을까? 침묵한 야곱을 하나님은 예배의 자리로 부르신다. (창세기35장 1절)

복잡한 질문들이 쏟아진다.

명확한 답을 찾지 못하고 헤매고 있으면서도 죄악이 만연한 세상 속에서 나를 스스로 붙들어 매기 위해 말씀을 정리하는 작업을 한다. 예배의 자리로 부르시는 하나님 앞에서 비로소 나는 침묵한다.

분노하지 못하는 것이 도덕적 불감증일 수 있지만, 반면에 자신의 악한 감정을 거룩한 감정으로 착각하게 만들 수 있다는 C. S. Lewis의 말을 깊이 생각해 본다. (이종태 역, C.S. Lewis,『시편사색』, 서울: 홍성사, 2004년)

창세기34장

1. 레아가 야곱에게 낳은 딸 디나가 그 땅의 딸들을 보러 나갔더니
2. 히위 족속 중 하몰의 아들 그 땅의 추장 세겜이 그를 보고 끌어들여 강간하여 욕되게 하고
3. 그 마음이 깊이 야곱의 딸 디나에게 연연하며 그 소녀를 사랑하여 그의 마음을 말로 위로하고
4. 그의 아버지 하몰에게 청하여 이르되 이 소녀를 내 아내로 얻게 하여 주소서 하였더라
5. 야곱이 그 딸 디나를 그가 더럽혔다 함을 들었으나 자기의 아들들이 들에서 목축하므로 그들이 돌아오기까지 잠잠하였고

6. 세겜의 아버지 하몰은 야곱에게 말하러 왔으며

7. 야곱의 아들들은 들에서 이를 듣고 돌아와서 그들 모두가 근심하고 심히 노하였으니 이는 세겜이 야곱의 딸을 강간하여 이스라엘에게 부끄러운 일 곧 행하지 못할 일을 행하였음이더라

8. 하몰이 그들에게 이르되 내 아들 세겜이 마음으로 너희 딸을 연연하여 하니 원하건대 그를 세겜에게 주어 아내로 삼게 하라

9. 너희가 우리와 통혼하여 너희 딸을 우리에게 주며 우리 딸을 너희가 데려가고

10. 너희가 우리와 함께 거주하되 땅이 너희 앞에 있으니 여기 머물러 매매하며 여기서 기업을 얻으라 하고

11. 세겜도 디나의 아버지와 그의 남자 형제들에게 이르되 나로 너희에게 은혜를 입게 하라 너희가 내게 말하는 것은 내가 다 주리니

12. 이 소녀만 내게 주어 아내가 되게 하라 아무리 큰 혼수와 예물을 청할지라도 너희가 내게 말한 대로 주리라

13. 야곱의 아들들이 세겜과 그의 아버지 하몰에게 속여 대답하였으니 이는 세겜이 그 누이 디나를 더럽혔음이라

14. 야곱의 아들들이 그들에게 말하되 우리는 그리하지 못하겠노라 할례 받지 아니한 사람에게 우리 누이를 줄 수 없노니 이는 우리의 수치가 됨이니라

15. 그런즉 이같이 하면 너희에게 허락하리라 만일 너희 중 남자가 다 할례를 받고 우리 같이 되면

16. 우리 딸을 너희에게 주며 너희 딸을 우리가 데려오며 너희와 함께 거주하여 한 민족이 되려니와

17. 너희가 만일 우리 말을 듣지 아니하고 할례를 받지 아니하면 우리는 곧 우리 딸을 데리고 가리라

18. 그들의 말을 하몰과 그의 아들 세겜이 좋게 여기므로
19. 이 소년이 그 일 행하기를 지체하지 아니하였으니 그가 야곱의 딸을 사랑함이며 그는 그의 아버지 집에서 가장 존귀하였더라
20. 하몰과 그의 아들 세겜이 그들의 성읍 문에 이르러 그들의 성읍 사람들에게 말하여 이르되
21. 이 사람들은 우리와 친목하고 이 땅은 넓어 그들을 용납할 만하니 그들이 여기서 거주하며 매매하게 하고 우리가 그들의 딸들을 아내로 데려오고 우리 딸들도 그들에게 주자
22. 그러나 우리 중의 모든 남자가 그들이 할례를 받음 같이 할례를 받아야 그 사람들이 우리와 함께 거주하여 한 민족 되기를 허락할 것이라
23. 그러면 그들의 가축과 재산과 그들의 모든 짐승이 우리의 소유가 되지 않겠느냐 다만 그들의 말대로 하자 그러면 그들이 우리와 함께 거주하리라
24. 성문으로 출입하는 모든 자가 하몰과 그의 아들 세겜의 말을 듣고 성문으로 출입하는 그 모든 남자가 할례를 받으니라
25. 제삼일에 아직 그들이 아파할 때에 야곱의 두 아들 디나의 오라버니 시므온과 레위가 각기 칼을 가지고 가서 몰래 그 성읍을 기습하여 그 모든 남자를 죽이고
26. 칼로 하몰과 그의 아들 세겜을 죽이고 디나를 세겜의 집에서 데려오고
27. 야곱의 여러 아들이 그 시체 있는 성읍으로 가서 노략하였으니 이는 그들이 그들의 누이를 더럽힌 까닭이라
28. 그들이 양과 소와 나귀와 그 성읍에 있는 것과 들에 있는 것과
29. 그들의 모든 재물을 빼앗으며 그들의 자녀와 그들의 아내들을 사로잡고 집 속의 물건을 다 노략한지라

30. 야곱이 시므온과 레위에게 이르되 너희가 내게 화를 끼쳐 나로 하여금 이 땅의 주민 곧 가나안 족속과 브리스 족속에게 악취를 내게 하였도다 나는 수가 적은즉 그들이 모여 나를 치고 나를 죽이리니 그러면 나와 내 집이 멸망하리라
31. 그들이 이르되 그가 우리 누이를 창녀 같이 대우함이 옳으니이까

20161213

57
잃어버린 "처녀성"

　새벽녘에 꿈을 꾸었다. 김치를 담그기 위해 슈퍼에 갔다. 가게 주인이 고추가 동이 나서 오후에나 되어야 들어온다고 한다. 점심을 먹고 한참을 기다렸다가 가게로 간다. 다른 곳에도 엄청난 줄이 길게 늘어서 있다. 처음 갔던 가게는 아직 줄이 적다. 어느 곳에 줄을 서야 하나 망설이다. 처음 갔던 곳에 줄을 섰다. 가게 아주머니가 고추를 가져왔다. 너무 적은 양이다. "에게…" 하고 말하자 이것도 겨우 사 온 것이니 그렇게 말하지 말란다. 금방 미안한 마음이 들었다. 내가 필요한 만큼 사 버리면 뒤에 사람들이 사 갈 것이 없다. 줄 선 사람들과 의논을 하고 두 개씩 가져가기로 했다.
　누군가 뒤로 휙 지나가면서 뭔가 흘리듯 말한다. "무슨 소린가?" 궁금해하면서 집에 돌아왔다. 집안의 화단에 채소를 심어야겠다고 생각하고 흙을 만지작거리다 잠에서 깨었다.
　그 사람이 뭐라고 말했는지 생각이 나지 않는다. 한참을 생각하다 "잃어버린 처녀성"이라는 생각이 문득 들었다. 무슨 소리지? 묵상하고 기도한다. "잃어버린 자연"이다.

　창세기 34장 디나의 사건이 생각났다.
　자연의 무참한 짓밟힘…. 자신의 탐욕을 채우기 위해 강간한 세겜, 종교적 형식을 빌어서 무참히 살해한 시므온과 레위는 개발을 빌미로 무참히 땅을 훼손하고 뒤엎어버리는 현대인들 같다는 생각이 들었다. 세력을 불리기 위해 땅을 정복한 사람들, "땅에 충만하고 정복하고 다스리라(창세기1장 28절)"는 왜곡된 기치 아래 대륙을 정복하면서 하나님의 소명인 듯 자신들의 탐욕을 정당화시켰던 사람들, 지금도 현대사회는 기계문명으로 엄청난 발달과 도로들을 건설하고 있다. 땅이 더럽혀지고 악취가 난다.

"AI" 조류독감이 전국에 퍼져 간다. 사태의 심각성에도 불구하고 정국은 지도자들의 혼란으로 정신이 없다. 자연이 훼손되고 가축들과 짐승들이 몸살을 앓는다. 사람들도 점점 시들해져 간다.

힘 있는 부족의 족장에게 당하고 아무 말도 못했던 디나처럼, 평생을 죄인처럼 지내야 했을 디나처럼 "땅"은 그렇게 농락당하고 있다. 폭력으로 강간하고 사랑한다는 명목으로 결혼하기 원했던 추장 세겜, 종교적 형식을 빌미로 무참히 살해하고 원수 갚았던 야곱의 아들들, 잃어버린 처녀성과 그것에 대한 보복으로 더 처참히 훼손당한 처녀성이다. 야곱은 "너희가 내게 화를 끼쳐 나로 하여금 이 땅의 주민 곧 가나안 족속과 브리스 족속에게 악취를 내게 하였도다 나는 수가 적은즉 그들이 모여 나를 치고 나를 죽이리니 그러면 나와 내 집이 멸망하리라"(창세기34장 30절)

땅은 차지하는 것이 아니라 가꾸어 가야 한다. 그런데 여전히 사람들은 더 많은 땅을 차지하려 한다. 언젠가 보복할지도 모를 자연은 무시한 채 지금 자신의 욕망만 채우고 있다.

인간과 자연, 서로 화해하고 치유하며 살아가야 하지 않을까? 시대의 병폐(病弊) 속에서 함께 훼손해 가면서 무심히 살아가고 있는 것이 나의 모습이다.

콘크리트 닭장에 갇혀 살며 조그만 화단에 무엇을 심어야 할까?

> **〈읽어 볼 책〉**
>
> 제임스 러브록(James Lovelock)의 『가이아의 복수"the Revenge of Gaia"』를 읽어 보자.

창세기 34장 30절

30. 야곱이 시므온과 레위에게 이르되 너희가 내게 화를 끼쳐 나로 하여금 이 땅의 주민 곧 가나안 족속과 브리스 족속에게 악취를 내게 하였도다 나는 수가 적은즉 그들이 모여 나를 치고 나를 죽이리니 그러면 나와 내 집이 멸망하리라

20161220

58
신앙은 자기 책임

모태 신앙이었던 나도 젊은 시절에는 하나님보다 세상을 더 많이 바라보았다. 그래도 하나님이 내 삶에 얼마나 중요한지는 인식하고 있었나 보다.

남편과 연애하던 시기에 남편이 나에게 물었다. "하나님과 나 둘 중에 하나를 선택하라면 어떻게 할래?" 난 1초의 망설임도 없이 "당연히 하나님이지"라고 대답했다. 남편은 무척 서운해했다. 나는 계속해서 "어떻게 하나님과 당신을 비교할 수 있느냐"고 말했다. 남편은 나와 결혼하기 위해 세례를 받았다. 나는 자상하고 착하고 성실한 남편에게 푹 빠져 있었다. 홀로 자녀를 키우시며 자녀에 대한 사랑이 극진했던 시어머님은 휴일마다 부르셨다. 시댁에서 부르면 주일 예배를 빠지고 할 수 없이 시댁에 가야 했다. 제사를 지낼 때 십계명의 2계명 "너를 위해여 새긴 우상을 만들지 말고… 그것들에게 절하지 말며…."가 생각나 마음의 갈등은 심했지만, 시어머니와 시댁 식구들이 두려워 아무 말도 못하고 절을 했다. 속으로 "하나님 저는 우상에게 절하는 것이 아니라 그냥 남편의 조상에게 예를 갖추는 것입니다." "하나님 이 가정이 믿음의 가정이 되게 해 주세요."라고 기도했다. 내 영혼은 진정한 기쁨이 없었다. 육신적으로 사랑해 주고 책임감 있는 남편을 의지하면서 나의 신앙은 적당히 세상과 하나님과의 사이에서 타협하며 지냈다. 한 2년은 내가 좋아하는 찬양대 지휘도 내려놓고 남편과 시댁에 충실했다.

어느 날 새로운 계기로 하나님을 체험하면서 간절히 기도했다. 나는 하나님께 대신 싸워달라고 기도했다. 싸우기 싫어하는 나의 성격을 아시는 하나님은 자연스럽게 시어머님의 신앙이 깊어지게 하셨고 시댁의 모임은 토요일로 변경되었다. 시댁 모임에서도 예배를 드리게 되었다. 시어머님이 돌아가시고 이제는 내가 예배 순서를 준비해 가거나 시 아주버님이 교회에서 예배 순서를 가지고 오신다.

신앙은 강요한다고 되는 것이 아니다. 가족의 신앙이 깊어진다고 모든 가족이 함께 깊어지는 것도 아니다. 자녀가 어린 시절부터 나는 "아무것도 바라지 않는다. 믿음 좋은 배우자를 데리고 오라"고 아들들 귀에 못이 박히도록 이야기했다. 대부분의 남자는 여자를 따르기 때문이다. 아침에 둘째 아들에게 여자 친구가 오면 내가 가장 중요하게 생각하는 것이 신앙이라고 얘기하겠다고 하자 발끈한다. 자기 가정의 신앙은 자신이 지키겠단다. 가족의 중요한 전통을 말하는 것이 발끈할 일이냐며 나도 화를 냈다. 그러자 아들이 "말씀하시고 싶으시면 말씀하셔도 돼요."라며 말을 바꾼다.

사실, 큰아들에게는 조금 더 엄격했다. 참 미숙했다. 큰아들이 결혼하기 전, 주일에 시부모를 보고 싶다고 찾아온 예비 며느리에게 되도록 주일에는 방해하지 말라는 식으로 정색을 하며 얘기했다. 연말이라 교회 일이 많았고, 당시 교회에서 맡은 일이 많았다. 당황하고 긴장했던 며느리의 모습이 생각난다. 지금은 주일 오후에 만나 식사도 한다. 결혼식도 기어코 교회에서 목사님 주례로 하게 만들었다. 내면의 갈등과 합리적 이성 속에서 나 자신에게 끊임없이 질문하며 큰아들에게 고집을 부렸다. 예약했던 식장을 취소하고 주례를 맡았던 교수님께 양해를 구하고, 교회에서 하면서도 아들보다 더 기쁘게 따라와 준 큰 며느리와 사돈댁에 진심으로 고마웠다. 어떤 사람은 내게 그렇게까지 할 필요 있냐며 며느리한테 평생 큰 빚을 졌단다. 어떤 사람은 잘했다고 말한다. 난 아들이 하나님 앞에서 축복받으며 결혼하길 원했다. 이제는 큰아들 자신이 가장이니 자기 책임이다. 다른 모든 일들은 내게 중요하지 않았다. 예물이며, 예단이며 편하게 해 주려고 나름 최선을 다했다. 며느리는 지금도 시댁에서 편하게 해 줘서 고맙다고는 하지만 잘 모르겠다.

매일 말씀을 보내주는 시어머니가 그리 편하지는 않을 것 같다. 그럼에도 불구하고 잘하려고 애쓰는 큰아들 내외의 마음이 느껴진다. 영락없는 장남과 큰며느리다. 예쁜 며느리가 교회도 열심히 다닌다. 언젠가는 신앙 가운데 든든히 서게 되고 나보다 더 좋은 믿음을 소유하기를 기도한다.

야곱이 자기 집안과 자기와 함께한 이들에게 이방신을 버리고, 정결케 하고, 의복을 바꾸어 입으라고 말하고 모두 데리고 벧엘로 예배하러 간다. 거기서 하나님의 신실한 약속을 확인한다. 그러나 그 후에 자신의 사랑하는 아내 라헬이 아들을 낳다가 슬퍼하며 세상을 떠나고, 맏아들은 자기의 첩 빌하와 동침하고, 자신의 아버지 이삭은 늙어서 세상을 떠난다.(35장)

이것이 인생이다. 야곱의 신앙이 가족 모두에게 영향을 주진 못한다. 각자 자신들의 선택에 따라 책임을 지고 살아간다.

라헬은 평생 야곱의 사랑을 받은 여인이다. 그러나 야곱의 신앙이 성숙되어 가는 것과 달리 라헬의 고백 속에는 그런 것들이 보이지 않는다. 삶의 마지막에서 해산하다 죽어 가면서 아들에게 "베노니"(슬픔의 아들)라고 불러 준다. 남편 야곱이 아들의 미래를 생각해 "베냐민"(오른손※의 아들, 사랑하는 아내의 아들, 행복의 아들)으로 바꾸어 준다. ※유대인은 오른손을 중요하게 여겼다.

레아가 믿음의 조상들과 함께 가족의 묘에 장사된 것과 달리 라헬은 베들레헴 길에 장사되었다. 자신을 사랑한 남편을 아버지 때문에 언니에게 먼저 양보해야 했던 라헬, 아버지 집에서 나올 때 그 가정의 우상 드라빔을 가지고 나온 라헬, 레아와 달리 자녀를 낳지 못해 고생했던 라헬, 아들을 낳지 못하면 죽게 하라던 라헬, 남편에게 사랑받았으면서도 레아에게 남편을 하루 밤 내어주는 조건으로 합환채(최음제)를 구입한 라헬, 늘 할 수 없이 나누어 가져야 했고 자신의 욕망에 비해 충분히 채워지지 못한 라헬의 공허함, 그녀의 마지막 말은 "슬픔"이었다. 그런 라헬임에도 그녀의 아들 요셉을 통해 일하신 하나님이다.

부모의 신앙은 후대에 더 아름답게 완성될 수도, 사라질 수도 있다. 신앙은 자기 책임이다.

창세기35장1-5절, 16-20절

1. 하나님이 야곱에게 이르시되 일어나 벧엘로 올라가서 거기 거주하며 네가 네 형 에서의 낯을 피하여 도망하던 때에 네게 나타났던 하나님께 거기서 제단을 쌓으라 하신지라
2. 야곱이 이에 자기 집안 사람과 자기와 함께 한 모든 자에게 이르되 너희 중에 있는 이방 신상들을 버리고 자신을 정결하게 하고 너희들의

의복을 바꾸어 입으라

3. 우리가 일어나 벧엘로 올라가자 내 환난 날에 내게 응답하시며 내가 가는 길에서 나와 함께 하신 하나님께 내가 거기서 제단을 쌓으려 하노라 하매

4. 그들이 자기 손에 있는 모든 이방 신상들과 자기 귀에 있는 귀고리들을 야곱에게 주는지라 야곱이 그것들을 세겜 근처 상수리나무 아래에 묻고

5. 그들이 떠났으나 하나님이 그 사면 고을들로 크게 두려워하게 하셨으므로 야곱의 아들들을 추격하는 자가 없었더라

...

16. 그들이 벧엘에서 길을 떠나 에브랏에 이르기까지 얼마간 거리를 둔 곳에서 라헬이 해산하게 되어 심히 고생하여

17. 그가 난산할 즈음에 산파가 그에게 이르되 두려워하지 말라 지금 네가 또 득남하느니라 하매

18. 그가 죽게 되어 그의 혼이 떠나려 할 때에 아들의 이름을 베노니라 불렀으나 그의 아버지는 그를 베냐민이라 불렀더라

19. 라헬이 죽으매 에브랏 곧 베들레헴 길에 장사되었고

20. 야곱이 라헬의 묘에 비를 세웠더니 지금까지 라헬의 묘비라 일컫더라

20161214

59
잘나가는 사람들

　야곱이 가나안 땅에 들어와 정착하면서 한정된 지역에 사람과 가축이 많아지니 감당하기 어렵다. 에서는 세일산 부근으로 이동한다. 그래도 형이라고 그동안 타향에서 고생한 동생을 내보내지 않고 자신이 다른 곳으로 이동한 것인지 아니면 가나안보다 세일 부근이 좋아서인지는 알 수 없다.
　에서의 후손, 에돔 족속의 족보에는 족장들이 등장한다.(36장 9-43절) 세일산으로 이동한 후 에서의 후손들은 큰 가문을 이루고 세력을 확장해 나갔음을 볼 수 있다. 넓은 영토를 차지했고 자녀를 많이 낳았으며 그들을 종족의 우두머리로 만들었다. 이후에도 오랫동안 자신의 자리를 지키며 영향력을 행사한 민족의 조상으로 등장한다. 에서와 1대 후손의 명단(1-8절), 에서 자손에게서 파생된 부족의 이름과 족장의 이름(9-19절), 에서의 부인 중 오홀리바마가 속하였던 호리 족속(20-30절), 이외에도 에서에게서 나온 족장들의 이름이 거론된다.(40:43절) 야곱과 에서의 민족 분리 과정에서 가나안 여인들과 혼인한 에서의 후손들에게도 은혜를 베푸시는 하나님임을 알 수 있다.
　세상을 사랑하면 세상에서 성공한다. 심은 대로 거두고 노력한 만큼 성취할 수 있다.
　에서는 늘 하나님의 약속보다는 자신이 보기에 좋은 것을 선택했다.
　장자권보다는 팥죽을, 이방여인을, 가나안에 거주하라는 약속의 말씀대신 세일산을 선택했다. 그럼에도 불구하고 에돔(에서)족속은 하나님의 은혜를 받아 삼대 후 자손은 여호와의 총회에 들어올 수 있었다.(신23:7-8)

말씀대로 살지 않아도 세상에서 잘나갈 수 있다.

권력, 재물, 명예에 상관없이 하나님의 자녀 되는 축복을 누리는 일은 자신의 선택이다.

창세기 36장

1. 에서 곧 에돔의 족보는 이러하니라

  …

6. 에서가 자기 아내들과 자기 자녀들과 자기 집의 모든 사람과 자기의 가축과 자기의 모든 짐승과 자기가 가나안 땅에서 모은 모든 재물을 이끌고 그의 동생 야곱을 떠나 다른 곳으로 갔으니

7. 두 사람의 소유가 풍부하여 함께 거주할 수 없음이러라 그들이 거주하는 땅이 그들의 가축으로 말미암아 그들을 용납할 수 없었더라

8. 이에 에서 곧 에돔이 세일 산에 거주하니라

  …

15. 에서 자손 중 족장은 이러하니라 에서의 장자 엘리바스의 자손으로는 데만 족장, 오말 족장, 스보 족장, 그나스 족장과

16. 고라 족장, 가담 족장, 아말렉 족장이니 이들은 에돔 땅에 있는 엘리바스의 족장들이요 이들은 아다의 자손이며

17. 에서의 아들 르우엘의 자손으로는 나핫 족장, 세라 족장, 삼마 족장, 미사 족장이니 이들은 에돔 땅에 있는 르우엘의 족장들이요 이들은 에서의 아내 바스맛의 자손이며

18. 에서의 아내인 오홀리바마의 아들들은 여우스 족장, 얄람 족장, 고라 족장이니 이들은 아나의 딸이요 에서의 아내인 오홀리바마로 말미암아 나온 족장들이라
19. 에서 곧 에돔의 자손으로서 족장 된 자들이 이러하였더라
20. 그 땅의 주민 호리 족속 세일의 자손은 로단과 소발과 시브온과 아나와
21. 디손과 에셀과 디산이니 이들은 에돔 땅에 있는 세일의 자손 중 호리 족속의 족장들이요
22. 로단의 자녀는 호리와 헤맘과 로단의 누이 딤나요
23. 소발의 자녀는 알완과 마나핫과 에발과 스보와 오남이요
24. 시브온의 자녀는 아야와 아나며 이 아나는 그 아버지 시브온의 나귀를 칠 때에 광야에서 온천을 발견하였고
25. 아나의 자녀는 디손과 오홀리바마니 오홀리바마는 아나의 딸이며
26. 디손의 자녀는 헴단과 에스반과 이드란과 그란이요
27. 에셀의 자녀는 빌한과 사아완과 아간이요
28. 디산의 자녀는 우스와 아란이니
29. 호리 족속의 족장들은 곧 로단 족장, 소발 족장, 시브온 족장, 아나 족장,
30. 디손 족장, 에셀 족장, 디산 족장이라 이들은 그들의 족속들에 따라 세일 땅에 있는 호리 족속의 족장들이었더라
31. 이스라엘 자손을 다스리는 왕이 있기 전에 에돔 땅을 다스리던 왕들은 이러하니라

...

20161215

60
고자질

유년 시절에 늘 작은아들은 나에게 도움을 요청했다. 내가 외출했다가 돌아오면 형이 자신에게 이러저러 했다고 말하고는 억울함을 호소했다. 큰아들은 작은아들이 엄마에게 이른다고 하면 어쩌지 못하고 참았던 것 같다. 큰아들은 얼마나 많이 억울했을까? 작은아들이 태어나고부터 왜 그렇게 큰아들이 갑자기 어른스럽게 느껴졌는지, 지금 생각해 보면 당시 큰아들이 참 어린 나이였음에도 난 너무 많은 책임을 지게 했던 것 같다. 큰아들에게는 동생을 잘 보살피라고 했고 작은아들에게는 형에게 대들지 말라고 했지만, 생각해 보면 큰아들이 더 많이 참아 주길 바랐던 것 같다. 언제나 많이 참고 의젓한 큰아들과 달리 작은아들은 마음껏 어리광을 부렸다. 조금 크면서 자연스럽게 질서가 잡혀 갔다. 형이 중학교 교복을 입은 후부터는 엄청난 차이가 느껴졌나 보다. 큰애가 동생을 붙잡고 공부도 가르치고 형제간에 부모에게 말 못하는 것도 서로 말하고 의지하면서 잘 커 준 것이 고마울 뿐이다.

창세기12장-36장까지는 아브라함, 이삭, 야곱 세 족장의 이야기이고, 37장-50장까지는 요셉의 이야기를 중심(38장의 유다이야기 삽입)으로 이스라엘 백성의 애굽 이동 배경이 언급된다. 요셉이 애굽으로 팔려 가게 된 궁극적 원인이 하나님의 섭리라고 성경은 말하고 우리는 그렇게 이해한다.

그러나 구체적인 동기는 야곱의 편애와 형들의 시기심 때문이었다. 형들과 어울리지 못한 요셉의 처음 행동은 고자질이다.

　야곱이 가나안 땅에 거주할 때 야곱은 십칠 세의 요셉을 빌하와 실바의 아들들과 함께 지내도록 했다. 요셉의 친어머니 라헬이 죽은 후 야곱은 어린 요셉이 얼마나 애처로웠을까? 또한 레아와 라헬의 갈등과 감정을 잘 알았던 야곱으로서는 그로 인한 자녀들 간의 대립과 갈등을 방지하기 위함이 었을 것이다. 그러나 요셉은 빌하와 실바의 아들들의 잘못(라아; ㄲㄲ – '악한 행실', 도덕적인 '책망 거리')을 아버지에게 고자질했다. 야곱은 어린 요셉을 특별히 사랑했고 형들은 고자질쟁이인 요셉과 편안하게 대할 수 없었다.

　형들의 잘못을 아버지에게 말하는 요셉의 성품이 불의에 대한 비타협적인 태도인가 아니면 어린 나이의 미성숙한 사회성인가 질문하게 된다. 훗날 보디발의 아내를 거절하고 오해받고 옥에 갇히면서도 보디발 앞에서 끝끝내 침묵한 그의 태도를 보면 진실을 말한 것에 대한 그의 대가가 너무 엄청났었기 때문은 아닌가 하는 생각이 든다.

　잘못을 드러내는 일은 위험을 감수하는 일이다. 자신의 잘못뿐 아니라 타인의 잘못을 드러내는 것은 손해를 감수해야 한다. 외톨이가 될 수도 있다. 조직 안에서는 말할 것도 없고 가족 간에도 그렇기 때문에 많은 사람들이 힘들면서도 침묵하거나 모른 척하고 넘어가는 경우가 많다. 언젠가는 밝혀지겠지 하며 넘어가지만 꼭 그렇지도 않다.

　불의한 일조차 권위 아래서 침묵하고 넘어가는 일들이 너무 많다. 결국 곪아서 터지고 나서야 말하기 시작한다.

요셉의 행동은 어린 아들의 단순한 고자질이었을까? 불의를 보고 참지 못하는 정의감이었을까?

창세기 37장 1-4절

1. 야곱이 가나안 땅 곧 그의 아버지가 거류하던 땅에 거주하였으니
2. 야곱의 족보는 이러하니라 요셉이 십칠 세의 소년으로서 그의 형들과 함께 양을 칠 때에 그의 아버지의 아내들 빌하와 실바의 아들들과 더불어 함께 있었더니 그가 그들의 잘못을 아버지에게 말하더라
3. 요셉은 노년에 얻은 아들이므로 이스라엘이 여러 아들들보다 그를 더 사랑하므로 그를 위하여 채색옷을 지었더니
4. 그의 형들이 아버지가 형들보다 그를 더 사랑함을 보고 그를 미워하여 그에게 편안하게 말할 수 없었더라

20161217

61
시기심

    요셉은 자신의 꿈이 너무 벅차서 말하지 않고는 견딜 수 없었다. 그러나 아버지의 편애에 불편해하던 형들은 배다른 어린 동생의 위대한 꿈 이야기를 듣고 동생을 미워하기 시작한다. 자신들의 왕이 될 것 같은 동생의 꿈은 더욱 형들의 분노를 산다. 요셉이 조용히 하나님의 꿈을 가슴에 품고 기도하며 준비했다면 삶이 달라졌을까? 결국, 그 모든 것이 하나님의 섭리였다고 하지만 시기심에 미워하고 동생을 죽이려 하고 팔아 버린 형들의 고통도 오랜 시간 그들의 마음을 괴롭혔다. 공동체의 꿈은 함께 선포하고 나아갈 때 커다란 힘을 발휘하지만, 개인의 꿈은 조금 다른 것 같다. 다른 사람들의 조언이나 충고가 오히려 방해가 되기도 하고, 자신들이 함께 꿈꾸지 못할 때 시기심을 느끼는 것이 인간의 심리다.

    시기심은 이처럼 친구, 동료뿐 아니라 가족구성원에게서도 느낄 수 있다. 그 감정을 부정하려고 그 사람의 약점을 찾아내고 수군거리며 자기 위안을 삼는다. 다른 태도로 포장하지만 가만히 들여다보면 비교에서 오는 불쾌감, 박탈감, 무력감이다. 자존감이 낮을수록 시기심은 극대화된다. 반면에 시기심을 긍정적인 면으로 발전시키면 자신을 변화시키고 성장시키는 자극제가 되기도 한다.

내 안에 세상 무엇과도 비교되지 않는 보배인 예수그리스도가 있으면 되었지 더 이상 무엇을 바라는가? 하나님이 주신 꿈도 내가 이루어 가는 것이 아니라 그분이 이루어 가신다. 나는 그저 그분에게 사용될 뿐이다. 나의 꿈을 소중히 가슴에 품고 조용히 그분만 따르기, 나에게 주시는 하나님 말씀이다. 오늘도 내 삶의 주인 되신 그분 앞에 조용히 감사의 찬양을 드린다.

심리학자들은 시기심은 타인이 가진 것을 원하며 느끼는 불쾌감(Besty Cohen), 타인과의 비교에서 느끼는 박탈감이나 무력감(Willard Gaylin)에서 비롯된다고 말한다.

〈읽어 볼 책〉

이재훈 옮김, 앤 & 배리 율라노프, 『신데렐라와 그 자매들: 인간의 시기심』, (서울: 한국 심리연구소, 1999)

창세기37장5-11절

5. 요셉이 꿈을 꾸고 자기 형들에게 말하매 그들이 그를 더욱 미워하였더라
6. 요셉이 그들에게 이르되 청하건대 내가 꾼 꿈을 들으시오
7. 우리가 밭에서 곡식 단을 묶더니 내 단은 일어서고 당신들의 단은 내 단을 둘러서서 절하더이다
8. 그의 형들이 그에게 이르되 네가 참으로 우리의 왕이 되겠느냐 참으로 우리를 다스리게 되겠느냐 하고 그의 꿈과 그의 말로 말미암아 그를 더욱 미워하더니
9. 요셉이 다시 꿈을 꾸고 그의 형들에게 말하여 이르되 내가 또 꿈을 꾼

즉 해와 달과 열한 별이 내게 절하더이다 하니라
10. 그가 그의 꿈을 아버지와 형들에게 말하매 아버지가 그를 꾸짖고 그에게 이르되 네가 꾼 꿈이 무엇이냐 나와 네 어머니와 네 형들이 참으로 가서 땅에 엎드려 네게 절하겠느냐
11. 그의 형들은 시기하되 그의 아버지는 그 말을 간직해 두었더라

20161221

62
구속사를 이루어 가시는 하나님

 지나온 모든 시간들을 더듬어 보면 하나님의 은혜고 기적이다. 매일 새 날이 더해질수록 부끄러움을 더해 가지만 그래도 당신의 길로 인도하시고 예수그리스도의 보혈의 피로 대속해 주신 하나님의 사랑에 나는 감격한다.
 상식과 원칙과 윤리와 정의를 부르짖지만 그리스도의 복음 앞에서 이것이 얼마나 무효화되는지, 그 은혜 가운데 들어가 보면 알 수 있다.

 고대 근동사회는 형이 죽으면 그 아우가 대신 형의 계보를 이어 줘야 했다.
 유다는 형제들을 떠나서 가나안 사람 수아의 딸과 결혼해 세 명의 아들, 엘과 오난과 셀라를 낳는다. 아들이 결혼할 때가 되자 다말을 며느리로 데려온다. 그러나 장자 엘이 여호와 보시기에 악하므로 여호와께서는 유다의 장자 엘을 죽이신다. 유다는 당시 문화에 따라 그의 동생 오난을 형을 대신해 다말에게 들여보냈으나 오난도 역시 여호와 보시기에 악하므로 여호와께서 죽이셨다. 유다는 두 아들이 죽자 며느리 다말을 친정으로 보내고 막내 아들 셀라가 장성하기까지 기다리라고 한다. 셀라가 장성하였음에도 셀라를 다말에게 들여보내지 않는다. 유다는 자신의 마지막 남은 한 아들마저 잃게 될까 봐 두려웠다. 유다는 자녀들의 죽음의 원인이 다말 때문이었다고 생각했을까? 그러나 유다의 자녀들에 대해서 성경은 분명히 "여호와 보시기에 악하므로"라고 기록하고 있다.

  물론, 모든 죽음이 여호와 보시기에 악하기 때문은 아니다. 가인과 아벨의 경우처럼 하나님께서 기뻐 제사를 받으신 아벨도 가인에 의해 죽임을 당했고, 기근이나 질병 때문에 혹은 전쟁과 사고로 인한 죽음도 있다. 인간의 탄생과 죽음은 삶의 길에서 만날 수 있는 여러 가지 사건 중의 하나다. 다만 유다의 아들 엘과 오난은 여호와 보시기에 악하므로 여호와께서 죽이신 것이라고 기록되어 있다.

  얼마 후에 유다의 아내가 죽고 유다는 양털을 깎기 위해 딤나로 올라간다. 그 이야기를 듣고 다말은 창녀로 변장해 시아버지를 유혹한다. 아내를 잃고 외로웠던 유다는 양털을 깎으러 가던 길에 창녀로 변장한 다말을 만난다. 유다는 다말에게 함께하기를 요구한다. 유다가 거기에 대한 대가로 돌아가는 길에 염소 새끼를 주겠다고 한다. 당장은 줄 수 없으므로 우선 담보물로 도장과 끈과 지팡이를 맡기겠다고 한다. 도장과 끈과 지팡이는 유다의 인격과 품위를 상징하는 필수품이었다. 유다는 돌아가서 친구에게 자신이 염소 새끼를 주고 담보물로 맡겼던 것들을 찾아 달라고 부탁했다. 그러나 그 창부(다말)는 사라지고 없었다.

  석 달쯤 후에 유다는 며느리의 임신 사실을 알고 분노한다. 다말을 끌어내어 불사르려고 할 때 다말은 유다가 주었던 자신의 담보물을 내어놓는다. 순간 유다는 자신의 잘못을 깨닫고 며느리의 행위를 옳다고 인정한다.

  다말의 행위는 자신의 욕망을 채우려는 것이 아니었다. 당시 사회에서 자녀가 없는 여인은 사회적으로 미래의 소망이 없는 것이었다. 명예와 목숨을 걸고라도 다말은 자신의 권리뿐 아니라 남편의 권리를 찾아야 했다. 문화적으로 남편의 계보를 잇기 위해 그 집안의 다른 형제를 통해 자녀를 낳아야 했다. 시아버지인 유다는 마지막 남은 셀라를 내어줄 마음이 전혀 없어 보인다.

다말의 행위가 인간적인 관점으로 보면 부도덕하고 수치스러운 일이지만 성경은 자신과 남편의 권리를 찾으려고 기지를 발휘하고 목숨을 건 용기 있는 행위로 묘사하고 있다. 유다 역시 자신보다 옳다고 인정하고 이후에 다시는 그를 가까이하지 않는다. 다말은 베레스와 그의 형 세라를 낳는다. 유다와 다말 사이에서 나온 쌍둥이 중 베레스를 거쳐서 다윗과 예수에게까지 이른다.(마태복음1장 2절)

있을 수 없는 이야기 같지만 인간이기에 있을 수 있는 이야기다. 성경은 인간들의 실수와 잘못이 낱낱이 기록되어 있다. 어떻게 그럴 수 있을까 하는 일들이 적혀 있다. 유다의 불신앙과 실수에도 불구하고 힘없는 여인 다말, 가문에서 소외될 뻔했던 여인 다말이 예수그리스도의 탄생 역사에 소개된다.

성경은 불완전한 인간의 역사 속에서 완전한 구속의 역사를 이루어 가시는 하나님의 사랑의 편지고, 예수그리스도의 흔적이다. 인간의 실수와 욕망 속에서도 구속사를 이루어 가시는 하나님이다.

창세기38장

11. 유다가 그의 며느리 다말에게 이르되 수절하고 네 아버지 집에 있어 내 아들 셀라가 장성하기를 기다리라 하니 셀라도 그 형들 같이 죽을

까 염려함이라 다말이 가서 그의 아버지 집에 있으니라

12. 얼마 후에 유다의 아내 수아의 딸이 죽은지라 유다가 위로를 받은 후에 그의 친구 아둘람 사람 히라와 함께 딤나로 올라가서 자기의 양털 깎는 자에게 이르렀더니

13. 어떤 사람이 다말에게 말하되 네 시아버지가 자기의 양털을 깎으려고 딤나에 올라왔다 한지라

14. 그가 그 과부의 의복을 벗고 너울로 얼굴을 가리고 몸을 휩싸고 딤나 길 곁 에나임 문에 앉으니 이는 셀라가 장성함을 보았어도 자기를 그의 아내로 주지 않음으로 말미암음이라

15. 그가 얼굴을 가리었으므로 유다가 그를 보고 창녀로 여겨

…

24. 석 달쯤 후에 어떤 사람이 유다에게 일러 말하되 네 며느리 다말이 행음하였고 그 행음함으로 말미암아 임신하였느니라 유다가 이르되 그를 끌어내어 불사르라

25. 여인이 끌려나갈 때에 사람을 보내어 시아버지에게 이르되 이 물건 임자로 말미암아 임신하였나이다 청하건대 보소서 이 도장과 그 끈과 지팡이가 누구의 것이니이까 한지라

26. 유다가 그것들을 알아보고 이르되 그는 나보다 옳도다 내가 그를 내 아들 셀라에게 주지 아니하였음이로다 하고 다시는 그를 가까이 하지 아니하였더라

27. 해산할 때에 보니 쌍태라

28. 해산할 때에 손이 나오는지라 산파가 이르되 이는 먼저 나온 자라 하고 홍색 실을 가져다가 그 손에 매었더니

29. 그 손을 도로 들이며 그의 아우가 나오는지라 산파가 이르되 네가 어

찌하여 터뜨리고 나오느냐 하였으므로 그 이름을 베레스라 불렀고
30. 그의 형 곧 손에 홍색 실 있는 자가 뒤에 나오니 그의 이름을 세라라 불렀더라

20161223

용서와 화해

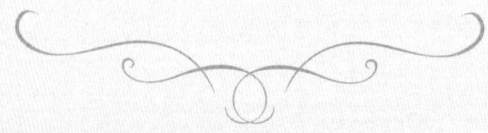

    고생 끝에 성공한 부모일수록 자녀의 실수를 보고 확정 짓는 말을 한다. "네가 그래가지고 무슨 일을 하겠니?", "네가 하는 일이 그렇지", "이렇게 저렇게 해야 한다" 조언을 하는 것도 자신의 삶의 체험과 이성의 한계를 뛰어넘지 못한다. 부모는 든든한 울타리지만 자녀를 한계 지울 수 있다. 부모의 조언이 때로는 큰 힘이 되지만 자신의 무한한 잠재능력을 오히려 묶어둘 수 있다. 가족을 존중하되 하나님 앞에 단독자로 든든히 서야 한다.
    부모도 자녀를 하나님의 눈으로 바라봐 주어야 한다.
    …
    지금까지 부모의 걱정과 부정적인 언어가 나를 묶었다면 그리스도 안에서 다시 거듭남으로 새 삶을 살자.   - 가족의 한계에서 벗어나야 중에서

63
함께하심으로 형통함

성탄전야다. 많은 연인들이 축제처럼 크리스마스 전야를 즐긴다. 부모들은 어린 자녀의 선물을 한아름 준비하고 아이들은 산타를 기다린다. 선물을 주고받으며 축제의 시간을 보낸다. 그리스도의 나눔과 섬김을 실천하고 행복해하는 사람들도 있다. 교회에서 함께 모여 예배하고 예수그리스도의 탄생을 기념하고 축하한다. 크리스마스이브가 토요일이라 촛불집회에 참여해 민족의 더 나은 미래를 염원하는 이들도 있다.

크리스마스는 그리스도(christer)와 예배(Mass)가 결합하여 Christmas로 부르게 되었다. X-mas의 X는 수학에서 미지의 수를 나타내는 '모름'을 뜻하며 헬라어의 그리스도를 뜻하는 '크스'다. 교회에서 공식절기로 제정된 것은 354년 로마 교회의 리베리우스 교황에 의해서다.

아기 예수가 이 땅에 오신 날, 평화의 왕으로 오신 그리스도는 비천한 말구유에 누워 계셨다. 들에서 양을 치던 목자들이 천사들의 소식을 듣고 찾아와 경배하였고(누가복음2장), 동방박사들이 별을 따라 찾아와 예물을 드리며(황금, 유향, 몰약) 경배하였다.(마태복음2장) 자신의 삶의 자리에서 자신의 일을 하던 목자들, 동방에서 온 박사들이 유대인의 왕으로 오신 이에게 조용히 찾아와 경배드린다. 얼마나 거룩한 장면인가?

예루살렘 종교 지도자들의 눈에는 보잘것없는 목자들, 이방인 동방박사들이 베들레헴을 찾는다. "유대 땅 베들레헴에서 다스리는 자가 나와 이스라엘의 목자가 되리라"는 선지자의 말씀을 알고 있던 대제사장과 백성의 서기관들은(마태복음2장 4-6절) 예수가 탄생하신 작은 고을 베들레헴의 마구간에 나타나지 않는다. 그들은 자신들의 성전에서 자신들이 생각하는 메시야를 고대하며 자신들이 행하던 예식에 충실했다.

보라 처녀가 잉태하여 아들을 낳을 것이요 그의 이름은 임마누엘이라 하리라 하셨으니 이를 번역한즉 "하나님이 우리와 함께 계시다" 함이라 (마태복음1장 23절)

'임마누엘' 하나님이 우리와 함께하심은 무엇으로 증거 되는가?
하나님은 만유의 주이시고 모든 신위에 뛰어나신 분이니 하나님이 함께하시면 모든 일에 형통할까?

아무리 생각해도 요셉의 상황은 형통한 상황이 아니다. 형제들에 의해 노예로 팔려 갔다. 요셉은 노예의 신분으로 주인의 인정을 받아 가정 총무를 했다. 주인은 요셉에게 하나님이 함께하심을 느낀다. 요셉으로 인해 보디발의 집과 밭에 있는 모든 소유가 풍성해진다. 주인은 그의 소유를 다 요셉의 손에 맡길 정도로 신뢰했다. 그러나 주인인 보디발의 아내가 끊임없이 요셉을 유혹한다. 그녀의 유혹을 뿌리친 이유로 요셉은 부인의 모함을 받아 옥에 갇힌다. 주인 보디발은 요셉을 왕의 죄수를 가두는 감옥에 쳐 넣는다. 그곳에서도 하나님은 요셉과 함께하시고 그에게 인자를 더하셔서 간수장에게 은혜를 입게 하신다. 요셉은 옥의 죄수들을 관리하고 제반 사무를 맡아 보게 되었다. 가는 곳마다 인정받고 사랑받았지만 얼마나 억울한 상황인가?

마음속에 얼마나 깊은 원한과 상처가 있었을까?

그런데 성경은 하나님이 요셉과 함께하셔서서 그가 모든 일에 형통하게 되었다고 표현한다. 자신에게 주어진 상황 속에서 성실하게 최선을 다하던 요셉이 노예로 팔려 가고 누명을 쓰고 옥에 갇힌 것을 형통하다고 표현할 수 있을까?

C. S. 루이스는 '하나님이 우리를 사랑하시는 증거는 고통 없는 삶'이라는 인간들의 생각으로는 하나님의 선하심을 이해할 수 없다고 말한다. 자연 질서와 자유의지에 의한 인간들의 고통에 개입하지 않는 것이 하나님의 창조질서 유지이며 인간에 대한 존중이라고 말한다. 신앙인은 고통을 통해 하나님 앞에 자신의 감정, 의지, 이성을 온전히 의뢰하고 그 과정 속에서 하나님을 더 깊이 이해하게 된다. (참고: 이종태 역, C. S. 루이스, 『고통의 문제』, 홍성사, 2002)

세상 사람들은 고통을 피하기 위해 신을 찾는다.

그러나 하나님은 친히 육신이 되어 세상 속에 내려오셔서 우리와 함께 고통을 당하신다.

그렇다. 요셉은 그렇게 하나님의 은혜 가운데 견디어 냈다. 묵묵히 견디는 것만큼 위대한 일이 있을까? 하나님이 함께하시기에 가능한 일이다.

어떤 상황 속에서도 하나님이 함께하신다는 믿음은 우리에게 견디어 낼 힘을 준다. 하나님이 함께하시면 고난도 은혜다. 자신에게 주어진 환경 속에서 은혜 가운데 최선을 다하게 된다. 그것이 형통함이다.

우리를 위해 이 땅에 내려오신 하나님의 아들 예수그리스도 그분의 이름은 임마누엘, 우리와 동행하시는 분이다. 예수, 우리를 구원하시려는 하나님의 사랑을 느끼고 예배하는 성탄절이 되기를 기도한다.

창세기39장

1. 요셉이 이끌려 애굽에 내려가매 바로의 신하 친위대장 애굽 사람 보디발이 그를 그리로 데려간 이스마엘 사람의 손에서 요셉을 사니라
2. 여호와께서 요셉과 함께 하시므로 그가 형통한 자가 되어 그의 주인 애굽 사람의 집에 있으니
3. 그의 주인이 여호와께서 그와 함께 하심을 보며 또 여호와께서 그의 범사에 형통하게 하심을 보았더라
4. 요셉이 그의 주인에게 은혜를 입어 섬기매 그가 요셉을 가정 총무로 삼고 자기의 소유를 다 그의 손에 위탁하니
5. 그가 요셉에게 자기의 집과 그의 모든 소유물을 주관하게 한 때부터 여호와께서 요셉을 위하여 그 애굽 사람의 집에 복을 내리시므로 여호와의 복이 그의 집과 밭에 있는 모든 소유에 미친지라
6. 주인이 그의 소유를 다 요셉의 손에 위탁하고 자기가 먹는 음식 외에는 간섭하지 아니하였더라 요셉은 용모가 빼어나고 아름다웠더라
7. 그 후에 그의 주인의 아내가 요셉에게 눈짓하다가 동침하기를 청하니
8. 요셉이 거절하며 자기 주인의 아내에게 이르되 내 주인이 집안의 모든 소유를 간섭하지 아니하고 다 내 손에 위탁하였으니

9. 이 집에는 나보다 큰 이가 없으며 주인이 아무것도 내게 금하지 아니하였어도 금한 것은 당신뿐이니 당신은 그의 아내임이라 그런즉 내가 어찌 이 큰 악을 행하여 하나님께 죄를 지으리이까
10. 여인이 날마다 요셉에게 청하였으나 요셉이 듣지 아니하여 동침하지 아니할 뿐더러 함께 있지도 아니하니라
11. 그러할 때에 요셉이 그의 일을 하러 그 집에 들어갔더니 그 집 사람들은 하나도 거기에 없었더라
12. 그 여인이 그의 옷을 잡고 이르되 나와 동침하자 그러나 요셉이 자기의 옷을 그 여인의 손에 버려두고 밖으로 나가매
13. 그 여인이 요셉이 그의 옷을 자기 손에 버려두고 도망하여 나감을 보고
14. 그 여인의 집 사람들을 불러서 그들에게 이르되 보라 주인이 히브리 사람을 우리에게 데려다가 우리를 희롱하게 하는도다 그가 나와 동침하고자 내게로 들어오므로 내가 크게 소리 질렀더니
15. 그가 나의 소리 질러 부름을 듣고 그의 옷을 내게 버려두고 도망하여 나갔느니라 하고
16. 그의 옷을 곁에 두고 자기 주인이 집으로 돌아오기를 기다려
17. 이 말로 그에게 말하여 이르되 당신이 우리에게 데려온 히브리 종이 나를 희롱하려고 내게로 들어왔으므로
18. 내가 소리 질러 불렀더니 그가 그의 옷을 내게 버려두고 밖으로 도망하여 나갔나이다
19. 그의 주인이 자기 아내가 자기에게 이르기를 당신의 종이 내게 이같이 행하였다 하는 말을 듣고 심히 노한지라
20. 이에 요셉의 주인이 그를 잡아 옥에 가두니 그 옥은 왕의 죄수를 가두는 곳이었더라 요셉이 옥에 갇혔으나

21. 여호와께서 요셉과 함께 하시고 그에게 인자를 더하사 간수장에게 은혜를 받게 하시매
22. 간수장이 옥중 죄수를 다 요셉의 손에 맡기므로 그 제반 사무를 요셉이 처리하고
23. 간수장은 그의 손에 맡긴 것을 무엇이든지 살펴보지 아니하였으니 이는 여호와께서 요셉과 함께 하심이라 여호와께서 그를 범사에 형통하게 하셨더라

20161224

64
적극적으로

두 아들의 성향이 완전 다르다. 큰아들은 무엇을 해 줄까? 하고 물어보면 늘 "괜찮아요, 제가 알아서 할게요. 지금까지 해 주신 것으로도 충분히 감사해요"라고 대답한다. 작은 아들은 "고마워요. 엄마 아빠 사랑해요"라고 한다. 달라도 너무 다르다.

그렇다고 무조건 작은 아들에게 더 잘해 주는 것은 아니다. 공평하게 하려고 노력하지만 소소하게 챙겨 가는 작은 아들 놈이 밉지는 않다.

장남은 늘 자신이 부모님께 짐이 되지 않으려는 생각을 많이 하는지 부탁하는 것을 힘들어 한다. 알아서 헤아려 챙겨 주려니 더 힘이 들고 조심스럽다. 바꾸라고 해도 바꿔질 것 같지 않다. 어릴 때부터 자연스럽게 짊어진 책임감이란 놈이 떨어질 것 같지는 않다. 말 안 해도 사랑하는 아들을 위해서 알아서 하기도 하고, 말해도 사랑하는 아들을 위해서 안 하기도 한다.

서로 다른 아들들을 보면서 하나님은 어떠실까? 생각해 본다. 하나님도 생긴 대로 인정해 주고 사랑하실 것 같다. 때로는 적극적으로 구하라고 하시고 때로는 인내하고 잠잠하라고 하신다.

사람들과의 관계에서도 이기적인 욕심이 아니라면 자신의 상황을 이야기하고 부탁하는 것도 나쁘지 않다. 누가 알아서 해 주길 바라고 가만히 있으면 아무 일도 일어나지 않는다. 사람들은 자신의 관점에서 보고 듣고 해석하는 경향이 있기 때문에 가족 간에도 말하지 않으면 알 수 없다.

지나치게 사람들에게 들이대는 것도 민망하지만 자신이 원하는 것을 마음속에 담아 놓고만 있으면 알 수가 없다. 적극적으로 그러나 지혜롭게 말해야 한다.

나는 요셉의 적극적인 모습이 눈에 들어온다.

사람에게 부탁하고 의지하는 것이 불신앙이라고 생각하는 경우가 많다. 과연 그럴까? 하나님은 사람을 통해 일하신다. 하나님을 신뢰해도 자신이 처한 환경 속에서 최선을 다하고 주변 사람들과의 관계를 잘 맺는 일은 중요하다.

"하나님이 해 주시겠지 하나님이 침묵하고 계시지만 언젠가 하나님의 때에 이루실 것 이니 인내하고 기다리자" 생각하는 것도 필요하지만, 그것이 때로는 자신의 불신앙과 게으름을 합리화시키는 것일 수도 있다.

자신의 의지와 이성, 모든 것을 포기하고 내려놓아야 하나님의 일이 시작된다는 것에는 나도 의심의 여지가 없다. 자신의 성격대로 서둘러서 오히려 멀리 돌아가기도 한다.

가만히 있어도 하나님께서 누군가에게 생각나게 하시고 대신 일하게 하시기도 한다. 아브라함과 아비멜렉의 사건, 모르드개와 바사의 왕, 사울의 회심에 개입하신 하나님, 자신이 원해서 제자가 되고 싶다고 하는 사람을 돌려보내시면서 가만히 있는 사람을 부르신 예수님을 보아도 알 수 있다.

40장을 계속 읽으며 요셉이 사람들에게 가진 기대를 완전히 버리고 온전히 하나님만 바라보고 난 후에, 철저히 절망한 후에 하나님이 일하신 것일까? 생각하게 된다. 하나님은 여전히 일하고 계셨다. 요셉과 동행하시면서….

왕을 섬길 만큼 높은 지위가 있는 사람은 옥에서도 누군가의 수종을 받았다. 친위대장은 요셉에게 왕을 섬기던 술 맡은 자와 떡 굽는 두 관원장을 섬기게 했다.

술 맡은 관원장이 꿈 해석을 먼저 부탁한 것이 아니다. 섬세한 요셉이 안색을 살피고 무슨 일이냐고 물어보고 자신이 해석해 보겠다고 청했다. 자신이 섬겨야 할 사람들을 무심히 보지 않고 정성껏 살폈다는 말이다. 그리고 "해석은 하나님께 있으니 청하건대 자신에게 말해 달라"고 한다. 적극적이다. "하나님께 있으니" 온전히 하나님을 신뢰하기에 이렇게 말할 수 있었다. 요셉의 꿈 해석을 듣고 떡 굽는 관원장은 자신의 꿈도 해석해 달라며 이야기한다.

아무리 읽어 보아도 술 맡은 관원장이 요셉에게 약속했다는 말이 없다. 하찮은 히브리인 노예가 물어보는 것에 자신의 근심을 말하는 것도 쉽지 않다. 요셉의 태도와 성품을 보고 어느 정도 그를 좋게 보았고 마음이 답답하니 이야기했을 수 있다. 그러니 그의 부탁을 그렇게 중요하게 생각하지 않았을 수 있다. 요셉은 다만 자신이 하고 싶은 말을 했을 뿐이다. 하나님을 바라보고 사는 요셉도 아직 자신의 처지가 억울했다. 자신이 무죄하다는 사실을 말한다. 자기의 꿈대로 일이 잘되거든 생각하고 은혜를 베풀

3부 화해 **263**

어 달라고 이야기했다. 술 맡은 관원장은 곧 복직되었지만 그 일을 기억하지 못하고 잊었다.

　요셉이 술 맡은 관원장에게 이야기하지 않았어도 그때가 하나님의 때였다면 다른 방법을 통해서라도 하나님은 당신의 일을 하셨을 것이다.

　어린 시절 자신의 위대한 꿈을 마음에 품고 있던 요셉, 지금은 구덩이 같은 감옥에 갇혀 있어도 언젠가는 이루어질 것이라는 것을 한순간도 잊지 않았기에 자신이 할 수 있는 최선의 행동을 하고 나서 말했던 것은 아닐까? 요셉이 부탁한 것이 하나님을 의지하지 않고 사람을 의지했다고 평가할 수 있을까? 요셉이 꿈 해석을 해 준 후 조급해했다거나 절망했다는 언급이 없음에도 그가 인간에 대해 철저히 절망하고 난 후에야 하나님이 일하신 것이라고 사람들이 해석하는 이유는 무엇일까? 그러한 해석은 불완전한 우리, 끊임없이 실수하는 우리 자신에 대한 위안이 된다.

　굳이 요셉을 두둔하고 싶어진다. 요셉은 성실히 자신의 일을 하며 자신의 성격대로 적극적으로 하나님의 때를 기다리고 있었던 것은 아닐까? 생각해 본다. 담담히 자신의 삶의 자리에서 자신의 일을 성실히 하는 요셉, 억울하고 분해도 하나님을 바라보았던 요셉이 온전히 하나님을 신뢰하지 않았다면 견딜 수 없었을 것 같다. 인간에 대한 철저한 절망은 이미 형제들에게서 버림받았을 때 인식되지 않았을까 싶다.

창세기40장

13. 지금부터 사흘 안에 바로가 당신의 머리를 들고 당신의 전직을 회복시키리니 당신이 그 전에 술 맡은 자가 되었을 때에 하던 것 같이 바로의 잔을 그의 손에 드리게 되리이다
14. 당신이 잘 되시거든 나를 생각하고 내게 은혜를 베풀어서 내 사정을 바로에게 아뢰어 이 집에서 나를 건져 주소서
15. 나는 히브리 땅에서 끌려온 자요 여기서도 옥에 갇힐 일은 행하지 아니하였나이다

...

23. 술 맡은 관원장이 요셉을 기억하지 못하고 그를 잊었더라

20161227

65
선하시고 완전하신 하나님

선하시고 완전하신 하나님이다. 술 맡은 관원장이 요셉을 까맣게 잊고 지내다 바로 왕이 꿈을 꾸고 나서 근심하는 것을 계기로 기억해 낸다. 만 이 년 후의 일이다.

그때 요셉의 나이는 삼십 세다. 율법에 의하면 레위인이 공무에 임할 수 있는 나이는 삼십 세다. 요셉이 아니라 오히려 하나님이 당신의 일을 하시기 위해 삼십 년을 기다리신 것 아닌가 하는 생각이 든다.

시대적 정황상 당시 이집트는 가나안 족속인 힉소스족속(Hyksos)이 이집트를 점령하여 다스리던 제2중간기(1700-1550 B. C.)였기 때문에 가나안인이 높은 지위에 오를 수 있었다.(오택현, 『창세기』, 연세신학 백주년 기념, 대한 기독교서회, p329) 또한 그 시대의 왕은 절대 권력자로 원하는 사람을 높은 지위에 임명할 수 있었다.

사회 문화적으로 당시의 사람들이 꿈을 신의 계시로 여겼기 때문에 꿈을 바르게 해석하는 사람에게 최고의 지혜가 있다고 생각했다.

율법적으로나 시대적 정황으로나 사회·문화적 인식으로나 요셉이 총리에 오르는 것은 큰 무리가 없었다.

하나님의 때는 이처럼 완벽할 수가 없다. 요셉은 여전히 하나님을 신뢰하고 있었다. "내가 아니라 하나님께서 바로에게 편안한 대답을 하시리이다"(16절) 요셉은 자신의 모든 일이 하나님의 은혜 가운데 있음을 알았다.

하나님이 주신 지혜로 바로왕의 꿈을 해석하고 7년의 풍년과 7년의 흉년을 대비해야 할 대비책을 내어놓는다. 이를 계기로 요셉은 총리의 자리에 오르고 이집트 지역의 힘 있는 제사장 보디베라(태양신 '라'를 섬기는)의 딸과 결혼한다. 정치적 종교적으로 든든한 지위를 확보하고 두 자녀 므낫세와 에브라임을 낳는다.

※ 요셉은 가나안 여인이 아닌 이교도 제사장의 딸과 결혼하고 난 후에도 하나님에 대한 신앙을 굳게 지킨다. 그 자녀들은 이스라엘의 12지파 중에서 2지파를 차지하게 된다. 이방인, 소외된 자들을 통해 하나님의 구원의 역사를 이루어 가시는 것을 생각해 보면 신앙의 절대성과 배타성에 관한 문제를 깊이 생각해 보아야 할 것 같다.

창세기41장

1. 만 이 년 후에 바로가 꿈을 꾼즉 자기가 나일 강가에 서 있는데
2. 보니 아름답고 살진 일곱 암소가 강 가에서 올라와 갈밭에서 뜯어먹고
3. 그 뒤에 또 흉하고 파리한 다른 일곱 암소가 나일 강 가에서 올라와 그 소와 함께 나일 강 가에 서 있더니
4. 그 흉하고 파리한 소가 그 아름답고 살진 일곱 소를 먹은지라 바로가 곧 깨었다가
5. 다시 잠이 들어 꿈을 꾸니 한 줄기에 무성하고 충실한 일곱 이삭이 나오고
6. 그 후에 또 가늘고 동풍에 마른 일곱 이삭이 나오더니
7. 그 가는 일곱 이삭이 무성하고 충실한 일곱 이삭을 삼킨지라 바로가 깬 즉 꿈이라

8. 아침에 그의 마음이 번민하여 사람을 보내어 애굽의 점술가와 현인들을 모두 불러 그들에게 그의 꿈을 말하였으나 그것을 바로에게 해석하는 자가 없었더라

9. 술 맡은 관원장이 바로에게 말하여 이르되 내가 오늘 내 죄를 기억하나이다

10. 바로께서 종들에게 노하사 나와 떡 굽는 관원장을 친위대장의 집에 가두셨을 때에

11. 나와 그가 하룻밤에 꿈을 꾼즉 각기 뜻이 있는 꿈이라

12. 그 곳에 친위대장의 종 된 히브리 청년이 우리와 함께 있기로 우리가 그에게 말하매 그가 우리의 꿈을 풀되 그 꿈대로 각 사람에게 해석하더니

13. 그 해석한 대로 되어 나는 복직되고 그는 매달렸나이다

...

16. 요셉이 바로에게 대답하여 이르되 내가 아니라 하나님께서 바로에게 편안한 대답을 하시리이다

...

36. 이와 같이 그 곡물을 이 땅에 저장하여 애굽 땅에 임할 일곱 해 흉년에 대비하시면 땅이 이 흉년으로 말미암아 망하지 아니하리이다

37. 바로와 그의 모든 신하가 이 일을 좋게 여긴지라

43. 자기에게 있는 버금 수레에 그를 태우매 무리가 그의 앞에서 소리 지르기를 엎드리라 하더라 바로가 그에게 애굽 전국을 총리로 다스리게 하였더라

44. 바로가 요셉에게 이르되 나는 바로라 애굽 온 땅에서 네 허락이 없이는 수족을 놀릴 자가 없으리라 하고

45. 그가 요셉의 이름을 사브낫바네아라 하고 또 온의 제사장 보디베라의 딸 아스낫을 그에게 주어 아내로 삼게 하니라 요셉이 나가 애굽 온 땅을 순찰하니라
46. 요셉이 애굽 왕 바로 앞에 설 때에 삼십 세라 그가 바로 앞을 떠나 애굽 온 땅을 순찰하니

...

20161228

66
인정받지 못한 리더쉽

심리학에서는 부모와의 애착관계가 형성되지 않은 사람에게서 회피의 기제가 나타난다고 한다. 그랬기 때문일까? 르우벤은 중요한 사건마다 정면으로 해결하지 못하고 중간지대를 선택한다. 책임져야 할 부분에서는 다른 형제들에게, 혹은 자신의 자녀들에게 떠넘긴다. 자신의 잘못을 드러내 놓고 인정하지 못하고 적당히 얼버무리고 넘어가는 르우벤은 장남이었음에도 가족 안에서 리더쉽을 발휘하지 못한다. 그는 아버지에게나 형제들에게 인정받지 못한다. 결국 르우벤이 차지해야 할 제사의 권한은 셋째아들 '레위'가 차지했고, 장자의 권한은 '요셉'이 물려받았으며 주권자는 유다에게서 났다.(역대상5장 1-2절)

야곱은 마지막 유언에서 아버지의 침상을 더럽혔기에 탁월하지 못할 것이라고 말하지만(창세기49장 4절) 꼭 그것 때문이었을까?

르우벤는 야곱의 첫 아들로 태어났지만 남편에게 사랑받지 못하는 어머니 레아에게서 태어났다. 민감한 르우벤은 어머니에 대한 가련함이 있었는지 들에 나가 합환채(최음제)를 구해 어머니에게 가져다주었다.(창세기30장 14절) 그것마저 시샘 많은 라헬에게 넘겨주는 조건으로 아버지의 사랑을 구걸하는 어머니를 본 르우벤의 심정은 어땠을까? 라헬이 죽은 후 라헬의 시녀였고 아버지의 후처였던 빌하와 통간한 르우벤은 아버지에 대한 분노를 부정적으로 표출한 것일까? 야곱은 잠잠했다.(창세기35장 22절) 적당히 넘어간 줄 알았는데 야곱이 죽기 전에 그것을 언급하며 그로 인해 장자로서의 권리가 박탈당할 것이라 말할 때(창49:4) 르우벤의 가슴은 얼마나 철렁했을까? 불쌍한 르우벤이다.

　디나의 사건에서도 시므온과 레위가 보복 행동을 할 때 르우벤에 대한 언급은 없다.(창세기34장 25절) 그는 동생들이 요셉을 죽이려 했을 때 웅덩이에 가두자고 제의해 그를 살렸지만(창세37장 21절) 장남으로서 더 분명하고 단호하게 동생을 해하지 말자고 설득해야 했다. 근원적인 갈등을 해결하기 위해 어떤 대책을 세워야지 잠시 구덩이에 두었다가 동생을 구해야겠다는 생각은 일시적인 방편일 뿐이다. 또한 동생을 구하려는 마음이 있었음에도 형제들이 동생 요셉을 파는 동안 르우벤은 어디에 있었는지 알 수 없다. 진정으로 염려했다면 그 자리를 지키고 있어야 했다. 갈등의 자리에서 피해 있던 그가 뒤늦게 나타나 하는 말이 "아이가 없다. 나는 어디로 갈까"이다. 요셉을 찾은 것이 아니라 자신이 감당해야 할 책임에 대한 부담이 더욱 컸다. 그리고 아버지에게 거짓 증거물을 들고 간다.(창세기37장 30-32절) 그랬던 그가 이제 위기상황 속에서 형제들이 자신들의 범죄한 일을 자책하고 있을 때 자신의 책임을 은근히 회피하는 모습이 보인다. "르우벤이 그들에게 대답하여 이르되 내가 너희에게 그 아이에 대하여 죄를 짓지 말라고 하지 아니하였더냐 그래도 너희가 듣지 아니하였느니라 그러므로 그의 핏값을 치르게 되었도다 하니"(창세기42장 22절)

　기근이 들어 곡식이 필요할 때도 아버지가 말할 때까지 아무런 대책도 내놓지 못하고 아버지의 말이 떨어질 때까지 기다린 장남 르우벤(창세기42장 1절), 위기상황에서 형제들을 원망한 르우벤(창세기42장 22절) 그는 자신의 동생 시므온이 인질로 잡혀도(창세기42장 24절) 자신이 대신 있겠다고 말하지 못한다. 가나안으로 돌아와서도 주도적으로 아버지에게 설명하지 못한다. 다만 그들이 자세히 알리어 아뢰었다고 기록되어 있다.(창세기42장 29절) 다시 애굽에 가기 위해 베냐민을 데려가야 하는데, 보내지 않으려는 아버지를 달래기 위해 자신이 책임지겠다고 하지 않는다. 베냐민을 데려오지 못하면 자신의 두 아들을 죽이라(창세기42장 37절)고 말하는 르우벤의 말은 아버지에게 아무런 설득력이 없다.

　잘못을 감추고 은근슬쩍 넘어간 그의 정직하지 못한 태도 때문 아니었을까?
　주도적으로 책임지려 하지 않았기에 장남으로서의 지위를 상실한 것은 아닐까?
　자신의 책임을 다른 사람에게 떠넘기는 유약함 때문에 인정받지 못한 것은 아닐까?
　야곱은 르우벤을 "물의 끓음" 같다고 표현한다. 그의 불안한 심리를 무조건 아버지 책임으로 돌릴 수는 없다. 어려움 속에서 성장해도 다 그런 태도를 갖는 것은 아니니까.

　진정한 리더가 필요한 시대다. 자신의 잘못을 솔직히 인정하고 책임지는 리더가 인정받을 수 있지 않을까 생각한다.

창세기 42장

1. 그 때에 야곱이 애굽에 곡식이 있음을 보고 아들들에게 이르되 너희는 어찌하여 서로 바라보고만 있느냐

...

16. 너희 중 하나를 보내어 너희 아우를 데려오게 하고 너희는 갇히어 있으라 내가 너희의 말을 시험하여 너희 중에 진실이 있는지 보리라 바로의 생명으로 맹세하노니 그리하지 아니하면 너희는 과연 정탐꾼이니라 하고
17. 그들을 다 함께 삼 일을 가두었더라
18. 사흘 만에 요셉이 그들에게 이르되 나는 하나님을 경외하노니 너희는 이같이 하여 생명을 보전하라
19. 너희가 확실한 자들이면 너희 형제 중 한 사람만 그 옥에 갇히게 하고 너희는 곡식을 가지고 가서 너희 집안의 굶주림을 구하고
20. 너희 막내 아우를 내게로 데리고 오라 그러면 너희 말이 진실함이 되고 너희가 죽지 아니하리라 하니 그들이 그대로 하니라
21. 그들이 서로 말하되 우리가 아우의 일로 말미암아 범죄하였도다 그가 우리에게 애걸할 때에 그 마음의 괴로움을 보고도 듣지 아니하였으므로 이 괴로움이 우리에게 임하도다
22. 르우벤이 그들에게 대답하여 이르되 내가 너희에게 그 아이에 대하여 죄를 짓지 말라고 하지 아니하였더냐 그래도 너희가 듣지 아니하였느니라 그러므로 그의 핏값을 치르게 되었도다 하니

...

29. 그들이 가나안 땅에 돌아와 그들의 아버지 야곱에게 이르러 그들이 당한 일을 자세히 알리어 아뢰되

...

36. 그들의 아버지 야곱이 그들에게 이르되 너희가 나에게 내 자식들을 잃게 하도다 요셉도 없어졌고 시므온도 없어졌거늘 베냐민을 또 빼앗아 가고자 하니 이는 다 나를 해롭게 함이로다
37. 르우벤이 그의 아버지에게 말하여 이르되 내가 그를 아버지께로 데리고 오지 아니하거든 내 두 아들을 죽이소서 그를 내 손에 맡기소서 내가 그를 아버지께로 데리고 돌아오리이다
38. 야곱이 이르되 내 아들은 너희와 함께 내려가지 못하리니 그의 형은 죽고 그만 남았음이라 만일 너희가 가는 길에서 재난이 그에게 미치면 너희가 내 흰 머리를 슬퍼하며 스올로 내려가게 함이 되리라

20161229

67
잃게 되면 잃으리로다

　현실 때문에 어쩔 수 없이 자신이 가진 감정, 소중한 가치들을 포기해야 할 때가 있다. 그러나 그것이 포기가 아닌 또 다른 선택임을 아는 순간 하나님의 은혜 가운데 머무를 수 있다.

　베냐민은 사랑하는 라헬이 낳은 아들이다. 더구나 라헬이 출산 직후 사망하는 바람에 엄마의 정도 받아 보지 못했다. 라헬이 낳은 그의 형 요셉은 이미 죽었다고 생각했으니 막내아들 베냐민에 대한 아버지 야곱의 마음은 얼마나 애처롭고 각별했을까…. 베냐민을 보내기 싫어하는 아버지를 설득하는 유다의 태도는 분명하고 단호하다. 양식이 떨어져 이제는 더 이상 고집을 부릴 수 없음에도 야곱은 베냐민을 데리고 가지 못하게 하면서 양식을 구해 오라고 한다. 베냐민을 데리고 가지 않으면 양식을 살 수 없을 뿐 아니라 자신들이 정탐꾼이 아니었음을 증명할 수 없고, 볼모로 잡혀 있는 시므온도 데려올 수 없다. 동생이 있다는 말을 왜 했냐고 자식들을 원망하는 야곱에게 말할 수밖에 없었던 상황을 설명하고, 모두 살아서 돌아올 것이라고 확신 있게 말한다. 그리고 자신이 책임지겠다(9절)고 약속한다. 덧붙여 아버지의 두려움과 감정으로 인해 지연된 현재의 결과에 대해 말하면서 지체하지 않았다면 벌써 두 번이나 갔다 왔을 것이라고 말한다.(10절)

어쩔 수 없는 현실을 인식한 후에야 야곱은 하나님의 은혜를 구하며 막내아들 베냐민을 보내기로 결심한다. 가나안 지역의 아름다운 소산물과 지난번 자루에 잘못해서 도로 들어온 것 같은 양식 값과 새로 살 양식 값을 준비한다. 넉넉하고도 정성껏 준비한 후에 하는 말이다. "내가 자식을 잃게 되면 잃으리로다"

위로와 자기 연민, 막연한 기대로는 아무런 대책이 서지 않는다. 무엇인가 얻으려면 포기해야 할 것이 있다. 유다와의 대화 속에서 철저히 현실을 대면하고 난 후에 자신이 무엇을 포기하고 무엇을 준비해야 할지 보게 된다. 할 수 있는 최선을 다한 후 하나님의 은혜를 구한다. 그리고 용기 있게 나온 말이다. "잃게 되면 잃으리로다"

창세기 43장 1-15절

1. 그 땅에 기근이 심하고
2. 그들이 애굽에서 가져온 곡식을 다 먹으매 그 아버지가 그들에게 이르되 다시 가서 우리를 위하여 양식을 조금 사오라
3. 유다가 아버지에게 말하여 이르되 그 사람이 우리에게 엄히 경고하여 이르되 너희 아우가 너희와 함께 오지 아니하면 너희가 내 얼굴을 보지 못하리라 하였으니
4. 아버지께서 우리 아우를 우리와 함께 보내시면 우리가 내려가서 아버지를 위하여 양식을 사려니와
5. 아버지께서 만일 그를 보내지 아니하시면 우리는 내려가지 아니하리니 그 사람이 우리에게 말하기를 너희의 아우가 너희와 함께 오지 아니하면 너희가 내 얼굴을 보지 못하리라 하였음이니이다
6. 이스라엘이 이르되 너희가 어찌하여 너희에게 또 다른 아우가 있다고 그 사람에게 말하여 나를 괴롭게 하였느냐

7. 그들이 이르되 그 사람이 우리와 우리의 친족에 대하여 자세히 질문하여 이르기를 너희 아버지가 아직 살아 계시느냐 너희에게 아우가 있느냐 하기로 그 묻는 말에 따라 그에게 대답한 것이니 그가 너희의 아우를 데리고 내려오라 할 줄을 우리가 어찌 알았으리이까

8. 유다가 그의 아버지 이스라엘에게 이르되 저 아이를 나와 함께 보내시면 우리가 곧 가리니 그러면 우리와 아버지와 우리 어린 아이들이 다 살고 죽지 아니하리이다

9. 내가 그를 위하여 담보가 되오리니 아버지께서 내 손에서 그를 찾으소서 내가 만일 그를 아버지께 데려다가 아버지 앞에 두지 아니하면 내가 영원히 죄를 지리이다

10. 우리가 지체하지 아니하였더라면 벌써 두 번 갔다 왔으리이다

11. 그들의 아버지 이스라엘이 그들에게 이르되 그러할진대 이렇게 하라 너희는 이 땅의 아름다운 소산을 그릇에 담아가지고 내려가서 그 사람에게 예물로 드릴지니 곧 유향 조금과 꿀 조금과 향품과 몰약과 유향나무 열매와 감복숭아이니라

12. 너희 손에 갑절의 돈을 가지고 너희 자루 아귀에 도로 넣어져 있던 그 돈을 다시 가지고 가라 혹 잘못이 있었을까 두렵도다

13. 네 아우도 데리고 떠나 다시 그 사람에게로 가라

14. 전능하신 하나님께서 그 사람 앞에서 너희에게 은혜를 베푸사 그 사람으로 너희 다른 형제와 베냐민을 돌려보내게 하시기를 원하노라 내가 자식을 잃게 되면 잃으리로다

15. 그 형제들이 예물을 마련하고 갑절의 돈을 자기들의 손에 가지고 베냐민을 데리고 애굽에 내려가서 요셉 앞에 서니라

20161230

68
회복을 꿈꾸며(2017년 새해에)

경제의 위기뿐 아니라 도덕적 위기다. 경제를 살리는 것도 중요하지만 무너진 도덕적 가치를 세우는 것이 더 시급한 일 아닐까 생각한다.

자본주의 원리에 의해 인간성이 상실되는 시대, 인간의 등급이 매겨지는 시대에 살고 있다. 그 속에서 인간의 존엄성을 생각하고 도덕적 가치를 세워나가는 데 한계가 있음을 느낀다. 그래도 조금씩 바뀌어 갈 것이라는 희망 속에서 새해를 시작한다.

1. 어떻게 해야 하는가?

명절이면 늘 마음이 무겁다. 사돈댁에 선물이라도 보내고 싶지만 공직자라 오히려 폐가 될 것 같아. 그냥 말로만 인사한다. 보내는 것보다 보내지 않는 것이 더 힘든 일이다. 더구나 우리 내외 생일 때는 꼭 지역의 특산품을 선물로 보내주시는데, 우리는 무엇을 보내기가 어렵다. 과일이나 농축산물을 서울에서 사 보내는 것도 좀 아닌 것 같다. 그래도 법은 법이니 그냥 무심한 사돈이 되기로 마음먹는다.

사회의 불평등과 부패를 막기 위해서 김영란 법이 제정된 지 몇 달 지났다. 고마운 스승과 지인에게 선물을 보낼 때도 조심스럽다. 감사한 사람에게 감사의 의미로 선물을 보내는 것도 이제는 함부로 할 수 없게 되었다. 자본주의 사회에서 물질로 표현하는 것에 익숙해진 습관 때문이다.

2. 어떻게 해야 하는가?

자동차 속도위반에 걸리지 않기 위해 속도 측정기를 붙여 놓은 차량들은 고속도로에서 크게 죄의식 없이 오히려 쾌감을 느끼며 달리고 있다. 천천히 가면 교통의 흐름을 방해한다고 빵빵거린다. 교차로의 꼬리 물기는 조금만 생각하면 지킬 수 있는 일인데, 일단 지나가야 한다고 생각한다. 일단 멈추었다가 자리가 날 때 지나가면 되는데, 그러면 옆 차선의 차량들이 조롱하듯 끼어든다. 다들 숨 막히도록 바쁜가 보다. 틈을 보이지 않기 위해 열심히 차머리를 들이댄다.

많은 사람들이 하니까 아무 죄의식 없이, 아니면 가만히 있다가 불이익을 당하지 않기 위해 자신들도 할 수 있는 것을 한다.

3. 어떻게 해야 하는가?

돈 있고 힘 있는 사람들에게 편리가 제공된다.

백화점의 주차장에 특별한 고객을 위해 표시해 놓은 자리가 점점 확장되어 간다. 비행기 탑승도 돈 있어야 긴 줄을 기다리지 않고 바로 탈 수 있다. 세계 곳곳에서 그런 시장 논리가 통한다. 중국은 병원진료를 받기 위해 대리로 줄 서 주고 돈 받는 사람들도 있단다. 병원 진료도 특별한 고객은 자신들이 원하는 시간에 충분히 진료받을 수 있다.

스위스 여행 중 카펠 교 근처에서 커피를 마시려 했다. 강가의 테이블은

식사를 하는 사람에게만 제공이 된다. 이해하면서도 뭔가 씁쓸했다. 식당의 밥 먹는 자리도 그런 식으로 되어 있는 경우가 많았다. 아직 우리나라는 식당까지는 그렇지 않지만 언젠가 그렇게 될지도 모른다.

미국의 경제학자 그레고리 맨큐(Gregory Mankiw)는 사회 구성원 전체의 경제적 행복을 극대화하기 위한 방식으로 재화를 분배하는 것, 즉 돈을 지불할 의사에 따라 재화의 가치를 높게 평가하는 구매자에게 재화를 공급하는 시장 논리가 자유시장의 미덕이라고 설명한다.(안기순 역, 마이클 샌델, 『돈으로 살 수 없는 것들』, 2012, 와이즈 베리, p.53)

자연의 혜택조차도, 요즘은 인간의 생명조차도 빈부의 격차를 느끼게 하는 시대다. 누군가는 돈을 벌기 위해 임상에 참여해 부작용으로 고통을 받고, 누군가는 돈으로 자신의 욕심을 위해 부조리한 임상에 참여한다.

우리가 해결해야 할 가장 시급한 과제가 경제인가? 도덕성인가?
부패한 돈으로 약간의 온정과 관심을 베풀면서 자기만족과 위안을 삼고 살아가기도 한다. 물질로 사람의 가치가 등급화되어 간다. 이러한 사회 속에서 어떻게 소외된 자들을 생각하고 예수님 닮은 삶을 살아갈 수 있을까?

가족 간에도 서로 시기와 질투와 경쟁심이 느껴지는데, 하나님의 은혜로 개인과 공동체가 사랑으로 돌보며 살아가기 위해 무엇이 회복되어야 할까? 나 자신도 사람들 속에서 함께 휩쓸리며 어쩔 수 없다는 논리로 합리화시키는 경우가 얼마나 많은가? 제도에 앞서 나 자신부터 변해야 하지 않을까?

마태복음 25장 42-46절

42. 내가 주릴 때에 너희가 먹을 것을 주지 아니하였고 목마를 때에 마시게 하지 아니하였고

43. 나그네 되었을 때에 영접하지 아니하였고 헐벗었을 때에 옷 입히지 아니하였고 병들었을 때와 옥에 갇혔을 때에 돌보지 아니하였느니라 하시니

44. 그들도 대답하여 이르되 주여 우리가 어느 때에 주께서 주리신 것이나 목마르신 것이나 나그네 되신 것이나 헐벗으신 것이나 병드신 것이나 옥에 갇히신 것을 보고 공양하지 아니하더이까

45. 이에 임금이 대답하여 이르시되 내가 진실로 너희에게 이르노니 이 지극히 작은 자 하나에게 하지 아니한 것이 곧 내게 하지 아니한 것이니라 하시리니

46. 그들은 영벌에, 의인들은 영생에 들어가리라 하시니라

20170101

69
책임

   지루하게 계속되는 정치적 사태 속에서 책임지기보다는 변명하고 정당화하려는 모습들을 본다. 특정한 부류에 특권을 부여하는 불의한 사회구조와 사회구성원들의 습관적인 행위들이 그럴 수밖에 없었다는 변명과 몰랐다는 말로 책임을 회피하게 만든다.

   함께 살아가는 사회 속에서 개인의 책임을 넘어서 사회적 책임에 대한 문제를 생각해 본다. 아이리스 M. 영은 정치뿐 아니라, 역사와 국경을 초월해서 각 개인이 책임감을 느끼고 법적책임과 다른 방식으로 책임의 개념을 생성해 나가야 한다고 한다.

   구조적 불의를 자신과 무관한 일로 생각하는 사람들의 태도는 이기적 개인으로 사람들을 더욱 강화시키고 사회는 점점 불안과 양극화로 치닫게 된다.

   사람들의 삶의 터전이 되는 집값이 천정부지로 치솟아 서민은 점점 수도권으로 밀려가는데, 금리인하로 인해 과열된 주택청약의 양상, 그 속에서 아무런 죄의식 없이 뒤처지고 밀려나지 않기 위해 조금의 여유라도 있으면 달려드는 우리 사회의 모습 속에서 나는 점점 불안감을 느낀다. 계약이 만

료되면 시세대로 받아야 한다며 계속 임대가격을 올리는 사람들은 나름대로 논리가 있다. 약간의 온정을 베풀며 만족하기도 한다. 전체의 흐름 속에서 어정쩡하게 서 있으며 떠밀려 간다. 숨 막히는 답답함을 느낀다. 계속되는 물가 인상 속에서 허덕이며 따라가느라 주변을 돌아볼 여유가 없다.

함께 살아가는 공동체의 양극화가 심화되면 언젠가는 그 아픔과 고통이 고스란히 자신의 몫이 될 것이다. 혼자 외쳐 보아야 소용없고 제도적인 장치를 마련하면 그것을 피해가는 또 다른 방법이 등장하면서 하늘을 향한 나의 기도가 참 무력하게 느껴진다. 심령이 가난해야 천국을 차지할 수 있다.(마태복음5장 3절)는 예수그리스도의 역설이 가슴을 아리게 한다. 아! 대한민국…. 상처로 곪고 위태로운 나의 민족! 나는 어떤 책임으로 공동체의 구성원이 되어야 할까?

창세기 44장에서 책임지려는 유다의 태도는 45장에서 볼 수 있듯이 요셉의 모든 의심과 상처를 회복시키는 기폭제가 된다.

요셉은 형들을 시험하기 위해 베냐민의 자루에 자신의 은잔을 넣어 놓고 형들과 베냐민을 다시 붙잡아 와서 그 앞에서 호통을 친다. 이때 유다가 나선다. 유다는 자신들의 억울함을 호소하거나 변명하지 않고 자신들이 당한 일이 "하나님의 뜻"임을 인정한다. "하나님이 종들의 죄악을 찾아내셨으니"(16절), 그리고 바로 은잔이 나온 베냐민뿐 아니라 자신들이 모두 책임을 지겠다고 말한다. "우리와 이 잔이 발견된 자가 다 내 주의 노예가 되겠나이다." 그러나 요셉은 베냐민만 잡아 두겠다고 하자 간절한 유다의 호소가 이어진다. 아버지의 생명과 아이의 생명이 하나로 묶여 있다.(30절) 자신이 아버지에게 죄를 지을 수 없으니 대신 자신을 종으로 삼고 베냐민을 돌려보내 달라고 간청한다.

    요셉이 형들에 의해 구덩이에 던져졌을 때 이스마엘의 상인들에게 팔고 혈육인 형제를 해치지는 말라던 유다.(37장 27절) 그리고 난 후 형제들로부터 떠나(38장 1절) 며느리 다말에게 행했던 비겁한 무심함과 그로 인한 실수, 부끄러운 실수를 인정하고 다시 마음을 다잡은 유다(38장 26절)이다. 형들인 시므온과 레위의 범죄(34장 25-31절), 장자 르우벤의 간통(35장 22절)으로 가문의 실질적 장자가 되어 버린 책임감 때문이었을까? 두 아들을 잃고 낭패를 경험한 후 아버지의 심정을 이해했기 때문이었을까? 다말과의 관계를 통해서 자신의 삶 속에서 정직하게 대면하고 해결하는 것이 가장 쉽다는 것을 알았기 때문일까?

    자신들의 현재 상황이 자신들의 죄의 결과라는 것을 인정하고 함께 책임져야 한다고 생각했다. 유다는 베냐민에 대한 아버지의 편애가 더 이상 불편하지 않았다. 아버지와 동생을 위해 오히려 자신이 희생을 감수할 마음의 준비가 되어 있었다.

    한 가정의 갈등이 한 사람의 진심 어린 희생과 책임으로 회복되어 가고 있다.

    공동체의 회복을 위해 누가 희생하고 책임을 질까? 나는 어떤 사회적 책임을 느끼며 살아가고 있는가?

〈읽어 볼 책〉

Young, Iris Marton의 "Responsibility for Justice"(USA; Oxfordpress, 2011) : 번역서: 허라금, 김양희, 천수정 역, 아이리스 M. 영, 『정치적 책임에 관하여』, (서울: 이후, 2013)

창세기44장

1. 요셉이 그의 집 청지기에게 명하여 이르되 양식을 각자의 자루에 운반할 수 있을 만큼 채우고 각자의 돈을 그 자루에 넣고
2. 또 내 잔 곧 은잔을 그 청년의 자루 아귀에 넣고 그 양식 값 돈도 함께 넣으라 하매 그가 요셉의 명령대로 하고
3. 아침이 밝을 때에 사람들과 그들의 나귀들을 보내니라

...

9. 당신의 종들 중 누구에게서 발견되든지 그는 죽을 것이요 우리는 내 주의 종들이 되리이다
10. 그가 이르되 그러면 너희의 말과 같이 하리라 그것이 누구에게서든지 발견되면 그는 내게 종이 될 것이요 너희는 죄가 없으리라
11. 그들이 각각 급히 자루를 땅에 내려놓고 자루를 각기 푸니
12. 그가 나이 많은 자에게서부터 시작하여 나이 적은 자에게까지 조사하매 그 잔이 베냐민의 자루에서 발견된지라
13. 그들이 옷을 찢고 각기 짐을 나귀에 싣고 성으로 돌아 가니라
14. 유다와 그의 형제들이 요셉의 집에 이르니 요셉이 아직 그 곳에 있는지라 그의 앞에서 땅에 엎드리니
15. 요셉이 그들에게 이르되 너희가 어찌하여 이런 일을 행하였느냐 나 같은 사람이 점을 잘 치는 줄을 너희는 알지 못하였느냐

16. 유다가 말하되 우리가 내 주께 무슨 말을 하오리이까 무슨 설명을 하오리이까 우리가 어떻게 우리의 정직함을 나타내리이까 하나님이 종들의 죄악을 찾아내셨으니 우리와 이 잔이 발견된 자가 다 내 주의 노예가 되겠나이다

17. 요셉이 이르되 내가 결코 그리하지 아니하리라 잔이 그 손에서 발견된 자만 내 종이 되고 너희는 평안히 너희 아버지께로 도로 올라갈 것이니라

18. 유다가 그에게 가까이 가서 이르되 내 주여 원하건대 당신의 종에게 내 주의 귀에 한 말씀을 아뢰게 하소서 주의 종에게 노하지 마소서 주는 바로와 같으심이니이다

...

30. 아버지의 생명과 아이의 생명이 서로 하나로 묶여 있거늘 이제 내가 주의 종 우리 아버지에게 돌아갈 때에 아이가 우리와 함께 가지 아니하면

31. 아버지가 아이의 없음을 보고 죽으리니 이같이 되면 종들이 주의 종 우리 아버지가 흰 머리로 슬퍼하며 스올로 내려가게 함이니이다

32. 주의 종이 내 아버지에게 아이를 담보하기를 내가 이를 아버지께로 데리고 돌아오지 아니하면 영영히 아버지께 죄짐을 지리이다 하였사오니

33. 이제 주의 종으로 그 아이를 대신하여 머물러 있어 내 주의 종이 되게 하시고 그 아이는 그의 형제들과 함께 올려 보내소서

34. 그 아이가 나와 함께 가지 아니하면 내가 어찌 내 아버지에게로 올라갈 수 있으리이까 두렵건대 재해가 내 아버지에게 미침을 보리이다

20170103

70
하나님이 하셨습니다

국립도서관에서 『대망』을 읽기 시작했다. 남편이 너무 재미있게 보기에 함께 이야기를 나누고 싶기도 했고, 일본에 선교사로 있는 언니를 위해 기도하면서 일본문화를 이해하고 싶어서다. 말씀 묵상을 하며 오전을 지내고, 서리 풀 공원 쪽 얕은 산길을 40여 분쯤 걸어 도서관에 도착했다. 남편은 은퇴한 후 매일 도서관에 가서 책을 읽다가 오후 서너 시쯤 되어야 집에 돌아온다. 2층 문학관에서 열심히 책을 읽고 있는 남편을 찾아 잠시 차 한 잔을 하고 책을 읽기 시작했다. 첫 페이지부터 재미있는 이야기들이 전개된다.

도쿠가와 이에야스의 유언은 마치 신앙 고백 같다.
"천지와 신의 섭리를 알아서, 힘과 정, 지와 계, 기와 단을 포용하는 것"
그의 글을 읽다 보면 그가 생각하는 천지와 신의 섭리라는 것이 18세기 실존주의 철학자들의 사상과 범신론적인 세계관에 연결되어 있음을 느끼게 된다. 그는 지도자가 되려는 사람은 신의 섭리뿐 아니라 인간을 잘 아는 자가 강한 자라고 말한다.(박재희 옮김, 야마오카 소하치, 『대망』, 동서문화사)

솔로몬 역시 "자기의 마음을 다스리는 자는 성을 빼앗는 자보다 나으니라"(잠언16장 32절)고 말한다. 그러나 그 힘이 여호와께로부터 나오고 완성되는 것을 전제로 한다.(잠언16장 1절-마음의 경영은 사람에게 있어도 말의 응답은 여호와께로부터 나오느니라. 잠언16장 9절-사람이 마음으로 자기의 길을 계획할지라도 그의 걸음을 인도하시는 이는 여호와시니라) 사도바울은 자족하고 견디는 삶의 능력을 말한다.(빌립보서4장 11-13절) 이러한 것이 자신에게서가 아니라 "능력 주시는 자" 하나님으로부터임을 말한다. 신앙은 자기완성이 아니라 하나님께로 나아감이다.

요셉이 여전히 노예의 상태에 있었어도 그렇게 고백할 수 있었을까?
노예 상태에서 형들을 만났으면 "하나님이 하셨다."고 생각한다 해도, 그 고백의 진정성이 훼손될까 봐 침묵하지 않았을까?…
아니 말할 수 있었을 거다. 고통 가운데서도 하나님이 요셉과 함께하셨으니까.

요셉은 삶의 파도 속에서 온전히 하나님만 바라보고 하나님과 함께 자신의 길을 묵묵히 걸어간다. 그러나 그의 삶은 결코 무책임하거나 게으르지 않다. 치밀하고 성실하고 책임감 있는 모습이 일관성 있게 보여진다. 자신의 신앙을 지키면서도 세상과 소통한다. 용서하고 화해하고 인간들과 타협해 가는 그의 모습을 느낀다.
하나님의 주권을 인정하면서도 형들의 마음을 시험하기 위해 치밀하게 책략을 세운다. 형들이 과거의 잘못을 뉘우치는 것을 확인하고, 유다가 희생적인 태도로 책임지려는 마음을 보여준 후에야 요셉은 자신의 존재를 드러낸다.

"하나님이 보내셨습니다. 하나님이 삼으셨습니다." 자신이 노예가 되었던 과거도, 총리가 된 현재도 하나님의 섭리 가운데 있음을 고백한다.

이 고백은 자신의 삶이 결코 실패가 아니라는 것을 인정해야 할 수 있는 말이다.

신앙이 성숙된 사람이 할 수 있는 말이고, 받아들일 수 있는 말이다. 아버지 야곱이 죽은 후에 형들이 불안해했던 것을 보면(창세기50장 15절) 요셉의 그 고백이 얼마나 깊은 신앙의 울림이었는지 느낄 수 없었나 보다.

삶 전체를 통해서 나오는 고백, "하나님이 하셨다."는 고백이 변하지 않는다.

좋아하는 ccm 중에 "하나님 한 번도 나를"이라는 곡이 있다. 언제나 공평과 은혜로 지키신 분, 늘 나의 작은 것까지 세심하게 보살피신 분, 언제나 함께하신 분, 신실하신 하나님이다.

창세기45장5-8절

5. 당신들이 나를 이 곳에 팔았다고 해서 근심하지 마소서 한탄하지 마소서 하나님이 생명을 구원하시려고 나를 당신들보다 먼저 보내셨나이다
6. 이 땅에 이 년 동안 흉년이 들었으나 아직 오 년은 밭갈이도 못하고 추수도 못할지라
7. 하나님이 큰 구원으로 당신들의 생명을 보존하고 당신들의 후손을 세상에 두시려고 나를 당신들보다 먼저 보내셨나니
8. 그런즉 나를 이리로 보낸 이는 당신들이 아니요 하나님이시라 하나님이 나를 바로에게 아버지로 삼으시고 그 온 집의 주로 삼으시며 애굽 온 땅의 통치자로 삼으셨나이다

20170106

71
두려워하지 말라

사람들이 이동할 때는 대개 직장이나 결혼 혹은 교육, 은퇴 이후의 또 다른 삶을 위해서다. 역사적으로 민족의 이동에는 강제적 이동과 자발적 이동이 있다. 대개는 정치, 경제, 문화적 요인으로 강대국의 침략, 환경의 변화, 삶의 위기, 경제적 욕구가 원인이 된다.

낯선 지역에 가서 정착하는 일은 두렵고 떨리는 일이다. 나이 들수록 살던 지역을 떠나는 것이 싫어진다. 늘 버리고 떠나는 연습을 해야 한다고 주장하던 나도 나이가 들어가면서 버리고 떠나는 일이 점점 힘들어지는 것을 느낀다. 변화에 적응하기가 두렵고 익숙한 것이 좋다. 의도적으로 새로운 것들에 관심 갖고 적응하려고 애쓰지만 무엇을 하나 결정하는데도 훨씬 오랜 시간이 걸린다.

야곱은 이미 자신의 젊은 시절을 고향을 떠나 하란에서 지낸 경험이 있었다. 이제 나이가 들어서 얼마나 더 살지도 모르는데 아들 요셉이 있는 애굽으로 온 가족을 데리고 이동해야 한다. 꿈에라도 달려가 보고 싶은 아들이지만, 가뭄 때문이 아니라면, 아들이 총리로 바쁘지만 않다면 고향에서 기다려도 될 일이었다. 할아버지 아브라함이 기근을 피해 내려간 애굽에서 불미스러운 사건을 겪기도 했고 (창세기12장 10-20절), 아버지 이삭이 흉년을 피해 애굽으로 가려 할 때 하나님께서 막으신 것(창세기26장 1-2절)을 알고 있는 야곱의 마음은 불안하고 두려웠을 것이다. 하나님은 야곱의 마음을 아시고 함께하시고 다시 돌아올 때까지 보호하시고 아들의 보호 아래 편안히 죽음을 맞이할 것까지 약속하신다. "내가 너와 함께 애굽으로 내려가겠고 반드시 너를 인도하여 다시 올라올 것이며 요셉이 그의 손으로 네 눈을 감기리라"(4절)

요셉은 고센지역에서 아버지 야곱을 맞이한다. 요셉은 가족들이 새로운 땅에서 정착할 수 있도록 세심하고 치밀하게 준비한다. 애굽 사람들과의 문화적 차이 속에서 자신의 가족들이 정체성을 잃지 않고 잘 살아갈 수 있도록 준비한다.(창세기46장 31-34절)

애굽으로의 이동은 출애굽 사건을 암시하는 구속사적 사건의 시작이기도 하다. 우리의 길은 늘 하나님의 계획 가운데 준비된다. 언제 어디서나 하나님의 때에 인도하실 것을 믿고 담대하게 나아가기를 기도한다. 나이든 야곱이 움직인 것은 정말 대단한 일이다.

창세기46장

1. 이스라엘이 모든 소유를 이끌고 떠나 브엘세바에 이르러 그의 아버지 이삭의 하나님께 희생제사를 드리니
2. 그 밤에 하나님이 이상 중에 이스라엘에게 나타나 이르시되 야곱아 야곱아 하시는지라 야곱이 이르되 내가 여기 있나이다 하매
3. 하나님이 이르시되 나는 하나님이라 네 아버지의 하나님이니 애굽으로

내려가기를 두려워하지 말라 내가 거기서 너로 큰 민족을 이루게 하리라

4. 내가 너와 함께 애굽으로 내려가겠고 반드시 너를 인도하여 다시 올라올 것이며 요셉이 그의 손으로 네 눈을 감기리라 하셨더라
5. 야곱이 브엘세바에서 떠날새 이스라엘의 아들들이 바로가 그를 태우려고 보낸 수레에 자기들의 아버지 야곱과 자기들의 처자들을 태우고
6. 그들의 가축과 가나안 땅에서 얻은 재물을 이끌었으며 야곱과 그의 자손들이 다함께 애굽으로 갔더라

...

31. 요셉이 그의 형들과 아버지의 가족에게 이르되 내가 올라가서 바로에게 아뢰어 이르기를 가나안 땅에 있던 내 형들과 내 아버지의 가족이 내게로 왔는데
32. 그들은 목자들이라 목축하는 사람들이므로 그들의 양과 소와 모든 소유를 이끌고 왔나이다 하리니
33. 바로가 당신들을 불러서 너희의 직업이 무엇이냐 문거든
34. 당신들은 이르기를 주의 종들은 어렸을 때부터 지금까지 목축하는 자들이온데 우리와 우리 선조가 다 그러하니이다 하소서 애굽 사람은 다 목축을 가증히 여기나니 당신들이 고센 땅에 살게 되리이다

20170107

72
삶의 고백

막내아들의 첫 출근이다. 새벽 세시가 조금 넘어 눈이 떠진다. 청소년기에 무던히도 애먹였던 아들이 제법 철이 들어 제 갈 길을 찾아간다. 기특하고 대견하다. 아침부터 아빠와 넥타이를 몇 번씩 매어 본다. 마음이 설렌다.

이제 막 세상에 발을 내디딘다. 나의 아들이 자기 앞에 주어진 삶을 살아내고 인생의 후반에 어떤 말을 하게 될까? 만만치 않은 인생, 감사로 고백하고 선하신 하나님을 찬양할 수 있다면 바랄 게 없겠다.

자녀가 성인이 되어 갈수록 이제는 서서히 물러날 때가 되었음을 감지한다.

야곱은 자신의 지나온 삶을 '나그네 길'로 묘사하며 험악한 세월을 보냈다고 고백한다. 자신의 삶이 비록 험악했을지라도 하나님의 은혜 가운데 있었고, 지금도 은혜 가운데 있음을 알기에 당당하게 세상의 권세를 가진 애굽의 왕 바로를 축복한다.

신앙인의 힘이다.

순탄치 않은 삶을 살아온 야곱은 노년에 아들이 자리 잡은 이방인의 땅에서 십칠 년을 지낸다. 그는 삶이 끝나감을 느끼자 그리운 고향, 조상들이 묻혀 있는 언약의 땅에 자신을 묻어 달라고 아들 요셉에게 당부한다. 연로해 쇠약해진 몸을 침상에 기대어 온 힘을 다해 하나님을 경배한다.

인생의 후반부에 나는 나의 삶을 어떻게 표현할 수 있을까?
많은 짐들을 지고 더 많은 것들을 붙잡기 위해 허덕인 삶이다. 지식을 찾을수록 지혜가 부족했고, 명예를 구할수록 비천함을 느꼈고, 재물을 원할수록 갈증으로 목말랐고, 아름다움에 눈을 두면 한없이 초라함을 느꼈던 삶이다.
미워하고 사랑하면서도 사람들과 함께 걸어온 길이다. 매일의 소중함을 알면서도 잊어버리고, 잊어버렸다가 다시 주워 담으며 살아왔다. 하나님 은혜로 견디어 낸 길이다.

하나님 뜻보다 내 마음대로 살아가려는 실수투성이의 삶 속에서도 나의 연약함을 오히려 사랑하신 하나님의 은혜. 나의 모든 죄를 가려 주시고 당신의 사람으로 사용해 주시는 하나님의 사랑을 어떤 말로 표현할 수 있을까?
언젠가 돌아가게 될 나의 영원한 고향, 천국을 기쁨으로 맞이하기 위해 난 오늘도 하나님 은혜로 나를 채운다. 우리 주 예수그리스도의 능력을 힘입어 흔들림 없는 당당함으로 내가 만나는 사람들을 사랑하고 축복한다.

창세기47장

8. 바로가 야곱에게 묻되 네 나이가 얼마냐
9. 야곱이 바로에게 아뢰되 내 나그네 길의 세월이 백삼십 년이니이다 내 나이가 얼마 못 되니 우리 조상의 나그네 길의 연조에 미치지 못하나

험악한 세월을 보내었나이다 하고

10. 야곱이 바로에게 축복하고 그 앞에서 나오니라

...

28. 야곱이 애굽 땅에 십칠 년을 거주하였으니 그의 나이가 백사십칠 세라
29. 이스라엘이 죽을 날이 가까우매 그의 아들 요셉을 불러 그에게 이르되 이제 내가 네게 은혜를 입었거든 청하노니 네 손을 내 허벅지 아래에 넣고 인애와 성실함으로 내게 행하여 애굽에 나를 장사하지 아니하도록 하라
30. 내가 조상들과 함께 눕거든 너는 나를 애굽에서 메어다가 조상의 묘지에 장사하라 요셉이 이르되 내가 아버지의 말씀대로 행하리이다
31. 야곱이 또 이르되 내게 맹세하라 하매 그가 맹세하니 이스라엘이 침상 머리에서 하나님께 경배하니라

20170109

73
인간의 통념을 깨다

한국의 사회·문화적 통념으로 인해 여자가 목사로 살아가는 것이 그리 쉬운 일은 아니다. 보수적인 일부 교단은 여성목사 안수가 아직 허용되지 않는다. 예전보다 나아졌다고는 하나 사회나 가정에서도 분명한 차이를 느낀다. 그래서 나이 들어가는 것이 좋다. 60이 넘으면 성이 평등해진다고 누군가 말했기 때문이다.

나 자신조차도 늘 맞지 않는 옷을 입은 것 같은 어색함에 한동안 힘들었다.

교회 개척을 준비하면서 하나님께서 내 생각과 다른 방향으로 이끌어 가심을 느낀다. 계획했던 일들이 내 뜻대로 되지 않으니 감사할 뿐이다. 선하신 하나님을 매일 입으로 고백하면서 내가 할 수 있는 것들을 성실하게 준비한다. 매일 하나님의 완전하심을 인정하고 겸손히 나의 부족함을 인정하며 따르기로 작정하니 이렇게 편안할 수가 없다.

야곱은 인간의 통념을 깬다. 아버지 마음이고 영적인 바라봄이다. 그는 자신의 아들들을 불러 모으기 전에 요셉의 두 아들, 에브라임과 므낫세를 손자가 아닌 친 아들로 입양하고 (창세기48장 5절) 축복한다.

이방 여인 그것도 태양신을 섬기던 제사장 보디베라의 딸과의 사이에서 요셉이 낳은 두 아들 에브라임과 므낫세다. 요셉은 아들들의 정통성에 대해 아버지 야곱이 어떻게 생각할지 불안했을지도 모른다. 히브리인들이 자신들의 혈통을 중요하게 생각했던 것을 보면 야곱의 이 행동은 요셉의 두 아들에게 정통성을 부여해 주는 행위였다.

그뿐 아니다. 히브리인들에게 장자의 기득권은 매우 중요했다. 야곱이 장자인 므낫세보다 차자인 에브라임을 먼저 언급한다.(5절) 요셉은 장자에게 힘과 축복의 상징인 오른손의 안수를 받게 하고 싶었다. 아버지가 나이가 드셔서 착각하시지 않도록 자연스럽게 아들들의 자리를 잡아 주었건만 아버지 야곱은 팔을 엇바꾸어 에브라임에게 오른손을 얹고 므낫세에게 왼손을 얹는다.

인간의 사회·문화적 인식과 다르게 행동한 야곱의 행동은 요셉을 당황하게 했다.(창세기48장 18절) 이러한 야곱의 축복은 그의 인간적인 편애와 편파적 행동이었을까? 영적인 안목으로 하나님의 주권에 순종하여 자연스럽게 나온 행동이었을까? 자신이 죽은 후에도 하나님의 약속이 반드시 성취될 것을 확신하는(4절) 야곱은 하나님의 동행과 인도하심이 이방 여인이 낳은 요셉의 아들들에게 계속될 것을 바라보며 축복한다. 히브리인들의 전통적 사고와 관습으로는 이해되지 않는 행동이다.

어디 히브리인들뿐이랴, 사람들은 학벌, 출신지역 등으로 자신들의 연대를 만들고, 정통성을 확립해 나가고 싶어 한다.

이방인, 세리와 함께하셨던 예수님, 안식일의 전통을 깨셨던 예수님은 당시의 율법학자들에게 용납될 수 없었다. 인간의 통념을 깨시는 하나님, 하나님의 역사와 계획은 인간의 관습과 문화보다 우선한다.

하나님의 사랑, 예수그리스도의 구속의 은혜, 성령의 도우심을 믿는다면 좀 더 열린 마음으로 세상을 포용해야 하지 않을까?

창세기48장

5. 내가 애굽으로 와서 네게 이르기 전에 애굽에서 네가 낳은 두 아들 에브라임과 므낫세는 내 것이라 르우벤과 시므온처럼 내 것이 될 것이요
6. 이들 후의 네 소생은 네 것이 될 것이며 그들의 유산은 그들의 형의 이름으로 함께 받으리라

...

14. 이스라엘이 오른손을 펴서 차남 에브라임의 머리에 얹고 왼손을 펴서 므낫세의 머리에 얹으니 므낫세는 장자라도 팔을 엇바꾸어 얹었더라
15. 그가 요셉을 위하여 축복하여 이르되 내 조부 아브라함과 아버지 이삭이 섬기던 하나님, 나의 출생으로부터 지금까지 나를 기르신 하나님,
16. 나를 모든 환난에서 건지신 여호와의 사자께서 이 아이들에게 복을 주시오며 이들로 내 이름과 내 조상 아브라함과 이삭의 이름으로 칭하게 하시오며 이들이 세상에서 번식되게 하시기를 원하나이다
17. 요셉이 그 아버지가 오른손을 에브라임의 머리에 얹은 것을 보고 기뻐하지 아니하여 아버지의 손을 들어 에브라임의 머리에서 므낫세의 머리로 옮기고자 하여
18. 그의 아버지에게 이르되 아버지여 그리 마옵소서 이는 장자이니 오른손을 그의 머리에 얹으소서 하였으나

19. 그의 아버지가 허락하지 아니하며 이르되 나도 안다 내 아들아 나도 안다 그도 한 족속이 되며 그도 크게 되려니와 그의 아우가 그보다 큰 자가 되고 그의 자손이 여러 민족을 이루리라 하고
20. 그 날에 그들에게 축복하여 이르되 이스라엘이 너로 말미암아 축복하기를 하나님이 네게 에브라임 같고 므낫세 같게 하시리라 하며 에브라임을 므낫세보다 앞세웠더라

……

20170110

74
가족의 한계에서 벗어나야

"각 사람의 분량대로 축복하였더라" 이 대목에서 의문이 생긴다.

야곱이 자녀들을 축복한 것만은 아니다. '잘났지만 탁월하지 못할 것이다.(3절) 저주를 받을 것이다.(7절) 평범하게 살다가 압제를 당할 것이다.(14-15절)'라고 축복이 아닌 실망스런 유언도 했다. 각 자녀마다 그들의 분량대로 축복하였다는 의미를 어떻게 해석해야 할까? 실제 야곱의 유언대로 후대에 이루어진 것을 본다.

저주와 축복을 들었을 때 자신들의 삶을 고쳐 나갔다면 달라지지 않았을까? 저주가 오히려 그들의 삶을 변화시키는 계기가 되었다면 축복의 기회가 될 수 있다. 부모의 저주에 묶이지 말고 자신에게 향하신 하나님의 뜻을 찾았다면 후대에 축복의 가문이 될 수도 있지 않았을까 싶다.

부모나 형제가 나를 바라보고 이해하는 한계에서 벗어나야 한다.

요셉이 형들에 의해서 노예로 팔려 가지 않고 아버지 밑에서 자랐으면 과연 총리가 될 수 있었을까? 요셉의 꿈 이야기를 듣고 마음에 간직해 두긴 했지만, "네가 꾼 꿈이 무엇이냐 나와 네 어머니와 네 형들이 참으로 가서 땅에 엎드려 네게 절하겠느냐"라며 요셉을 꾸짖었던 야곱이었다.(창세기 37장 10-11절) 아버지의 권위로 하나님의 꿈을 꾼 자녀를 야단친다.

아버지 밑에 있었다면 애굽 땅에서 총리가 될 기회는 있었을까? 기회가 있어 바로의 꿈을 해석할 수 있다고 해도 부모의 입장에서 "자칫 잘못하면 네 목숨이 위험할 수도 있어, 나서지 마라"고 했을 수 있다. 야곱의 지나친 사랑과 집착으로 나르시즘(자기애, 自己愛)에 빠졌을 수도 있다. 물론 집을 떠나서 상상 못할 고생을 했다. 노예생활, 감옥생활을 하며 참담한 고통과 외로움을 겪어야 했다. 그랬기 때문에 더욱 하나님을 바라보고 의지할 수 있지 않았을까?

유다도 요셉이 팔려 가고 난 후에 형제들로부터 떠나 있었기에 독립적인 자신의 생각과 주장이 생기지 않았을까? (창세기38장 1절)

모든 것이 하나님의 섭리고 주권이라고 하지만 우리에게 자유의지를 주셨고 선택과 책임을 요구하시는 하나님이시다. 가족 관계에 묶여 내 스스로 주저앉고 한계 지어 버리면 하나님은 다른 사람을 사용하실 수 있다.

르우벤이 보고 자란 아버지 야곱은 자신의 감정에 충실한 아버지였다. 자신이 사랑한 라헬과 그 자식을 편애했던 아버지, 그 아버지의 약점을 경계하고 아버지의 성실한 장점을 배웠다면 달라졌을 텐데, 아버지에 대한 원망은 오히려 자신의 삶을 무너뜨린다.

시므온과 레위는 진취적인 큰 아버지 에서의 유전적 성품이 들어 있던 것 아닐까? 진취적이고 결단력 있는 그들의 성품이 선하게 발전되었다면 어땠을까? 아버지 밑에서 자란 자식들은 야곱의 한계를 뛰어넘지 못했다. 고대 사회가 가족 중심이었기에 어쩔 수 없다고 해도 참 안타깝다.

성공했지만 부족한 인간의 모습을 지닌 부모 밑에서 갈등과 실수로 얼룩진 형제들의 모습이다. 고생 끝에 성공한 부모일수록 자녀의 실수를 보고 확정 짓는 말을 한다. "네가 그래가지고 무슨 일을 하겠니?", "네가 하는 일이 그렇지", "이렇게 저렇게 해야 한다." 조언을 하는 것도 자신의 삶의 체험과 이성의 한계를 뛰어넘지 못한다. 부모는 든든한 울타리지만 동시에 자녀를 한계 지을 수도 있다. 부모의 조언이 때로는 큰 힘이 되지만 자신의 무한한 잠재 능력을 묶어 둘 수 있다. 가족을 존중하되 하나님 앞에 단독자로 든든히 서야 한다.

부모도 자녀를 하나님의 눈으로 바라봐 주어야 한다.

하나님께서 창조하신 목적대로 그들의 성품이 최대한 아름답게 발현될 수 있도록 믿고 기다려 주어야 한다. 르우벤, 레위, 시므온의 입장에서 아버지는 마지막까지 요셉을 편애하신 것 같다는 생각으로 서운하지 않았을까?

지금까지 부모의 걱정과 부정적인 언어가 나를 묶었다면 그리스도 안에서 다시 거듭남으로 새 삶을 살자.

창세기 49장

1. 야곱이 그 아들들을 불러 이르되 너희는 모이라 너희가 후일에 당할 일을 내가 너희에게 이르리라
2. 너희는 모여 들으라 야곱의 아들들아 너희 아버지 이스라엘에게 들을지어다
3. 르우벤아 너는 내 장자요 내 능력이요 내 기력의 시작이라 위풍이 월등하고 권능이 탁월하다마는

4. 물의 끓음 같았은즉 너는 탁월하지 못하리니 네가 아버지의 침상에 올라 더럽혔음이로다 그가 내 침상에 올랐었도다

5. 시므온과 레위는 형제요 그들의 칼은 폭력의 도구로다

6. 내 혼아 그들의 모의에 상관하지 말지어다 내 영광아 그들의 집회에 참여하지 말지어다 그들이 그들의 분노대로 사람을 죽이고 그들의 혈기대로 소의 발목 힘줄을 끊었음이로다

7. 그 노여움이 혹독하니 저주를 받을 것이요 분기가 맹렬하니 저주를 받을 것이라 내가 그들을 야곱 중에서 나누며 이스라엘 중에서 흩으리로다

8. 유다야 너는 네 형제의 찬송이 될지라 네 손이 네 원수의 목을 잡을 것이요 네 아버지의 아들들이 네 앞에 절하리로다

9. 유다는 사자 새끼로다 내 아들아 너는 움킨 것을 찢고 올라갔도다 그가 엎드리고 웅크림이 수사자 같고 암사자 같으니 누가 그를 범할 수 있으랴

10. 규가 유다를 떠나지 아니하며 통치자의 지팡이가 그 발 사이에서 떠나지 아니하기를 실로가 오시기까지 이르리니 그에게 모든 백성이 복종하리로다

11. 그의 나귀를 포도나무에 매며 그의 암나귀 새끼를 아름다운 포도나무에 맬 것이며 또 그 옷을 포도주에 빨며 그의 복장을 포도즙에 빨리로다

12. 그의 눈은 포도주로 인하여 붉겠고 그의 이는 우유로 말미암아 희리로다

13. 스불론은 해변에 거주하리니 그 곳은 배 매는 해변이라 그의 경계가 시돈까지리로다

14. 잇사갈은 양의 우리 사이에 꿇어앉은 건장한 나귀로다

15. 그는 쉴 곳을 보고 좋게 여기며 토지를 보고 아름답게 여기고 어깨를 내려 짐을 메고 압제 아래에서 섬기리로다

16. 단은 이스라엘의 한 지파 같이 그의 백성을 심판하리로다

17. 단은 길섶의 뱀이요 샛길의 독사로다 말굽을 물어서 그 탄 자를 뒤로 떨어지게 하리로다
18. 여호와여 나는 주의 구원을 기다리나이다
19. 갓은 군대의 추격을 받으나 도리어 그 뒤를 추격하리로다
20. 아셀에게서 나는 먹을 것은 기름진 것이라 그가 왕의 수라상을 차리리로다
21. 납달리는 놓인 암사슴이라 아름다운 소리를 발하는도다
22. 요셉은 무성한 가지 곧 샘 곁의 무성한 가지라 그 가지가 담을 넘었도다
23. 활쏘는 자가 그를 학대하며 적개심을 가지고 그를 쏘았으나
24. 요셉의 활은 도리어 굳세며 그의 팔은 힘이 있으니 이는 야곱의 전능자 이스라엘의 반석인 목자의 손을 힘입음이라
25. 네 아버지의 하나님께로 말미암나니 그가 너를 도우실 것이요 전능자로 말미암나니 그가 네게 복을 주실 것이라 위로 하늘의 복과 아래로 깊은 샘의 복과 젖먹이는 복과 태의 복이리로다
26. 네 아버지의 축복이 내 선조의 축복보다 나아서 영원한 산이 한 없음 같이 이 축복이 요셉의 머리로 돌아오며 그 형제 중 뛰어난 자의 정수리로 돌아오리로다
27. 베냐민은 물어뜯는 이리라 아침에는 빼앗은 것을 먹고 저녁에는 움킨 것을 나누리로다
28. 이들은 이스라엘의 열두 지파라 이와 같이 그들의 아버지가 그들에게 말하고 그들에게 축복하였으니 곧 그들 각 사람의 분량대로 축복하였더라
29. 그가 그들에게 명하여 이르되 내가 내 조상들에게로 돌아가리니 나를 헷 사람 에브론의 밭에 있는 굴에 우리 선조와 함께 장사하라

30. 이 굴은 가나안 땅 마므레 앞 막벨라 밭에 있는 것이라 아브라함이 헷 사람 에브론에게서 밭과 함께 사서 그의 매장지를 삼았으므로

31. 아브라함과 그의 아내 사라가 거기 장사되었고 이삭과 그의 아내 리브가도 거기 장사되었으며 나도 레아를 그 곳에 장사하였노라

32. 이 밭과 거기 있는 굴은 헷 사람에게서 산 것이니라

33. 야곱이 아들에게 명하기를 마치고 그 발을 침상에 모으고 숨을 거두니 그의 백성에게로 돌아갔더라

20170112

75
가고 오는 세대 속에서

부모님이 돌아가시면 가족의 문화가 많이 변한다. 40에 홀로 되셔서 자녀들을 키우신 시어머님은 자녀들에 대한 애정이 각별하셨다. 가족의 모임이 다른 가정에 비해 많았다. 아이들이 어릴 때는 쉬는 날마다 부르셔서 나는 힘들고 고생스럽다고 생각했다.

장가간 아들이 집에 올 때마다 장 보고 청소하고 음식을 준비하는 나의 모습을 느끼면서 비로소 어머님과 큰 형님의 수고가 참 많았다는 생각이 들었다.

아이들이 장성하면서부터 점점 줄어든 가족모임은 어머님이 돌아가시고 난 후 더 많이 줄어들었다. 어머님이 안 계신 상황의 당황스러움을 잘 견뎌 내고, 형제간에 우애와 동서 간의 이해, 하나뿐인 시누이의 관대함으로 지금도 가끔 만나 행복한 시간을 보낸다.

이제 우리 시대는 사라져 가고 아이들의 시대가 시작되어 감을 느낀다. 아이들은 점점 자신들의 목소리를 낸다. 어떻게 새로운 가족의 문화가 형성되고 만들어질까? 아름다운 믿음의 가문이 이어져 나가길 기도로 소망한다.

야곱이 죽고 나서 형제들의 두려워하는 모습이 나온다. 요셉이 아버지와 형제들을 애굽으로 초청해서 산 세월이 십칠 년이다.(창세기47장 28절) 그럼에도 불구하고 아버지가 돌아가시자 형들은 사람들을 보내어 아버지가 용서하라 한 것을 기억하고 용서해 달라고 한다. 이 말을 듣고 요셉은 울었다.(창세기50장 17절)

요셉은 왜 울었을까?
형제들을 용서하고 잘 대해 주었는데도 아직도 자신을 믿지 못한다고 생각해 서운해서였을 거라고 나는 생각했다. 남편에게 물어보니 용서했다고는 하나 쉽지 않았을 것이고 여러 가지로 복잡 미묘한 감정이었을 거란다.

요셉은 형제들에게 악을 선으로 바꾸시고 자신들을 구원하시려는 하나님의 계획이었음을 고백한다. 형제들을 간곡한 말로 위로하고 형제들뿐 아니라 그들의 자녀들까지 잘 보살피겠다고 약속하는 요셉을 신학자들은 그리스도의 모형이라고 한다.

하나님의 구원의 역사 속에서 난 오늘도 누군가를 구원의 역사에 동참시키기 위해 용서하고 사랑하며 죽기까지 복종할 준비가 되어있는가 반문해 본다. 특히 가족에게 그리스도의 모습을 보였는가? 부끄럽다. 하나님의 주권을 인정한다고 하면서도 서운해하거나 속상해했다. 아니 가족이라 더 많은 일들로 상처받고 아파할 때가 있다. 사랑한 만큼 더 아프다.

창세기의 구성은 창조– 타락– 구원이라는 큰 틀 속에서 움직인다.
하나님의 주권과 섭리 속에서 반복되는 인간의 타락이다. 그 가운데서도 구원의 역사를 이루어 가시는 하나님의 역사다.

50장에는 야곱의 죽음과 요셉의 죽음이 나온다. 지위 고하를 막론하고 모든 사람이 죽음을 맞이하지만 신앙인들은 약속의 말씀을 기억하고 죽음 앞에서 약속의 땅에 대한 소망을 가진다. 믿음의 조상 아브라함, 이삭, 야곱 그리고 12지파로 이어지는 족장시대의 구속사는 우리가 살아가고 있는 지금 이 시대와도 연결되어 있다.

창세기 50장

1. 요셉이 그의 아버지 얼굴에 구푸려 울며 입맞추고
2. 그 수종 드는 의원에게 명하여 아버지의 몸을 향으로 처리하게 하매 의원이 이스라엘에게 그대로 하되
3. 사십 일이 걸렸으니 향으로 처리하는 데는 이 날수가 걸림이며 애굽 사람들은 칠십 일 동안 그를 위하여 곡하였더라
4. 곡하는 기한이 지나매 요셉이 바로의 궁에 말하여 이르되 내가 너희에게 은혜를 입었으면 원하건대 바로의 귀에 아뢰기를
5. 우리 아버지가 나로 맹세하게 하여 이르되 내가 죽거든 가나안 땅에 내가 파 놓은 묘실에 나를 장사하라 하였나니 나로 올라가서 아버지를 장사하게 하소서 내가 다시 오리이다 하라 하였더니
6. 바로가 이르되 그가 네게 시킨 맹세대로 올라가서 네 아버지를 장사하라
7. 요셉이 자기 아버지를 장사하러 올라가니 바로의 모든 신하와 바로 궁의 원로들과 애굽 땅의 모든 원로와
8. 요셉의 온 집과 그의 형제들과 그의 아버지의 집이 그와 함께 올라가고 그들의 어린 아이들과 양 떼와 소 떼만 고센 땅에 남겼으며
9. 병거와 기병이 요셉을 따라 올라가니 그 떼가 심히 컸더라
10. 그들이 요단 강 건너편 아닷 타작 마당에 이르러 거기서 크게 울고 애

통하며 요셉이 아버지를 위하여 칠 일 동안 애곡하였더니

11. 그 땅 거민 가나안 백성들이 아닷 마당의 애통을 보고 이르되 이는 애굽 사람의 큰 애통이라 하였으므로 그 땅 이름을 아벨미스라임이라 하였으니 곧 요단 강 건너편이더라
12. 야곱의 아들들이 아버지가 그들에게 명령한 대로 그를 위해 따라 행하여
13. 그를 가나안 땅으로 메어다가 마므레 앞 막벨라 밭 굴에 장사하였으니 이는 아브라함이 헷 족속 에브론에게 밭과 함께 사서 매장지를 삼은 곳이더라
14. 요셉이 아버지를 장사한 후에 자기 형제와 호상꾼과 함께 애굽으로 돌아왔더라
15. 요셉의 형제들이 그들의 아버지가 죽었음을 보고 말하되 요셉이 혹시 우리를 미워하여 우리가 그에게 행한 모든 악을 다 갚지나 아니할까 하고
16. 요셉에게 말을 전하여 이르되 당신의 아버지가 돌아가시기 전에 명령하여 이르시기를
17. 너희는 이같이 요셉에게 이르라 네 형들이 네게 악을 행하였을지라도 이제 바라건대 그들의 허물과 죄를 용서하라 하셨나니 당신 아버지의 하나님의 종들인 우리 죄를 이제 용서하소서 하매 요셉이 그들이 그에게 하는 말을 들을 때에 울었더라
18. 그의 형들이 또 친히 와서 요셉의 앞에 엎드려 이르되 우리는 당신의 종들이니이다
19. 요셉이 그들에게 이르되 두려워하지 마소서 내가 하나님을 대신하리이까
20. 당신들은 나를 해하려 하였으나 하나님은 그것을 선으로 바꾸사 오늘

과 같이 많은 백성의 생명을 구원하게 하시려 하셨나니

21. 당신들은 두려워하지 마소서 내가 당신들과 당신들의 자녀를 기르리이다 하고 그들을 간곡한 말로 위로하였더라

22. 요셉이 그의 아버지의 가족과 함께 애굽에 거주하여 백십 세를 살며

23. 에브라임의 자손 삼대를 보았으며 므낫세의 아들 마길의 아들들도 요셉의 슬하에서 양육되었더라

24. 요셉이 그의 형제들에게 이르되 나는 죽을 것이나 하나님이 당신들을 돌보시고 당신들을 이 땅에서 인도하여 내사 아브라함과 이삭과 야곱에게 맹세하신 땅에 이르게 하시리라 하고

25. 요셉이 또 이스라엘 자손에게 맹세시켜 이르기를 하나님이 반드시 당신들을 돌보시리니 당신들은 여기서 내 해골을 메고 올라가겠다 하라 하였더라

26. 요셉이 백십 세에 죽으매 그들이 그의 몸에 향 재료를 넣고 애굽에서 입관하였더라

질문:

1. 당신은 지금 어디에 있습니까?
2. 당신 삶을 통해 이루고 싶은 것이 있다면 무엇입니까?
3. 당신의 최종 목적지는 어디입니까?

20170117

나가는 말

늘 나와 함께하시며 아직도 미숙한 나를 만들어 가시는 성삼위 일체 하나님께 감사와 영광을 돌린다.

언제나 열렬한 지지와 격려로 응원해 준 남편, 바쁜 중에도 열심히 글을 읽어 준 두 아들과 며느리들, 함께 공부하며 꼼꼼히 반응해 준 연대 스터디·라이프코칭 과정 친구들, 무엇보다 첫 월급에 용돈을 더해 선교를 위해 사용하라며 부족한 글을 출판하도록 헌금해 준 둘째 아들에게 고맙고 감사하다.

멀리 외국에서 늘 기도로 돕는 어머니와 형제자매, 부족한 제자의 글을 읽어 주시며 답해 주시는 스승, 신앙 안에서 함께 걸어가는 동역자들, 출판되기 전 읽어 보고 조언을 아끼지 않은 친구들, 지식과감성# 출판사의 나은비, 이다래 님께 감사의 마음을 전한다.

지나고 다시 보면 늘 부끄럽지만 있는 그대로의 모습을 드러내며 누군가는 창조주 하나님의 사랑을 느끼고 예수님을 믿고 싶어진다면 더 바랄 것이 없겠다.